新闻学与传播学“十四五”规划教材 · 基础课程系列

新闻法治与新闻伦理

第三版

主编 / 刘行芳

副主编 / 张淑华　方雪琴　张爱凤　赵平喜

中国传媒大学出版社

· 北京 ·

图书在版编目（CIP）数据

新闻法治与新闻伦理 / 刘行芳主编. -- 3版. -- 北京：中国传媒大学出版社, 2022.12（2025.5重印）
新闻学与传播学“十四五”规划教材. 基础课程系列
ISBN 978-7-5657-3158-7

Ⅰ.①新… Ⅱ.①刘… Ⅲ.①新闻学－法学－高等学校－教材 ②新闻学－伦理学－高等学校－教材
Ⅳ.①D922.161②G210-05

中国版本图书馆CIP数据核字(2022)第017043号

新闻法治与新闻伦理（第三版）
XINWEN FAZHI YU XINWEN LUNLI （DI-SAN BAN）

主　　编　刘行芳
副 主 编　张淑华　方雪琴　张爱凤　赵平喜
责任编辑　张莉莉　沈刘红
封面设计　拓美设计
责任印制　李志鹏

出版发行　中国传媒大学出版社
社　　址　北京市朝阳区定福庄东街1号　　**邮　　编**　100024
电　　话　86-10-65450532　65450528　　**传　　真**　65779405
网　　址　http://cucp.cuc.edu.cn
经　　销　全国新华书店

印　　刷　艺堂印刷（天津）有限公司
开　　本　787mm×1092mm　1/16
印　　张　13
字　　数　325千字
版　　次　2022年12月第1版
印　　次　2025年5月第3次印刷

书　　号　ISBN 978-7-5657-3158-7　　**定　　价**　48.00元

本社法律顾问：北京嘉润律师事务所　郭建平

内容提要

将新闻传播活动纳入法治轨道是世界的潮流，也是我国建设法治社会的需要。在建设人类命运共同体和对外交往日益频繁的大背景下，依法管理新闻活动就更显紧迫。实行新闻活动的法治化，既要继承我国优秀的法文化传统，也要合理借鉴其他国家成功的立法经验。本书以历史眼光和国际视野，对世界新闻立法的历史经验和现实状况做了简要介绍，对我国现行新闻法规做了全面阐释，对我国新闻法治建设的国际环境和文化背景做了深入剖析和多维度探索，对我国新闻法治化的经济基础、社会条件、理论准备和立法经验等做了认真分析和说明，对我国实现新闻法治化的必要性、紧迫性和可能性做了理性分析和实事求是的探讨。

在不断优化我国新闻法治环境的同时，不断提升我国新闻伦理的水平，同样至关重要。新闻伦理从本质上讲，是新闻从业者的自省自律和自我约束，是新闻从业者为了顺应社会伦理道德的总体需要和发展趋势、维护自身良好的社会形象、实现相应道德追求和商业利益而采取的积极应对措施，是新闻从业者对社会规范的内化和自觉。因此，它对于新闻活动来说，有着更为直接、更为经常和更为实际的制约作用。

编者简介

主编刘行芳，男，江苏师范大学传媒与影视学院教授。
副主编张淑华，女，新闻学博士，郑州大学新闻与传播学院副院长、教授、博导。
副主编方雪琴，女，新闻学博士，河南财经政法大学文化传播学院副院长、教授。
副主编张爱凤，女，新闻学博士后，广州大学新闻与传播学院教授。
副主编赵平喜，男，新闻学博士，三明学院文化传播学院副院长、教授。

目录

第一编 新闻法制与新闻法治

第一编
新闻法制与新闻法治

第一章
依法治国与新闻法治

本章要点

第一节　新闻法规是规范新闻活动的基本依据
第二节　新闻法治建设是开展新闻传播活动的根本保障
第三节　新闻法治建设的基本原则
第四节　新闻法治建设的任务

党的十五大报告指出："我国经济体制改革的深入和社会主义现代化建设跨世纪的发展，要求我们在坚持四项基本原则的前提下，继续推进政治体制改革，进一步扩大社会主义民主，健全社会主义法制，依法治国，建设社会主义法治国家。"十五大把依法治国的主张正式写入党的文件，标志着我国治理国家的理念已经从根本上发生变化，快步进入构建法治社会的正确轨道，也预示着我国新闻活动从此有了法律保障，通过法治来进行调控有了现实可能。

在党的十九大报告中，"坚持全面依法治国"被明确作为十四条新时代坚持和发展中国特色社会主义的基本方略之一。报告指出："全面依法治国是中国特色社会主义的本质要求和重要保障。必须把党的领导贯彻落实到依法治国全过程和各方面，坚定不移走中国特色社会主义法治道路，完善以宪法为核心的中国特色社会主义法律体系，建设中国特色社会主义法治体系，建设社会主义法治国家，发展中国特色社会主义法治理论，坚持依法治国、依法执政、依法行政共同推进，坚持法治国家、法治政府、法治社会一体建设，坚持依法治国和以德治国相结合，依法治国和依规治党有机统一，深化司法体制改革，提高全民族法治素养和道德素质。"将依法治国和中国特色社会主义建设联系起来，作为社会主义的一个本质要求，这就是依法治国的新定位。

党的二十大报告中将"坚持全面依法治国，推进法治中国建设以"作为单独一部分加以强调，充分体现了党中央对全面依法治国的高度重视。报告指出，"全面依法治国是国家治理的一场深刻革命，关系党执政兴国，关系人民幸福安康，关系党和国家长治久安"。

依法治国是中国共产党人的不二选择，实现新闻法治化也就成为依法治国主题下的一个现实课题。新闻业界、新闻理论界对依法治国不仅真诚地欢呼，而且给予极高的期望。

在这些论述中，我们看到了两个相似的名词："法制"与"法治"。

"法制"是指法律制度体系，包括一个国家的全部法律、法规以及立法、执法、司法守法和法律监督等。"法治"是指根据法律治理国家和社会。它要求整个国家以及社会生活均依法而治，凭靠法律这种公共权威来治理国家，不以个人意志为转移。

第一节　新闻法规是规范新闻活动的基本依据

在依法治国的背景下，规范新闻活动和保护新闻活动，最根本的一条是要做到有法可依。使新闻活动能够在法治轨道上服务社会、造福人民、有所作为，是几代新闻人梦寐以求的理想。从王韬开始，经过康有为、梁启超、孙中山等无数先驱的不懈努力，中国人对法治的认识从完全无知到逐步觉醒，从初尝甜头到如饥似渴地追求。中国报人与新闻学者也顽强地进行着艰苦的探索和不屈的抗争，早在20世纪30年代，报人袁殊就编译了《新闻法制论》，成为这一时期我国新闻法治探索的重要成果。在此期间，国民革命政府也先后颁布了相关法律，对新闻活动做出了明确的规范。

中华人民共和国成立初期，百废待兴，为了有效地组织各方力量来实现党的总路线和总任务，采取特殊办法驾驭新闻事业确实起到了一定的作用。但当国家进入常规运行特别是在加入世界贸易组织、初步实现由计划经济向市场经济的转型之后，通过法制来规范新闻活动的行为、保证社会信息畅通和人民知情权的实现，就显得越来越重要、越来越迫切。

1978 年 12 月，党的十一届三中全会召开，提出实践是检验真理的唯一标准，将全党的工作重心转移到经济建设上来，提出了加强社会主义民主法制建设的战略任务，标志着我国社会进入了一个新的发展时期。1987 年，《民法通则》正式施行后，新闻侵权诉讼在我国开始出现并迅速形成第一个高潮，使长期处于计划经济保护之下的新闻界措手不及，也引起学术界的广泛关注和深入研究。《新闻记者》从 1989 年起专门开设《新闻与法律》专栏，发表关于新闻侵权问题的研究文章和学术成果，一批学术著作也应运而生，其中较有影响的有：《被告席上的记者——新闻侵权论》（魏永征著）、《人格权与新闻侵权》（王利明、杨立新主编）等。一个强烈要求新闻立法的社会共识逐渐形成，依法从事新闻活动、依法管理新闻活动的呼声越来越高涨，思路也越来越清晰。

一、我国的法律体系

要构建符合中国国情的新闻法律体系，必须首先弄清楚我国的法律体系。

新中国的法治建设史可以追溯到 1949 年 9 月 29 日中国人民政治协商会议第一届全体会议通过的《中国人民政治协商会议共同纲领》。这个纲领不仅向全世界庄严宣告中华人民共和国的成立，而且成为新中国的政治基石，因此，它是新中国的第一部宪法性文件，成为后来制定各种部门法的法律依据。

《中国人民政治协商会议共同纲领》揭开了我国立法的序幕，随后，各种基本法和专门法先后经过全国人民代表大会通过并颁布施行。到 21 世纪初，已经初步形成以宪法为主导，由宪法相关法、民法、商法、行政法、经济法、社会法、刑法、诉讼与非诉讼程序法等多个法律部门组成的有机整体。2007 年 3 月 16 日，《物权法》又获通过，填补了我国法制建设中的一个空白。上述法律为我国社会的平稳运行和经济社会的稳步发展提供了坚实的法律保障，发挥了不可替代的作用。

我国的法律体系是由以宪法为国家根本大法，以民法、商法、行政法、刑法、诉讼与非诉讼程序法等组成的完整的法律整体。在这个法律系统中，宪法具有不可动摇的核心地位，它的立法原则和立法精神成为任何一般法、特别法的最高标准，任何其他法律不得与宪法相抵触、相冲突。

因此，在我国，宪法又被称为母法。

二、我国的新闻法治建设

中华人民共和国成立后，我国的新闻法治工作一直在曲折中前行。

我国虽然没有专门的新闻法，但关于新闻工作的各种规定还是不少，散见于各法律文件中，主要有：《中华人民共和国宪法》（1982 年 12 月 4 日通过，1982 年 12 月 4 日施行，2018 年 3 月 11 日修正）、《中华人民共和国民法典》（2020 年 5 月 28 日通过）、《中华人民共和国刑法》（1997 年 3 月 14 日通过，2020 年 12 月 26 日修正）、《中华人民共和国保守国家秘密法》（1988 年 9 月 5 日通过，2010 年 4 月 29 日修订）、《中华人民共和国未成年人保护法》（1991 年 9 月 4 日通过，2020 年 10 月 17 日修订）、《中华人民共和国妇女权益保障法》（1992 年 4 月 3 日通过，2022 年 10 月 30 日修订，2023 年

1月1日起施行）、《中华人民共和国著作权法》（1990年9月7日通过，2020年11月11日修订）、《中华人民共和国预防未成年人犯罪法》（1999年6月28日通过，2020年12月26日修订）、《中华人民共和国行政诉讼法》（1989年4月4日通过，2017年6月27日修正）、《中华人民共和国行政许可法》（2003年8月27日通过，2019年4月23日修正）、《印刷业管理条例》（2001年8月2日，国务院令第315号公布，2020年11月29日修订）、《出版管理条例》（2001年12月25日，国务院令第343号公布，2020年11月29日修订）、《计算机软件保护条例》（2001年12月20日，国务院令第339号公布，2013年1月30日修订）、《音像制品管理条例》（2001年12月25日，国务院令第341号公布，2020年11月29日修订）、《广播电视管理条例》（1997年8月11日，国务院第228号令公布，2020年11月29日修订）、《著作权集体管理条例》（2004年12月28日，国务院令第429号公布，2013年12月7日修订）、《关于非公有资本进入文化产业的若干决定》（2005年4月13日，国务院，国发〔2005〕10号）、《报纸出版管理规定》（2005年9月30日，新闻出版总署令第32号）、《出版物市场管理规定》（2016年5月31日国家新闻出版广电总局、商务部令第10号公布）、《关于出版单位的主办单位和主管单位职责的暂行规定》（1993年6月29日，新闻出版署，新出政〔1993〕801号）、《报纸期刊质量管理规定》（2020年6月18日，国家新闻出版署，国新出发〔2020〕10号）、《关于严格禁止买卖书号、刊号、版号等问题的若干规定》（1997年1月28日，新闻出版署，新出图〔1997〕53号）、《关于禁止有偿新闻的若干规定》（1997年1月15日，中央宣传部、广播电影电视部、新闻出版署、中华全国新闻工作者协会，中宣发〔1997〕2号）、《关于加强和改进新闻出版工作的意见》（2018年11月14日召开的中央全面深化改革委员会第五次会议审议通过）、《新闻出版总署贯彻落实〈关于进一步加强和改进舆论监督工作的意见〉的通知》（2005年6月2日，新闻出版总署，新出报刊〔2005〕594号）、《新闻记者证管理办法》（2009年8月24日，新闻出版总署令第44号公布）等。[1]

这些法律法规中，最具权威性的无疑是1982年12月4日全国人民代表大会通过的《宪法》。其中第五条规定，中华人民共和国实行依法治国，建设社会主义法治国家。第二十二条规定，国家发展为人民服务、为社会主义服务的文学艺术事业、新闻广播电视事业、出版发行事业、图书馆博物馆文化馆和其他文化事业，开展群众性文化活动。

上述法律法规为我国新闻出版工作设定了各种界限，使我国新闻出版工作者有了行为准则和处事标准，对于规范我国新闻出版事业、建立良好的新闻出版秩序无疑有着重要作用。

2007年4月24日，国务院召开新闻发布会，正式对外公布了2007年4月5日由国务院总理温家宝签署的第492号国务院令，公布《中华人民共和国政府信息公开条例》。这一自2008年5月1日起施行的条例明确规定，行政机关对符合下列基本要求之一的政府信息应当主动公开：涉及公民、法人或者其他组织切身利益的；需要社会公众广泛知晓或者参与的；反映本行政机关机构设置、职能、办事程序等情况的；其他依照法律、法规

[1] 2006年8月由新闻出版总署教育培训中心汇编，中国大百科全书出版社出版的《报纸出版工作法律法规选编》共计收录各种文献135个。本书中有关法律法规的修订（正）时间为最新版修订（正）时间。

和国家有关规定应当主动公开的。

对于县级以上各级人民政府及其部门，条例要求其在各自职责范围内确定主动公开政府信息具体内容的同时，重点公开下列政府信息：行政法规、规章和规范性文件；国民经济和社会发展规划、专项规划、区域规划及相关政策；国民经济和社会发展统计信息；财政预算、决算报告；行政事业性收费的项目、依据、标准；政府集中采购项目的目录、标准及实施情况；行政许可的事项、依据、条件、数量、程序、期限以及申请行政许可需要提交的全部材料目录及办理情况；重大建设项目的批准和实施情况；扶贫、教育、医疗、社会保障、促进就业等方面的政策、措施及其实施情况；突发公共事件的应急预案、预警信息及应对情况；环境保护、公共卫生、安全生产、食品药品、产品质量的监督检查情况。

条例同时规定，设区的市级人民政府、县级人民政府及其部门重点公开的政府信息还应当包括下列内容：城乡建设和管理的重大事项；社会公益事业建设情况；征收或者征用土地、房屋拆迁及其补偿、补助费用的发放、使用情况；抢险救灾、优抚、救济、社会捐助等款物的管理、使用和分配情况。

条例还规定，公民可主动申请获取政府信息。这意味着，除了不得公开的涉及国家秘密、商业秘密、个人隐私的政府信息外，其他信息都在公开之列。条例明确要求行政机关应当将主动公开的政府信息，通过政府公报、政府网站、新闻发布会以及报刊、广播、电视等便于公众知晓的方式公开。条例规定，依法公开政府信息是各级行政机关的一项“重要职责和基本义务”。时任国务院法制办副主任的张穹在该条例新闻发布会上说，新条例明确政府信息“以公开为原则、以不公开为例外”，以保障公民依法获取政府信息，实现公众对政府工作的知情权、参与权和监督权。[1]《政府信息公开条例》的公布和实施，反映了我国信息观念上的一个根本性转变，和过去“凡不宜公开的都要列为保密范围”的思路形成鲜明对照。有评论形象地说，这是政府归位、公民登台。它还揭示，我国对于新闻立法已经有了明确的思路和大胆的尝试。

三、新闻法治建设的重要现实意义

随着我国社会主义市场经济体制的逐步建立和完善，公众自主选择各种信息的范围更为广泛，频次急剧增加，通过法律手段来调控社会新闻传播运行和规范公众信息行为的要求显得越来越迫切，因而新闻法治建设的现实意义就特别重大。

2001 年 1 月 10 日，时任中国共产党总书记的江泽民在全国宣传部长会议上指出：“宣传思想战线是十分重要的战线，宣传思想部门是十分重要的部门，宣传思想工作是全党的工作，事关改革、发展、稳定大局，事关建设有中国特色社会主义事业的全局。”他强调要“加强法制建设，依法治国；加强道德建设，以德治国”[2]。

在我国，新闻工作是宣传思想工作的重要组成部分，其对于社会进步与经济发展的重

---

[1] 马昌博 . 政府信息公开条例表明中国欲增加执政透明度 [EB/OL].(2007-04-26)[2019-11-15].http：//news.sina.com.cn/c/2007-04-26/103512872408.shtml.

[2] 秦杰，刘振英，武卫政 . 全国宣传部长会议在京召开 [N]. 人民日报，2001-01-11(1).

要作用不言而喻。一个如此重要的部门，如果没有基本的章法可以遵循，而只是靠具有明显时宜性特征的政策和领导讲话来调控，其变数之大和后果的不确定性是可以想象的。

依法治国，第一是要有法可依，然后才是有法必依、执法必严、违法必究。

法治精神，已经成为当代文明世界最基本的精神。

我国著名法学家公丕祥先生认为：封建主义是滋生官僚主义和集权现象的历史根由。官僚主义是一种长期存在的、复杂的历史现象。“封建主义残余影响助长了权大于法的特权现象，特权观念是封建专制制度的必然产物，也是自然经济的意识形态表现，它反映了一种金字塔式的森严的等级关系，人与人之间的关系是不平等的，利益是不等价的。”“封建主义的价值体系也淡化了人们尊重法律、依法办事的现代法律意识。”[1]公先生分析的这三大原因，深刻地揭示了封建主义残余对我国法治现代化建设的社会根基所带来的严重伤害。当中国社会的运行因缺少刚性的法律规范而出现危机时，无论是当政者还是普通百姓首先想到的是借助道德的力量来实施拯救，于是无论是在政治清明的和平年代，还是在政局动乱的战争时期，以道德规范为精髓的儒家思想的作用便被渲染到了无以复加的地步。这在另一个层面上又加重了中国社会确立“法治”思想的难度。

1979年以后，保守的、极“左”的思想遭受到猛烈的抨击，法治建设成为一个热门话题，我们的立法工作在飞速发展；到1996年3月，中央领导明确提出“依法治国，建立社会主义法治国家”的战略目标，建设法治国家的任务才第一次明确地进入中国人的视野。

郝明工博士指出，从现代法律的角度来看，法律的制约作用的正负形式分别是——正形式的法律保障与负形式的法律控制。法律保障与法律控制的差别在于，前者是建立在注重个人基本权利特别是尊重个人自由权利的基础上的，而后者则是建立在忽视个人基本权利，特别是无视个人自由权利的基础上的。所以，在法律保障与法律控制之间，两者的差别实际上就是个人权利与个人义务是否平衡的差异。法律保障表现出个人权利与义务在法律上的对等，而法律控制则表现出个人权利与义务在法律上的不对等。[2]

他同时指出，从现代道德的角度来看，道德制约作用的正负形式分别是——正形式的道德倡导与负形式的道德教化。道德倡导与道德教化的差别在于，道德倡导是建立在关注个人基本权利，尤其是关爱个人自由权利的基础上的，而道德教化则是建立在漠视个人基本权利，尤其是蔑视个人自由权利的基础上的。因此，在道德倡导与道德教化之间，两者的不同事实上就是个人自由与自律能否协调的反差。道德倡导体现出个人自由与自律在道德上的一致，而道德教化体现出个人自由与自律在道德上的失衡。遵从社会公德以实现道德倡导，所展示的是个人道德境界，有利于道德的攀升；放纵个人意志以进行道德教化，所展示的是对社会公德的背离，有损于健康的公共道德的培养。

他强调，新闻事业的发展速度同法律制约与道德制约之间所形成的具有正负形式的相关性表现，存在着非常直接的影响关系。法律保障与道德倡导之间趋于一致将促进新闻事业的发展；法律控制与道德倡导之间趋于分离将促成新闻事业的畸形发展；法律控制与道德教化之间趋于同一将迫使新闻事业蜕化变质。

[1] 公丕祥 . 法哲学与法制现代化 [M]. 南京：南京师范大学出版社，1999：25.

[2] 郝明工 . 无冕国度的对舞：中外新闻比较研究 [M]. 昆明：云南人民出版社，2002：263.

第二节 新闻法治建设是开展新闻传播活动的根本保障

随着信息社会的到来，新闻传播活动的作用越来越突出，新闻传播事业的地位越来越重要，新闻传播实际上已经是关系一切、反映一切、影响一切的社会活动。任何群体、任何组织、任何公民都不能脱离新闻而独自作为，新闻已经成为社会运行的重要推动力，成为社会生活的重要内容，成为人人都必须学会利用的社会公器。在这种背景下，新闻传播就必须有事先约定的"游戏规则"来加以调控和规范，新闻法治建设就必须紧紧跟上。其本质要求是要将新闻活动纳入规范的轨道，从而做到保证新闻活动运行的规范有序，最大限度地发挥新闻活动的社会功能，避免恶俗新闻给社会带来负面影响。

1949 年 9 月 29 日，中国人民政治协商会议第一届全体会议通过了中华人民共和国第一个宪法性文件《中国人民政治协商会议共同纲领》，其中第五条规定，中华人民共和国人民有思想、言论、出版、集会、结社、通讯、人身、居住、迁徙、宗教信仰及示威游行的自由权。这是中国共产党取得政权后第一次明确而具体地认可我国公民从事新闻活动的权利，充分体现了国家尊重人权的社会主义性质，此后历次宪法修订都重申了这一规定。

早在 1941 年，中国共产党就在其《陕甘宁边区施政纲领》第六条中做出了规定："保证一切抗日人民的人权。"1942 年，中国共产党又颁布了《陕甘宁边区保障人权财产权条例》，这些文件都很好地体现了共产党的政治主张与治国理念，与世界潮流遥相呼应。我国《宪法》规定："中华人民共和国的一切权力属于人民。"这表明，我国是人民当家作主的国家，国家权力属于人民并由人民来行使，体现了我们国家权利的人民性、民主性、整体性和集中性。

一、风俗、习惯、传统和立法

任何法律都是建立在习惯基础上的社会更高层次的规范，所以充分考虑社会风俗、习惯和传统，对新闻事业的管理有着重要的参考价值。

我国几千年文明发展史形成了独具特色的中华文明传统，成为处理和解决人们日常生活中面临的各种问题的重要依据。如我们平常所说的"有话通六耳""明人不做暗事"等，实际上是最早在我国公民中形成的优良传统，是具有中国特色的"知情权"和"契约精神"。

任何法律的制定，如果不考虑当地传统和习俗，一味地照搬照抄别国的法律文本，或者不顾现实可能，理想化地构建所谓纯粹的法律体系，执行起来就一定会变形走样。所以，在制定有关新闻法律法规时，必须充分考虑我国国情，必须对我国传统文化和民族心理有深入的了解和透彻的认知。

同西方相比较，中国人有更多的历史责任感和社会责任感，对社会公共事务有更高的热情，对集体的事务和关乎公众利益的事情特别关心，养成了以"国家兴亡，匹夫有责""位卑未敢忘忧国"为核心价值的爱国主义传统。它一方面表明了我国公民思考问题总是以国家利益为出发点和归宿，另一方面也充分体现了我国人民对公共信息的关注。因此，通过法律来规范新闻传播活动，不仅符合世界潮流，也符合我国的优秀文化传统。

二、我国优秀法文化传统

中国优秀的法文化传统，可以追溯到两千多年以前的春秋战国，在诸子百家中就有一个影响甚大的法家。秦始皇一统天下后，就制定了大量的法律条款，成为他治国理政的法律依据；刘邦打进咸阳，控制政权后，做的第一件事就是“与父老约，法三章耳”。在我国几千年的文明发展史上，尊崇法制是一个广受赞扬的话题，一些不避权贵、执法如山、为了国法的权威而置个人安危于不顾的典型人物的故事总是会永久流传，如董宣、包拯、海瑞等至今让人谈之而生敬意。

清朝末年，清朝政府日薄西山，气息奄奄，也不得不想到要借助法治的力量，企图挽狂澜于既倒、扶大厦于将倾，制定了一大批法律文件，只是还没来得及实施，政权就垮台了，但这说明在当权者心中，法治的作用是十分重要的。

纵观我国历朝历代的法律制度，虽然其中不乏封建意识和统治阶级的思想，但“人命关天”“爱民如子”“王子犯法，与庶民同罪”“执法如山”等思想仍然占有重要位置，它们构成了我国法文化的优良传统，为我们实施依法治国提供了重要的历史参考。

三、西方优秀法文化的移植和法律资源的本土化

西方法文化的形成晚于我国，但发育却较我国成熟。经过文艺复兴和思想启蒙运动的洗礼，西方的法文化迅速发展，形成了近代优秀的法文化传统。

西方当代法治思想是从文艺复兴和思想启蒙运动的土壤中生长出来的。由于洛克、米尔、伏尔泰、狄德罗、卢梭、孟德斯鸠等人的大力提倡和不懈努力，在欧洲形成了一个伟大的思想解放运动，依据“天赋人权”“主权在民”等思想，现代法学思想的奠基人孟德斯鸠提出了三权分立的著名学说，成为西方当代法文化的历史源头。

在孟德斯鸠现代法治理论的影响下，法国、英国、美国等西方国家迅速掀起立法高潮，无论是海洋法系还是大陆法系，都把建立完备的法律体系、通过法制来规范行政当局的行为、保护公民的合法权利放在头等重要的位置。

但是，西方资产阶级革命后形成的法治思想和构建的法律体系，无疑充满了资产阶级的意识形态，深深地打上了资产阶级的烙印，并不代表法治建设的最高水平和人类进步的终极方向。因此，我们要虚怀若谷，学习西方法治文化中的成熟经验，但绝不能全面照搬照抄，依样画葫芦。对于西方优秀法文化的合理引进一定要以批判西方法文化中的糟粕为前提，绝不能偏离了社会主义法治的方向。

四、新闻法治的主客观条件

在新闻法治建设中，经济基础的状况发挥着决定性作用。新闻法治的产生和最终形成，必不可少地要经历一个相当漫长的历史过程，它的发展与进步无不直接决定于当时当地社会经济发展水平，无不受到当时当地各种因素的制约与影响。决定新闻法治水平的因素是多种多样的，但主要的因素有三个方面，即经济因素、思想因素和政治因素。

经济基础决定法，理所当然也决定新闻法治。从一定意义上讲，经济条件是新闻法治

化进程和立法水平高低的决定性条件，是先于其他一切因素的主要因素。在封建社会，虽然社会经济有所发展，但生产力水平仍很低下，社会等级森严，社会成员按金字塔结构分布，而表达权则按倒金字塔结构呈现，越是处于上层的王公贵族，越具有话语权，而处于社会底层的普通农民，则只能“不在其位，不谋其政”，只能“非礼勿视，非礼勿听，非礼勿言”，没有现代意义上的新闻，因此新闻法治建设也没有可能。

当人类社会进入资本主义阶段后，由于资本主义商品经济的建立和发展，社会生产力水平大大提高，社会成员之间的联系变得异常紧密，陌生人之间的关系由过去的疏远变得极其紧密且相互依赖，人们对各种信息的需求与日俱增，于是新闻事业的出现和发展就有了经济的土壤，加上工业革命推动新技术的发展，报刊等社会信息传播技术应运而生，社会信息传播迅速成为一种强势职业，进入本行业的公民急剧增加，社会对新闻法治的呼声一天一天强烈起来。所以，新闻法治建设，是从资产阶级革命后开始的。

实践使我们认识到，我们还处在社会主义初级阶段，还存在多种所有制形式，多种经济主体对社会信息有各种不同的需求，这是多种新闻传播形式存在的经济基础，而多种传播形式的协调与互补，需要以法律的方式加以调节和规范。我国经济社会已经进入一个新的发展时期，社会对新闻信息的需要日趋迫切，新闻传播在很大程度上不能满足人民群众和社会发展的需要，新闻活动经常处于无章可循、恶法难依、混乱无序的状态之中，缺乏应有的规范，更缺乏应有的保护。因此，在社会主义发展时期，新闻法制建设不仅不能取消，而且变得更加紧迫，更有必要。

第三节　新闻法治建设的基本原则

一、以人为本：新闻法治的核心

根据马斯洛的研究，人的需要是分层次的。他把人的需要分成五个层次，即生存的需要、安全的需要、社交的需要、尊重的需要和实现自我的需要。在第一个层次里，人们需要有物质的保障，有实现性的合理需求。没有物质保障，生存就成问题；没有性需求的满足，生命就不能得到延续。在第二个层次里，人们需要对未来有所预期和把握，不知未来会怎样，不知生活会向哪个方向发展，人就不会有安全感；同时，如果人们不能对自己的命运有所把握，也不会有安全感；而要知道未来的动向，即有所预期，就必须依靠充分的信息来进行判断；要对未来有所把握，更要依据信息来进行决策。在第三个层次里，人们需要进行社会交往，满足其参与社会的心理需求，而所谓交往，本质上就是信息的交流与交换，就是在人际关系中进行信息活动。在第四个层次里，人们需要获得尊重，他们也会尊重人；但是否获得了社会应有的尊重，是否正确表达了对他人的尊重，都需要依据信息来进行评价。在第五个层次里所谓实现自我，就是要让每个人都能获得最好的发展机会，使他们的人生追求得到最大限度的满足。因此，新闻法治的核心实质上是落实以人为本的时代要求，服务于人民的需要。

二、谨慎地处理好两个关系

满足公众知情权和对国家实施有效管理，是必须谨慎处理好的两个关系。管理一个国家，特别是管理我们这样一个有着5,000年文明史、14亿人口、发展不平衡的大国，任何纯理想化的设计都将无济于事，弄不好还会给社会带来无法估量的损失。因此，法律制度的设计必须兼顾各方，既要尽可能满足公众的知情权，也要使其能够充分满足对社会的有效管理，二者不可偏废。

满足公众的知情权，是我们国家性质所决定的，是执政党、各级政府的法定责任，也是团结全国人民、凝心聚力建设国家的必要前提。因为人民群众只有知情了，看到了国家行为和自己切身利益的密切关系，才能理解国家的决策，才会积极支持与配合，从而保证各项计划落到实处。但是，我们今天所处的世界并不太平，各种敌对势力亡我之心不死，他们也会利用各种手段来对我国实施渗透、破坏和颠覆。这就出现了一个问题，是不顾国家利益任意发布信息给国家带来威胁，还是对信息进行分类管理，严禁国家机密进入传播渠道呢？毫无疑问，在现阶段，我们只能是最大限度地满足公众的知情权，而对事关国家安全、与人民群众日常生活关系不那么密切的信息严加保密，不随意进行传播。有时候，一个公共事件出现后，也需要对其社会影响进行评估，比如涉及凶杀细节、作案手段、个人隐私等，需要根据其危害程度进行必要的控制。这不是满足知情权的问题，这些危害公共利益和公共秩序的有害信息，不能让其随意进入传播渠道。

三、既要有法可依，又要从实际出发

人类历史反复证明，任何社会、任何集体、任何组织的平稳运行，事先的约定起着决定性作用。首先，这些约定的形成一般都经过了广大社会公众的参与和深入思考，他们对各种后果都有过反复的评价与考量，遵循"利益最大化、危害最小化"的原则进行过必要的选择，所以这些约定总是会体现社会公共利益的原则，又总是会经由公众的强力监督来保证它的正常运行和落到实处。如果仅凭长官意志来调控社会，随意性就会大大增加，稳定性就会失去基础，公众就会始终处于盲目状态，社会就缺少压舱石，从而失去方向感。因此，现代社会、文明国家的首要标准就是法治化，所有社会的参与者——无论是社会个体，还是集团组织，或是国家政府，都应该在法律的强力规范下行事，绝不能有超越法律的任何特权存在。这就是我们说的有法可依、有法必依、执法必严、违法必究。

但是，从某种意义上讲，法律又总是落后于时代的，甚至有时它可能会演变为社会进步的一种阻力。这就给我们提出了一个问题，在一切依法办事的同时，还要不要从实际出发？答案是肯定的。

之所以在依法办事的同时还要注意从实际出发，原因在于无论法律条文设计得多么严谨，也总会有挂一漏万的可能。即在设计法律文本时，没有人可以穷尽全部可能性，现实的复杂性永远比人们的想象力丰富，总会有人们始料不及的情况出现。因此，一方面，我们确实要依法办事；另一方面，我们又必须承认在设计相关规范时可能会出现的漏洞，从而做出必要的调整。这就是从实际出发。

从实际出发，指的是要充分考虑到客观世界的复杂性，需要根据具体情况做具体分析，在不影响法的基本精神的前提下采取相应措施，但并不意味着可以随心所欲地改变经过法律程序形成的法律文本和已经产生法律效力的社会规范。

四、必须体现党的领导和国家意志

新闻法治必须考虑我国的国情，必须体现党的领导，这已成为学术界的共识。

中国是一个有着5,000年文明史的古老国家，厚重的文化给我们留下了丰厚的历史遗产，同时也遗留下难以丢开的历史包袱。这样，我们在新闻法治建设的过程中，就不能不考虑我国的基本国情。

在历史上，中国曾经经历了战乱、分裂和改朝换代，同时也饱受外族入侵之苦。中国共产党给中华民族找到了一条民族自立和通向幸福的康庄大道，带领全国人民一步步走进了社会主义。离开了中国共产党的领导，国家就会出现混乱和无序，新闻法治就只能成为一句空话。

中国共产党的领导，一个重要的方面就是通过立法的方式，把代表时代精神、体现时代要求、符合历史发展规律的党的意志上升为国家意志，成为全体人民、各种团体和组织共同遵守的法律条文，并且确保有法必依、执法必严、违法必究，以此来保证党带领人民经过艰苦奋斗，最终实现人类的最高理想——共产主义。从这个意义上说，党的领导和国家意志不仅是新闻立法的指导原则，也是新闻立法的根本保障。

第四节　新闻法治建设的任务

我国新闻法治建设的任务，总起来说包括以下几个方面。

一、总结中华人民共和国成立以来我国法治建设正反两方面的经验

为了能够满足社会主义新闻传播需要，反映我国新闻传播法治建设的历史经验，制定与世界新闻传播法治建设总体趋势接轨的具有中国特色的新闻法，首先我们必须认真总结我国法治建设和新闻法治建设的历史经验，对我国新闻法治建设的历史规律有充分的认识。

我国社会主义建设已经有了近60年的历史，法治建设也初步达到法治国家的要求，各项社会主义建设事业大体能在法治轨道上健康运行。但是，由于对新闻立法的重要性认识还存在分歧，因此在新闻立法的速度、质量和数量上还远远未能达到时代的要求。

基于此，党中央审时度势，对新闻工作提出了必须实行"三贴近"的基本要求，要求新闻部门"准确、鲜明、生动地宣传中央精神""及时、如实、充分地反映人民群众的意愿"[1]。"把中国的声音传向世界各地，把最好的精神食粮奉献给亿万人民。""讲真话，报实情……经得起时间考验。"要"从适应计划经济体制向适应社会主义市场经济体制转

[1] 江泽民．江泽民在全国宣传部长会议上的讲话 [N]. 文汇报，2001-01-11(1).

变，从分散经营向规模经营转变，从数量扩张为主向素质提高为主转变，走出一条有中国特色的社会主义新闻事业发展之路”[1]。

党的十八大以来，以习近平同志为核心的党中央高度重视党的新闻舆论工作，多次研究有关问题，做出重要部署。2016 年 2 月 19 日，习近平总书记在北京主持召开党的新闻舆论工作座谈会并发表重要讲话。他强调，党的新闻舆论工作是党的一项重要工作，是治国理政、定国安邦的大事，要适应国内外形势发展，从党的工作全局出发把握定位，坚持党的领导，坚持正确政治方向，坚持以人民为中心的工作导向，尊重新闻传播规律，创新方法手段，切实提高党的新闻舆论传播力、引导力、影响力、公信力。

毫无疑问，党中央的这些要求，为我国新闻法治建设提供了明确的指导思想和坚实的政治保障。

二、构建符合我国国情的新闻法律文本

对历史经验的总结和对社会现实需要的认识与理性思考，最终都必须以法律文本的方式、以法律条文的形式表现出来，这就是新闻传播的法律文本。

构建符合我国实际需要的新闻法律文本，其意义不言而喻。一个具有中国特色和社会主义新闻法治特征的新闻法律文本，必须明确我国新闻传播事业和新闻传播活动的法律地位，必须明确我国人民在新闻传播活动中的法律权利。

显然，这个法律文本的形成需要取得方方面面的共识，不能走西方式的立法思路和立法模式，而要充分顾及我国当前的基本国情。

在社会信息系统中，政府应该承担什么责任，公众应该尽到什么义务，媒体需要完成哪些事情，都有法律依据。

三、为发挥信息传播在“五位一体”中的作用创造良好的法律环境

党的十八大报告对推进中国特色社会主义事业做出“五位一体”总体布局。所谓“五位一体”，是指经济建设、政治建设、文化建设、社会建设、生态文明建设要通盘考虑，整体推进，这是党的十八大报告的新提法之一。“五位一体”着眼于全面建成小康社会、实现社会主义现代化和中华民族伟大复兴。

随着经济的发展和社会的进步，我国市场化程度越来越高，人民自主权利也越来越大，社会对信息的依赖会越来越高，新闻对社会的影响也将越来越大。作为公共信息的主要传播媒介、不同群体之间的最佳沟通媒介，新闻关系一切、反映一切、影响一切，谁也无法脱离由新闻信息编制的天幕。在科技迅猛发展的今天，信息传播的作用更是非同一般，无可替代，需要给予高度重视和强力保护。在这种情况下，为充分发挥信息传播在“五位一体”中的巨大作用，以法律的手段为其提供良好的环境，就显得极为重要和非常紧迫。

“五位一体”的基础是经济建设。经济建设为其他建设提供物质保障。根据马克思

---

[2] 丁关根 . 丁关根在全国记协会议上的讲话 [N]. 中国青年报，2001-10-30(3).

主义原理，存在决定意识，物质决定精神，经济基础决定上层建筑。没有坚实的物质基础做保证，政治、文化、生态文明等建设就会成为无源之水、无本之木。在物质文明和精神文明之间，还存在一个制度文明，即政治文明，起着组织、调控和制约物质文明与精神文明建设的关键作用。一般来说，社会越民主，政治越清明，信息传播越自由、越通畅，政治文明对物质文明和精神文明建设的贡献也越高。反之，如果一个社会的权力高度集中，信息流动就会受到诸多限制，物质文明建设和精神文明建设就不可避免地会受到影响。

但是，究竟如何摆正物质文明建设、精神文明建设和政治文明建设之间的关系，并无一定之规，这就有可能出现以现有权力掌握者的主观意志为转移，即所谓“屁股决定脑袋”的问题，从而延缓物质文明建设和精神文明建设的步伐。这方面的教训非常深刻，我们应当认真吸取。为了防止“政治压倒一切”“以阶级斗争为纲”的历史悲剧重演，就必须以法律的形式来规范新闻活动在“五位一体”建设中的作用，明确各自的法律地位和责任义务，以此保证新闻活动真正促进“五位一体”的协调发展。

思考题

1. 新闻法治建设有哪些基本原则？
2. 新闻法治建设的任务是什么？
3. 请说明新闻法治建设与“五位一体”建设之间的关系。
4. 为什么新闻法治建设要坚持党的领导原则？

阅读书目

1. 赵中颉 . 法制新闻与新闻法制 [M]. 北京：法律出版社，2004.

2. 黄瑚 . 新闻法规与职业道德教程 [M]. 上海：复旦大学出版社，2010.

3. 陈绚 . 新闻道德与法规 [M]. 北京：中国大百科全书出版社，2005.

4. 郭娅莉、孙江华等 . 媒体政策与法规 [M]. 北京：中国传媒大学出版社，2006.

5. 新闻出版总署教育培训中心编 . 报纸出版工作法律法规选编 [M]. 北京：中国大百科全书出版社，2006.

第二章
新闻法治与行政管理

本章要点

第一节　媒体管理的几种方式

第二节　行政管理的必要性和可行性

第三节　依法管理新闻是必由之路

第四节　我国新闻法治需要解决的若干问题

从社会系统论的角度讲，大众传媒属于社会系统中的一个子系统，它和其他子系统相互依赖、相互制约，构成一个整体。为了保证这一整体稳定有序的运转，需要对其中的各个子系统进行必要的管理和约束，使之不至于无序、混乱。拉扎斯菲尔德在《大众传播的社会作用》中说，“大众传播媒介是一种既可为善服务，也可为恶服务的强大工具；而总的来说，如果不加以适当控制，它为恶服务的可能性更大”。因此，对媒体实施管理就显得不可或缺。

第一节 媒体管理的几种方式

无论是社会主义国家，还是资本主义国家，对媒体的管理都是客观存在的。不过，由于各国的政治、历史、经济水平、文化背景、传统习俗、社会发展程度等不同，媒体的管理方式可能不完全相同。但一般来讲，世界各国对媒体的管理方式主要有如下几种。

一、对新闻媒体的法律管理

对新闻媒体的法律管理就是国家运用各种法律手段对新闻传播活动加以控制，新闻法规是国家对新闻传媒和新闻活动实施法律管理的主要依据。对新闻媒体的管理从媒体诞生之日起就开始了，只不过最初的时候各国主要采取行政、经济的手段进行管理。而现在，随着民主进程的加快和民主政治的逐步完善，世界各国都倾向于使用法律手段来管理新闻媒体，调整新闻传播活动中的各种社会关系。为此，世界各国都已不同程度地建立了与自己国家国情相符合的新闻法律制度。

从法律形式上看，世界各国对新闻媒体的法律管理一般分为以下四种类型：一是以立法形式正式颁布新闻法。大陆法系的法治国家，一般都有成文的新闻法。其特点是法院审理案件只能依据和服从新闻法。瑞典1776年制定了《报业自由法案》，被认为是世界上最早制定新闻法规的国家。二是以最高法院和上级法院的判例为标准来审理新闻案件，即判例法。海洋法系的代表性国家美国就是如此，尊重不成文的习惯法、案例法。1920年“芝加哥市政府诉《芝加哥论坛报》案”（Government of Chicago City v. *Chicago Herald*）、1964年“《纽约时报》诉沙利文案”（*New York Times* Co. v. Sullivan）的判决结果，都对美国新闻法的发展起到了相当重要的作用。英国、加拿大、澳大利亚等国也基本如此。三是为专门的媒体领域单独立法。比如，美国1934年的《通讯法》，意大利1948年的《报纸法》，澳大利亚1942年的《广播法》，法国1981年的《出版自由法》和1986年的《报纸法》等。四是在宪法、刑法、民法以及其他法律中包含有关新闻媒体的相关法规。如在《少年法》《保密法》等法律中对新闻报道活动做出规定。日本、新加坡、印度等国采用此种方式。我国目前也是如此。[1]

我国依法对新闻媒体进行管理主要内容包括以下几个方面：①新闻传播与国家安全。新闻媒体和新闻记者要严格遵守我国有关维护国家安全的相关法律，维护国家统一和全国

---

[1] 刘迪．现代西方新闻法制概述 [M]. 北京：中国法制出版社，1998：1.

各民族的团结，维护祖国的安全、荣誉和利益，保守国家的秘密等。②新闻传播与社会秩序。新闻媒体具有宣传、整合、协调社会的功能，所以，新闻媒体的活动在一定程度上可以起到控制和稳定社会秩序的作用。新闻媒体严禁传播淫秽、色情内容，严禁宣扬邪教，禁止宣扬封建迷信、渲染暴力、赌博、恐怖等。新闻报道还要注意维护民族平等和团结。③新闻传播与公民权利。新闻媒体和新闻记者不得侵害公民、法人的名誉权、著作权，不得侵害公民的隐私权等。④对新闻媒体经营与管理的规范。新闻事业双重属性的认定使得新闻媒体的经营活动合法化。这些经营活动的范围、规模随着社会、媒体的发展都在逐步扩大。在经营的过程中，除了按照国家的商法、经济法的规范运作外，还要遵守有关新闻传播方面的法律、法规。⑤对涉外新闻传播活动的管理。外国新闻工作者进入我国境内要遵守我国有关新闻传播的管理法规。台湾、香港、澳门地区新闻工作者进入内地从事新闻传播活动，也必须遵守国家的法律，并遵守国家对港、澳、台地区入境记者管理的有关规定。[1]

二、对新闻媒体的政策管理

政策管理就是国家和政党通过制定新闻政策对新闻传播活动进行约束和控制。新闻政策是国家或政党依据特定社会制度、政治纲领及其任务而制定的新闻宣传的准则和新闻工作的规范。[2] 世界各国都会根据当时当地的现实环境分别制定具有针对性、阶段性的各种新闻政策。比如，美国在两次世界大战中就颁布了相关的政策和法规，对新闻界的传播行为进行规范，比较典型的是在“二战”中颁布的《美国报纸战时行为准则》。在后来的朝鲜战争、越南战争以及伊拉克战争中，美国政府同样根据国家利益以及对新闻媒体管理的需要，颁布或严或松的战时新闻政策。在我国，新闻政策更是发挥了重要的作用。在长期的斗争和建设过程中，各级党委及其宣传部门结合当时的战斗和生产形势，做出大量的指示、决定以及其他各种规定，形成了相当完整的新闻宣传政策。可以说，长期以来对我国无产阶级新闻事业的管理，主要是依靠中国共产党的新闻政策。改革开放以来，随着我国新闻事业属性的变化，媒体已不再单单是一个宣传部门，而变成了兼具宣传和产业属性的实体，媒体越来越成为受众获取信息、表达意见的工具。于是，以法律规范新闻传播活动的要求便被提上日程。尽管我国目前仍未出台新闻法，但在我国现行的社会主义法律体系中，有许多法律规范同新闻传播活动密切相关，新闻传播活动已能够处于有法可依的状态。不过，由于我国的新闻事业还处在改革的探索之中，新闻事业发展还不成熟，新闻传播法律、法规还不够完善，在此阶段，为了保证新闻传播活动的规范、有序进行，新闻政策还将持续发挥其重要的补充作用。

无论是新闻法规还是新闻政策都是对媒体的强制性规范，都是确保媒体有序高效运转的手段和途径，但二者之间也有区别。

1. 制定者不同

新闻法规体现国家的意志，由国家权力机关或政府机关制定。而新闻政策是党的主张，

---

[2] 魏永征 . 新闻传播法教程 [M]. 北京：中国人民大学出版社，2002：302-336.
[3] 赵玉明，王福顺 . 广播电视辞典 [M]. 北京：北京广播学院出版社，1999：60.

由党的机关制定，如中共中央宣传部。新闻政策要经过立法程序，由具有立法权的国家机关按既定程序予以制定或认可并予以颁布实施才能成为新闻法规。

2. 实施方式不同

新闻法规具有国家强制性，以国家强制力做后盾保障实施。国家强制力的本质就是国家暴力，表现为军队、警察、法庭、监狱等机构。新闻传播活动中一旦出现违反新闻法规的现象，必然要受到法律的制裁。这种制裁，就是以国家强制力来实施的。新闻政策没有法律所具有的国家强制性，不能通过暴力机关强迫公众服从。不过，党可以凭借对党的组织和成员的约束力以及对全体人民的感召力在全社会贯彻新闻政策。从事新闻传播的共产党员及其他人员违反了新闻政策，要受到党纪的处分。

3. 稳定程度不同

法律用来固定社会生活中相对稳定的东西。所以，新闻法规一旦被制定出来，便具有相对稳定性。政策则不然，政策适合社会生活中变化较快的部分。新闻政策会根据某一时期党的新闻工作重心的转移、指导方针的变化、各地实际情况的不同而有所不同，体现出一定程度的灵活性。

正确认识新闻法规与新闻政策的关系具有重要的意义。在这个问题上，既要反对把二者对立起来的观点，也要反对把二者等同起来的观点。在我国，新闻政策和新闻法规有着更紧密的联系。新闻政策是新闻法规的依据和指导思想。我国是共产党领导的国家，共产党的领导主要是政治、思想、组织领导。其中政治领导的主要方式就是使共产党的主张、政策经过法定程序变成国家意志。在新闻传播这个意识形态领域，党的政策是新闻法规的灵魂，党的政策既为新闻法规的制定提供依据，又对新闻法规的实施起到直接的指导作用。当然，新闻政策并不因此而可以超出宪法、法律的规定。

三、对新闻媒体的行业管理

对新闻媒体的行业管理主要通过建立、实施新闻职业道德规范或准则来实现，行为规范主要依靠行业自律组织贯彻落实。对新闻媒体的行业管理不是指国家对新闻传播行为的管理，而是指新闻传播行业组织通过制定章程、准则、规范等形式进行的一种自我约束和管理，是自律。

媒体行业自律思想最早产生于西方。从观念来讲，媒体行业自律是西方新闻界对媒体社会责任不断认可和接受的表现，是对社会责任论观念认同和接受的表现。从媒体与社会的关系来看，自律是西方媒体权衡利弊后所选择的最有利于自身发展的控制方式。随着大众传播事业的发展，媒体和国家、社会、公众的关系越来越紧密，但由于有时媒体新闻报道的权力不适当地使用，对国家、社会、公众造成了伤害。媒体和国家、社会、个体公民的矛盾与摩擦不断地产生甚至激化。在这种情况下，国家可能会采取各种手段管理新闻传播业。与其让国家、公众来干涉、管理媒体，倒不如媒体自己首先进行自我约束、自我管理，以避免外部的干涉。所以，为了缓和同国家、社会的矛盾，为了减少同社会民众的摩擦，社会责任论在呼吁媒体自觉承担社会责任的同时也要求强化自律，所以说，媒体和行业自律是维护自身信誉、利益和发展而采取的一种自我保护措施。

行业管理最早采用的方式是制定新闻职业道德规范。1874 年，瑞典发行人俱乐部成立并制定了职业守则，最早对报业行为进行规范。1922 年美国成立了美国报纸主编人协会，次年通过了《新闻法规》，对责任（Responsibility）、独立（Independence）、真诚（Sincerity）、真实（Truthfulness）、准确（Accuracy）、公正（Impartiality）、公平（Fairplay）、庄重（Decency）等七个方面进行了规范。该准则比较全面、明确地界定了新闻自律的基本要素，成为较有影响的自律准则，不仅奠定了美国新闻的伦理基础，而且在世界范围内也广为传播，产生了较大的影响。日本 1946 年制定的《日本新闻伦理纲要》，被视为资本主义国家中新闻自律较完备的文件。

在中国，全国性的新闻职业道德准则在 20 世纪 40 年代已经出现。1942 年，重庆成立了中国新闻学会，在次年首届年会上提议拟定新闻记者信条。会后，时任国民党中央政治学校新闻系主任的马星野执笔起草了《中国新闻记者信条》，这是我国近代新闻事业史上第一个也是唯一的全国性的新闻职业道德准则。直到 1981 年，中宣部新闻局和中央新闻单位共同拟定了《记者守则（试行草案）》，这被认为是中华人民共和国成立以来新闻工作者的第一个自律规范。1991 年，中华全国新闻工作者协会通过的《中国新闻工作者职业道德准则》是我国较完备的新闻自律文件。

制定新闻职业道德准则是行业管理的最初举措，而新闻评议组织的建立则是其纵深发展的表现。西方新闻界早期新闻职业道德准则并没有被新闻工作者诚心接受、认真对待，也因此未能遏止职业道德水平的下滑。为了使职业道德准则更好地发挥作用，西方随后建立了新闻评议制度，主要以新闻评议组织为主。新闻评议组织的人员一般由新闻界和其他各界代表组成，接受外界对媒体的申诉、控诉，并对一些违反新闻职业道德的案件做出判决，其判决一般不具有法律效力，仅是道德上的评判。

第二节　行政管理的必要性和可行性

行政管理是政府依法行使国家行政权力、从事国家事务和社会事务管理的组织活动。国家对新闻媒体的行政管理则是通过政府的新闻出版和广播电视行政管理部门以及其他行政部门对新闻单位和新闻活动进行的管理。新闻出版和广播电视行政管理等行政管理部门主要是依法对新闻单位的日常工作进行管理，对新闻单位和新闻活动中的违法违规行为依法行使行政处罚权等。由于新闻活动涉及面十分广泛，新闻单位还须接受其他行政部门的管理，如广告等经营活动受工商部门管理，著作权问题受著作权部门管理，保密工作受保密部门管理，非法出版活动受公安部门、工商部门、出版部门等共同管理。

一、新闻媒体是一种社会资源

在全社会推进公平与正义是社会主义政治文明建设的内在要求，保障全社会各种群体、集团、组织、个人等公平地享有各种社会资源是实现全社会公平和正义的重要内容。新闻媒体在监视环境、协调关系、传承文化等方面担负着重要的职责。所以，新闻媒体作为一种重要的社会资源应该被全体公民共享。但是，在市场力量的挤压下，尤其是随着媒体分众化传播时代的到来，媒体受众出现细分化趋势，市场压力、利益追逐和社会责任感的淡化让一些媒体自我定位成为高端受众提供信息和决策参考的媒体。如果在全社会出现这种潮流和现象，新闻传播的受众群体中出现弱势群体就是不可避免的。因此，有必要通过行政管理对媒体资源进行分配，保证全体受众尤其是弱势群体对媒体拥有接近权和使用权。中央广播电视总台少儿频道是以少年儿童为对象而开设的电视频道，于2003年12月28日开播。2004年，国家广电总局向各省、自治区、直辖市发出通知，要求“中央电视台要进一步办好少儿频道，各地要切实抓好中央电视台少儿频道的落地、覆盖工作，省（市、区）和副省级城市电视台要创造条件逐步开设少儿频道”[1]。这在客观上也提醒和促进了我国涉农频道的发展，2012年8月27日，我国第一套全国性对农广播频率中央人民广播电台中国乡村之声开始试播，9月26日正式开播。

目前，我国正在建设社会主义和谐社会，媒体在其中扮演着重要的角色。因此，媒体更要充分发挥其在社会发展进程中的作用，以避免媒体资源的浪费和误用；媒体要保证所传播信息的真实性，以避免错误的信息给受众带来决策失误；媒体要充分发挥反映舆论、表达舆论、引导舆论的作用，坚持用正确的舆论来引导受众；媒体更要发挥舆论监督的功能，以促进社会主义民主建设的发展；媒体还要发挥文化传承的功能，弘扬传承中华优秀传统文化、借鉴吸收西方优秀文明成果。所有这些目标的实现，需要社会各种力量的制约和媒体的自律。政府行政部门依照法律、法规对其进行管理是达到这一目标的手段。因此，政府行政部门必须对其中的正当行为进行保护，对不良行为进行惩罚，以保证媒体在和谐社会建设中发挥重要作用。

二、新闻行业是社会系统的一个分支

人类社会是一个包括政治、经济、文化和社会生活的有机系统，同时，又是一个开放的系统，是一个不断与自然界进行能量交换、不断调整内部结构以适应环境变化的动态系统。大众传媒是其中的一个子系统，与政治、经济等其他子系统共同支撑社会大系统的存在，维护社会大系统的正常运行。社会系统有两种运行状态，一种是社会子系统之间保持相对的均衡与协调，从而实现社会的良性运行；另一种是社会子系统之间的不协调，不能很好地满足社会大系统运行的需要，例如社会的经济系统发生变迁，而社会的政治、文化、管理等没有进行相应的变革，社会结构失衡，从而使社会生活呈现非良性运行的状态。美国社会学家帕森斯在其《社会系统》一书中勾画了一系列社会系统的必要条件：①社会系统必须组织得能与其他系统相容；②为了生存，社会系统必须得到其他系统的支持；③系统必须满足其他行动者的各种需要，并达到一种有意义的调适；④系统必须吸引其成员充分参与本系统的运作；⑤系统必须对潜在的分离行为具有最低限度的控制；⑥如果冲突可能导致系统瓦解，冲突必须得到控制。因此，保持社会子系统之间的相对均衡和协调，就成为保持整个社会系统稳定的前提。

---

[1] 国家广电总局 . 国家广电总局关于抓紧做好央视少儿频道落地工作的通知 [EB/OL].(2004-06-08)[2019-11-15].http：//law.lawtime.cn/d378348383442.html .

社会系统稳定发展依靠三级调节机制：第一级是子系统、个体依据规范的自律与他律；第二级由维护规范的专门职能机构调节；第三级依靠集中控制的指令进行调控。第一级是初级调节，亦可被称为基础调节。第二、三级为高级调节。一个社会系统保持稳定所实际运用的调节机制级别越低，系统表现出的稳定程度就越高。

为了保证大众传媒这个子系统的良性发展，保证媒体在整个社会系统中发挥作用，需要三级调节机制共同发挥作用。从目前世界各国媒体发展现状来看，媒体并不能实行彻底的自律。因为理论与实践都表明：人类的自主行为导致一些子系统的自主行为远不是完全理性的，猎奇、从众、仿效，往往是一些不良甚至犯罪行为的开端，新闻媒体完全有可能成为一些不道德行为甚至犯罪行为的传播工具。也正因为此，社会责任论者才向政府发出呼吁，求助于政府对新闻媒体给予必要的管束和制约。

目前我国媒体系统自律制度尚不是十分完备，尽管我国新闻界也制定了多个自律条约，比如，中华全国新闻工作者协会 1991 年已经通过的《中国新闻工作者职业道德准则》，中国报协制定的《中国报业自律公约》，四川省新闻工作者协会通过的《四川省新闻工作者自律公约》，甚至一些媒体也都有本单位的自律条款，如《新华社关于采编人员遵守新闻职业道德的若干规定》就是其一。但是，条约的执行情况并不乐观，对条约执行情况的监督机制、监督机构等都正处于探索时期，中国内地至今没有出现类似西方国家已经相对成熟的新闻评议组织，在此情况下，依靠政府的力量对媒体形成压力，使媒体有序发展，保证媒体这个子系统的稳定、和谐就成为现实的选择。

三、新闻工作与社会其他部门不可分割的联系

新闻传播机构是一个与社会发生多边关系的组织，它既要依赖于其他组织开展活动，其他组织也要利用新闻传播事业为自己服务，这种相互依赖性决定了新闻传播事业必然受到相应的控制。

新闻传播机构在信息的采集、传递、接收等各个环节都离不开社会其他部门的支持，从党委政府部门或单位获取线索被一些记者视为最重要的新闻来源之一。如党委、政府的信息处（科），政府的各工作部门，公检法的宣传机构，消防队、交警支队等，这些单位或部门都有大量的线索来源。记者经常到这些单位或部门走动走动，和这些部门的人员广交朋友，就能获得有用的新闻线索。记者们通常被称为社会活动家，和社会各部门、各方面的人士结交，主要就是为了保证重要的、经常性的新闻来源。在新闻事业最初产生时，信息的传递对交通和通信条件的依赖就非常明显。随着社会的发展和竞争的日趋激烈，新闻事业对技术条件的要求越来越高，对技术的依赖性也越来越强。笔记本电脑、数码相机、海事卫星电话等成为记者传送新闻的得力助手，尤其是在像伊拉克战场这样恶劣的环境下。电视领域多频道的发展则离不开卫星广播技术和有线电视技术的支持。

从新闻业的发展来看，新闻事业是为满足社会对信息的需求而产生的，新闻信息是为满足社会各部门对信息的需求而传递、发布的，社会其他部门的发展和进步在一定程度上也要依赖媒体。比如，在全球化的今天，任何一家企业都不能盲目生产，必须在了解该行业、相关行业整体状况的情况下才能有目的地生产。这就要依靠新闻界发布的信息来做出判断。甚至一些情报部门也要通过新闻媒介获取所需要的信息。在和平时期，相当一部分

情报都是从公开发表的信息中搜集到的。

新闻传播事业要依赖于社会其他部门才能正常运转，社会其他部门也要利用新闻传播事业为自己服务。这种相互依赖性决定了新闻传播事业必然受到相应的管理。管理的目的不仅仅是为了保证新闻传播事业的有序发展，同时也是为了保证和新闻工作有着密切联系的社会其他部门的正常运转。否则，作为社会系统中重要一环的新闻部门如果出现混乱的话，也将导致其他社会部门的不安定。新闻传播机构作为一个社会组织，必须承担起一定的与其职责相适应的社会责任，因而必须受到国家法律的制约，使之规范化。

四、对新闻实施管理是法律赋予的责任

国家行政机关对国家事务和社会事务的管理是依法行使国家权力，对新闻活动实施的行政管理也是法律授予的权力和职责。我国《宪法》第八十九条规定：“国务院行使下列职权……（七）领导和管理教育、科学、文化、卫生、体育和计划生育工作……”第二十二条第一款规定：“国家发展为人民服务、为社会主义服务的文学艺术事业、新闻广播电视事业、出版发行事业、图书馆博物馆文化馆和其他文化事业，开展群众性的文化活动。”新闻广播电视事业包括在文化事业之内，国务院依照宪法的规定，行使对新闻媒体的管理，是宪法授予的职权。《出版管理条例》第六条规定：“国务院出版行政部门负责全国的出版活动的监督管理工作。国务院其他有关部门按照国务院规定的职责分工，负责有关的出版活动的监督管理工作。”此处的国务院出版行政部门就是新闻出版署。《广播电视管理条例》第五条第一款规定：“国务院广播电视行政部门负责全国的广播电视管理工作。”第八条第一款规定：“国务院广播电视行政部门负责制定全国广播电台、电视台的设立规划，确定广播电台、电视台的总量、布局和结构。”这里的国务院广播电视行政部门就是国家广播电视总局。

从趋势上看，对媒体的行政管理要纳入法治轨道，实行依法行政。依法行政是指国家行政机关及其工作人员在实施行政行为时，必须以宪法、法律、法规和规章为依据，在法定的职权范围内制定行政规范，实施行政行为。具体来讲，一是行政机关的权力必须由法律明确规定，行政行为要合法，“法无授权不可为”。新闻传播行政管理机构的权力要由法律规定，它们在法律授予的职权范围内对新闻媒体进行日常管理。二是行政行为依法进行。行政机关无论是制定行政法规还是进行行政处罚都必须合法，其制定的对新闻传播业进行管理的法规、规章以及其他规范性文件不能同法律的规定相抵触。而且，行政机关在对新闻单位或新闻工作者进行处罚时，处罚的种类、尺度必须与法律、法规一致。三是行政主体对自己的违法行为必须承担法律责任。我国《宪法》规定：“一切违反宪法和法律的行为，必须予以追究。”行政机关在对媒体进行管理时，如果其行为违法，不仅无效，而且还必须承担一定的后果。

第三节　依法管理新闻是必由之路

毫无疑问，对新闻实行依法管理，是确保正确行使新闻报道权利和防止滥用新闻报道

权利的必由之路。

一、新闻活动本质上是一种社会信息互动

新闻媒体的产生是社会需要的产物，“没有需要就没有生产”。在资本主义商品经济出现以后，整个社会发生了翻天覆地的变化。社会规模日益扩大，社会变动不断加速，生产分工日渐精细，阶级矛盾和斗争激化。所有这些变化导致了人们对信息的大量需求。为了满足人们对政治、经济、军事、文化等信息的需求，社会中出现了一部分人专门来收集、发布新闻，公开出售。社会需要催生出一种新的载体——报纸，以便更大范围、更大规模地传递信息。由此可见，报纸是为了满足某些人群对某些特定信息的需求而出现的，报纸对这些人群有强烈的吸引力。在现代，大众传媒已无孔不入，接触媒体已成为人们生活中的一项经常性内容。但和新闻事业刚刚起步时的情况类似，新闻只对有需求的人产生吸引力。换句话说，发布新闻的机构只有满足新闻市场的需求，它所发布的新闻才有意义；否则，就可能是无的放矢。如果受众出现了对某些信息的需求，而新闻机关正好提供了相应的新闻信息，这就形成了良性互动。所以从本质上讲，新闻是一种信息互动。

新闻是对社会的能动反映。陆定一在《我们对于新闻学的基本观点》中说：“新闻的本源是事实，新闻是事实的报道，事实是第一性的，新闻是第二性的，事实在先，新闻在后。”这句话告诉我们，新闻是对大千世界中出现的事实的报道，是对真实社会的反映。“今天的新闻就是明天的历史”，大众传媒承担着如实报道社会变动的职责。西方社会责任论者要求报刊要“反映出社会各个集团的典型画面”。我们无产阶级新闻学要求新闻报道做到完全真实，不但每篇新闻报道是真实的，而且要通过连续不断的报道反映出整个社会现实。新闻机构只有对社会有广泛、真实的认知，即和社会互动，才能获得反映社会发展趋势、符合社会事实真相的新闻信息，才能反映出社会各个群体的典型画面，反映出整个社会现实。从这个意义上说，新闻是一种和社会的信息互动，即实质上是社会提供信息，社会是新闻信息之源，而新闻传播是流。新闻传播是对社会的能动反映，不能不和社会发生互动。

二、新闻是一个容易被冲击的领域

在现代社会中，媒体可以通过设置议程引起受众对某件事的关注，还可以通过制造舆论、引导舆论影响事件的进程和结果。“不怕上告，就怕上报”，事情一经媒体曝光，就可能得到合理、公平的解决。伊拉克战争中，美国《纽约时报》《华盛顿邮报》等主流媒体成功地在全国奠定了“主战就是爱国”的基调，制造出狂热的战争舆论环境，将美国人引导到主战的道路上。正因为媒体是一个不可小觑的行业，所以各种各样的势力都想侵入这一领域，试图控制媒体，为己所用。而一旦使用不当，方向出现偏差，也会出现灾难性后果。

“文化大革命”中媒体的表现就是有力的证明。在这场“史无前例”的运动中，媒体的意识形态属性被强调到无以复加的地步，媒体不再是反映群众意见和呼声的桥梁，而变成了某些人玩弄于股掌之上的阶级斗争的工具。

1978 年以后，中国的新闻事业逐渐恢复了正常，走上了健康发展的道路。1978 年底，

《人民日报》等7家首都报纸，经中央财政部批准实行“行政事业单位，企业化经营管理”。1992年6月16日，中共中央、国务院发布了《关于加快发展第三产业的决定》，这个文件决定将新闻传媒划出党政机关的行列，将它们划归为第三产业，并且认为新闻传媒在第三产业中有着十分重要的地位。在今天信息传播相对过剩的时代，信息的海量堆积和渠道的无所不在使得它对于人们而言不再稀缺。相反，倒是公众的注意力成了市场追逐的稀缺资源。因此，为了吸引受众，媒体和一些企业联手进行所谓的“新闻策划”，实际上是“策划新闻”，制造新闻事件，并对此进行大肆炒作，形成舆论热点，为媒体赢得受众，为企业赢得顾客。更有甚者，“新闻策划”的结果成了制造假新闻、搞有偿新闻。这样做，最终也将导致媒体公信力下降。

三、依法管理新闻是世界的大趋势

人类传播的历史源远流长。人类从动物中分离出来时，口语传播便开始了。后来进入文字传播阶段，出现了世界上最早的定期手写新闻《每日纪闻》，并且新闻信也在官方和私人中间广泛传播。恺撒的“我到、我见、我胜”的报捷信件堪作明证。但是，由于此时的新闻传播互动尚属零散、偶然的行为，还未形成专门的行业，新闻传播活动对社会的影响还比较小。因此，对新闻传播活动的管理也比较随意。这种情况持续到印刷术的发明和推广之后。印刷技术出现时，正值文艺复兴运动遍及欧洲，欧洲各国的统治者发现印刷术非常便于“危险思想”的传播，封建王朝便开始采取措施对新闻出版行业进行严厉控制。各国政府最先采用行政手段——特许制来约束媒体。

欧洲资产阶级革命取得胜利以后，尊重言论自由的思想被接受，各国在宪法中明确了公民的言论出版自由。

“二战”以后，西方国家基本确立了新闻法治思想，而且还处于不断完善之中。

我国是社会主义国家，人民享有比资本主义国家公民更多的民主权利，人民有权管理国家，有权监督权力主体的运行。为了保证人民民主权利的实现，保证人民对国家权力的监督，保证人民对国家事务的积极参与，首先要保证公民的知情权、监督权等。随着改革开放的深入发展，社会主义市场经济体制的逐步完善和依法治国基本方略的实施，新闻媒体舆论监督作用日益重大。为此，加强新闻法治建设，保证公民和媒体权利的实现成为我国法制化建设的重要内容，成为社会主义民主法制建设的必然要求。

四、依法管理新闻的各种条件

马克思说，“没有需要，就没有生产”[1]，“需要是同满足需要的手段一同发展的，并且是依靠这些手段发展的”[2]。当前，社会出现了对新闻法治的强烈需求，那么，满足这些需求的手段是否都发展到了相当成熟的地步？

改革开放以来，极“左”思潮在全社会遭到摒弃，民主、法治等健康的思想逐渐回归，

[1] 中共中央马克思恩格斯列宁斯大林著作编译局．马克思恩格斯选集（第2卷）[M]. 北京：人民出版社，1972：94.

[2] 马克思．资本论：第一卷（下）[M]. 北京：人民出版社，1975：559.

此后，法治建设开始成为热门话题。所以，至少从形式上来看，法治化正在逐渐覆盖社会生活的各个领域，中国特色社会主义法律体系正在逐步形成。作为与社会生活各个方面联系密切的新闻传播领域，只有走上法治化的轨道，才有助于社会主义法律体系的完整和逐步完善。

1. 对法治认识的深化为新闻法治化提供了思想条件

1978 年以后波澜壮阔的立法运动，从表面上来看是数字的变化，是法律文件厚度的增加。但是，从更深层次来理解的话，它同时带来的还有观念和行为方式的变化。众多法律的通过和生效不仅解决了法律诉讼中当事双方的问题，同时弘扬了现代法律精神，增强了公民的法治观念。“依法治国”正在成为全国人民的共识。如前所述，新闻媒体是一个容易受到冲击的领域，在目前的状况下出现了一些比较复杂的问题，为了保证媒体行业的规范化运作，一些有识之士，包括普通公民、普通新闻工作者都强烈要求新闻法治化。而这正是人们法治观念增强的表现。全社会的共识和呼声将为新闻法治化提供良好的心理准备和舆论环境。

2. 新闻法治研究的深入为新闻法治化提供了理论支持

从数量上来讲，我国媒体的发展水平已经达到了世界前列。从实力上来讲，新闻媒体越来越成为与国家、社会、公民联系紧密的、不可小觑的机构和行业。对媒体的良好管理是社会健康运行的重要前提，而正如前面所言，法律管理是实现这个前提最有效的途径。因此，新闻事业的发展为依法管理提供了可能，也提出了要求。

同时，理论研究的持续深化，为新闻法治化提供了坚实的学术支撑。在现代社会，新闻事业要健康发展就必须借助法律的力量来保障，而新闻法的出台也就必须依赖新闻法规研究的成熟，新闻法学研究应该为新闻立法提供理论依据。中华人民共和国成立以后，尤其是十一届三中全会以来，我国的法治建设步伐不断加快，法理学、宪法学、民法学、诉讼法学以及大量部门法学的研究都取得了长足的进步。300 余部法律的颁布就是明证。这一大批理论研究成果和法律的颁布，为我国新闻法治提供了比较扎实的法理学基础，而新闻法学的研究则为其提供了立法依据。1984 年，中国社会科学院新闻研究所开始组建新闻法研究室，我国新闻立法的研究开始走上比较系统的研究道路。自此以后的二三十余年间，一大批专家学者运用多种手段，对新闻法治进行了研究，取得了一些成果，为新闻法学的建立创造了比较好的条件。

第四节　我国新闻法治需要解决的若干问题

我国新闻立法需要解决的现实问题还比较多。虽然我国立法机关和行政部门针对新闻活动颁布了大量法律和法规，但我国新闻法治建设仍有大量工作要做。我国至今未有一部完整的新闻法，现有法规法律位阶不高，约束力不强；现行相关新闻法规是弥补型法规，执法成本高；权利和义务的规定不平衡等。我国新闻活动还有相当部分没有法律予以规范，需要法律界、新闻学界和广大公民一起努力，补齐新闻法治建设短板。

一、依法管理新闻是依法治国的重要内容

中国共产党二十大报告提出“坚持全面依法治国，推进法治中国建设”，首次单独把法治建设作为专章论述、专门部署，这充分体现了以习近平同志为核心的党中央对全面依法治国的高度重视。

依法治国，就是广大人民群众在党的领导下，依照宪法和法律规定，通过各种途径和形式管理国家事务，管理经济文化事业，管理社会事务，保证国家各项工作都依法进行，逐步实现社会主义民主的制度化、法律化，把坚持党的领导、发扬人民民主和严格依法办事统一起来，从制度和法律上保证党的基本路线和基本方针的贯彻实施。依法治国，是发展社会主义市场经济的客观需要，是社会文明进步的重要标志，是国家长治久安的重要保障。

之所以说依法管理新闻是依法治国的重要内容，是因为新闻媒体在社会中处于重要地位，是一个和社会方方面面联系密切的行业。新闻媒体在传递信息、促进社会进步和国家发展、实现公民个人的社会化、促进社会整合方面扮演着日益重要的角色。媒介与政治、经济、文化等社会生活中的其他方面都有着紧密的联系。

依法管理新闻是依法治国的重要内容，是由新闻法治的目的决定的。新闻法治的目的是保障新闻报道的权利，防止滥用新闻自由。依法治国，就是广大人民群众在党的领导下，依照宪法和法律规定，通过各种途径和形式管理国家事务、经济文化事业、社会事务，保证国家各项工作都依法进行。人民群众管理国家事务的前提是必须对国家事务有比较充分的了解。很难想象，对国家事务一无所知能参与到对国家事务的建言献策以及对国家事务的决策中来。所以说，充分、自由地获取关于国家事务的信息是人民群众管理国家事务的必要前提条件。而这一条件的实现，主要依靠新闻媒体。因为在当今社会，媒体是人民群众了解社会的窗口，新闻媒体的首要功能就是沟通情况传递信息。所以，新闻媒体必须拥有充分的言论、出版自由，才能保证其功能的发挥，才能保证人民群众获取信息、参政议政，才能将依法治国的理念落到实处。

二、提供法治保障是新闻事业健康发展的前提

新闻事业的健康发展必须有一个良好的外部环境，而新闻法治是良好外部环境的有力保障。五千年的中国文明烙上了鲜明的“人治”色彩，新闻法治化，将对新闻媒体的地位、性质、职责、权利、义务等进行明确定位。法律具有稳定性的特征，因此，能在长时间内保持新闻媒体的稳定发展。另外，依法管理新闻，行政机关当然拥有管理权，但是，行政机关的管理要依法进行。法律不可能事无巨细地对新闻媒体的每一个举动做出规定，不可能安排媒体的报道议程。法无禁止就是允许，媒体在各个层面的发展中将拥有更多的自主空间，这有助于媒体摆脱行政机关不必要的干涉，按照新闻规律来经营媒体。

新闻法治提供给新闻工作者一套标准或规范，能有效防止新闻诉讼的发生，保护新闻工作者的工作积极性。新闻工作已经全面介入人们的社会生活，涉及社会群体、机构、公民，容易发生新闻纠纷。一旦新闻官司发生，新闻媒体将耗费大量的人力、物力去应对，不但影响媒体形象，而且会干扰媒体正常的运转。而减少新闻诉讼的有效途径是积极预防，建

立相应的制度，加强对新闻工作者法律意识培养和法律知识的教育等。1964年，《纽约时报》就在报社内部成立了法律顾问部，法律顾问最主要的任务是与编辑和记者合作，共同防止与避免新闻报道与评论可能引起的诽谤诉讼。可能涉及诽谤及隐私方面的新闻报道，必须经由法律顾问同意才能发表。[1] 作为一份有着世界影响的大报，《纽约时报》内容广博，关涉众多，尤以披露令人震惊的重大事件闻名于世。它每天出报多达100个版面，发排字数超过10万，然而在近20年，在美国诉讼日渐增多的情况下，《纽约时报》却做到了将新闻官司减少到最低限度，这主要得益于他们的积极预防。积极预防的前提是社会必须有一套该行业人员共同遵守的标准或规范，否则，新闻界即使有此心，也终将因“无法可依”而达不到积极预防的目的。

我国现有的社会监督体系包括七种监督形式：党内监督、国家权力机关的监督、行政监督、司法监督、各民主党派的监督、舆论监督和群众监督。在我国逐步完善社会监督体系的过程中，舆论监督的作用理所当然地会越来越大，舆论监督也因其覆盖面广、影响力大、公开性、迅捷性等因素会越来越受到重视。党的十八大报告提出，“建立健全权力运行制约和监督体系”“加强党内监督、民主监督、法律监督、舆论监督，让人民监督权力，让权力在阳光下运行”。这是我党首次把“四个监督”作为一套完整的监督体系明确提出来。党的二十大报告中也强调，“健全党统一指挥、全面覆盖、权威高效的监督体系，完善权力监督制约机制，以党内监督为主导，促进各类监督贯通协调，让权力在阳光下运行”。在党的政策的鼓励和支持下，新闻媒体舆论监督的范围将会越来越广，力度将会越来越大。

三、要从政策管理转向依法管理

从政策管理转向依法管理并不是完全排斥政策管理，在新闻法治比较完备的国家也存在新闻政策。比如，美国在20世纪80年代以来的现代局部战争中，其战时新闻政策一直发挥着不可或缺的作用，尤其是在伊拉克战争中，美国实行“嵌入”式政策，在作战部队中“嵌入”多名各国记者，允许新闻记者随军采访，并积极配合媒体报道战况，取得了较有利于美国国家利益的效果。新闻政策作为党管理新闻媒体的主要手段，在一段时间内起过积极的作用。在社会呼唤法治化的今天，新闻政策的作用会逐步弱化，但不会消亡。1984年3月，彭真同志在总结我国法治建设的历史经验时提出要“从依靠政策办事，逐步过渡到不仅靠政策，还要建立、健全法制，依法办事”[2]。这也应该是新闻传播领域对待法律和政策的指导思想。而且，尽管在新闻传播领域依靠法律来管理已成为越来越多人的共识，但这一领域的法律现状并不令人乐观，新闻法治尚不完备。新闻法治化不可能一蹴而就，它是一个漫长的过程。那么，在这一过程中，为了保证新闻传播活动的有序进行，新闻政策必不可少。

---

[1] 李子坚 . 纽约时报的风格 [M]. 长春：长春出版社，1999.

[1] 顾昂然 . 新中国民主法制建设 [M]. 北京：法律出版社，2002：143.

四、提高全社会的媒介素养已成为当务之急

什么是媒介素养？美国媒介素养研究中心下了这样的定义：媒介素养就是人们面对媒介各种信息时的选择能力、理解能力、质疑能力、评估能力、创造能力和制作能力，以及思辨反应能力。它包括人们对各种信息的解读能力，除了现在拥有的听、说、读、写能力之外，还应具备批判性地观看、收听和解读影视、广播、网络、报纸、书刊和广告的能力，还有大众媒体信息的制作能力。概括地说，所谓媒介素养就是指正确地、建设性地享用大众传播资源的能力，能够充分利用媒介资源完善自我、参与社会进步的能力，主要包括受众利用媒介资源动机、使用媒介资源的方式方法和态度、利用媒介资源的有效程度以及对传媒的批判能力。[1]“媒介素养”一词首先出现在20世纪30年代的英国，70年代后，媒介素养教育在欧洲、北美洲、大洋洲、拉丁美洲和亚洲的国家陆续展开，今天，媒介素养已经成为一场全球性运动。但是，我们国家在这方面相对落后，研究刚刚起步，对大多数受众而言，媒介素养还是一个相当陌生的名词。因此，整体而言，我国公众的媒介素养较低，不能很好地利用媒介资源完善自我，参与社会进步。

在现代社会，公民通过媒体报道获知信息，进而参与国家和社会事务的决策、管理，是实现自身的社会政治权利的一条重要途径。同时，在信息社会，信息已经成为重要的资源，未来学家阿尔文·托夫勒在他的著作《第三次浪潮》中说：“如果前工业社会的财富是土地，工业社会的财富是资本，那么后工业社会的财富就是信息。”由于我国公民媒介素养较低，利用媒体获知信息的意识尚处于觉醒之中，对于媒体在某些重大事件报道中的缺位并没有十分强烈的反应。受众利用媒体参政议政的能力也有待提高。受众参政议政的前提是媒体对事件的充分报道，是受众知情权得到充分的尊重与满足。因此，在受众媒介素养相对较低的情况下，有必要通过法律手段保证受众知情权的实现，保证民众政治权利的实现。

思考题：

1. 我国对新闻媒体的法律管理主要有哪些内容？
2. 新闻法规与新闻政策的联系与区别是什么？
3. 简述对新闻媒体实行行政管理的必要性和可行性。

阅读书目：

1. 顾理平 . 新闻法学 [M]. 北京：中国广播电视出版社，1999.
2. 魏永征著 . 新闻传播法教程 [M]. 北京：中国人民大学出版社，2002.
3. 黄瑚 . 新闻法规与职业道德 [M]. 上海：复旦大学出版社，2003.
4. 陈绚 . 新闻法规与道德 [M]. 北京：中国大百科全书出版社，2005.

---

[2] 师峰涛 . 有关媒介素养的思考——提高公民媒介素养的实施途径 [EB/OL].(2012-03-03)[2019-11-15].http：//www.doc88.com/p-252204233774.html.

第三章
新闻传播与国家安全

本章要点

- 第一节 新闻活动与国家安全的关系
- 第二节 维护国家安全与大众传媒的使命
- 第三节 新闻责任与保护国家机密
- 第四节 新闻传播与社会稳定

新闻传播是涉及社会面最广的行业，它的工作与国家安全息息相关。

第一节　新闻活动与国家安全的关系

一、国家是国际交往中的基本单位

国家是国际交往中的基本主体。在国际社会中，国家从事对外政治、经济、军事、文化、科学技术等方面的交往与合作，创造有利于本国发展的国际环境。在现代，随着社会化大生产的发展，国家的交往职能日趋扩大，各国在经济上相互依赖和相互制约的关系越发明显，国际间的联系也越来越紧密。任何一个国家和民族要存在和发展，都需要不断吸收别的国家和民族先进的科技成果和经验，吸收和借鉴人类社会创造的一切文化成果，包括先进的经营方式、管理方式。而且，现代交通和通信技术的迅速发展又为国际间的交往与合作提供了极大便利，这就使国家更有利于实施这一职能。

对外开放是我国的基本国策。发展国际交流与合作，创造有利于我国发展的国际环境，成为国家的一项基本职能。在国际交往中，中国一直坚持独立自主的和平外交政策。“中国对外政策的目标是争取世界和平。在争取世界和平的前提下，一心一意搞现代化建设，发展自己的国家，建设具有中国特色的社会主义。”[1] 中国坚持独立自主的和平外交政策，就世界意义而言，是为了维护世界和平；而就本国利益来说，就是为了给社会主义现代化建设创造一个和平的、有利的国际环境。和平与发展，是当代社会的主题。我国应当而且可以在维护世界和平、促进全球经济发展方面做出自己的贡献。

二、新闻传播具有鲜明的国家特征

1999 年度的普利策新闻奖颁给了《纽约时报》记者杰夫格什，其获奖作品是一组反对美国向中国出售技术的系列报道。他在报道中认为，向中国出售高新技术危害了美国的国家安全。这正说明，新闻传播不可能离开对于国家利益的考量。在美国，从平时的新闻传播到新闻奖项的颁发无不渗透了国家利益至上的原则。这对正在开展马克思主义新闻观学习活动的我国新闻传播界来说，不啻是一个极好的警示和生动的教材：新闻传播具有鲜明的国家特征。

自改革开放、建立社会主义市场经济体制以来，我国在经济、政治、社会生活等方面发生了日新月异的变化，我国的新闻传播业也获得了迅猛的发展。然而，在发展过程中，一些媒体没有以马克思主义新闻观来认识和统领新闻传播及新闻宣传工作，没有正确处理市场经济大背景、大环境中社会效益和经济效益的关系，而去片面追求媒体的商业利润，甚至在追求所谓的经济效益最大化的过程中，犯下了不顾及国家和公众利益的种种错误，如出现严重的政治导向错误，报道格调低下，宣传伪科学、反科学的东西，虚假报道屡屡见报，随意下载和转发互联网上的反动信息，等等。少数媒体暂时有了“市场”，但却丢

[1] 中共中央文献编辑委员会 . 邓小平：邓小平文选 (第 3 卷)[M]. 北京：人民出版社，1997：57.

失了“灵魂”。[1]

面对当前的国内、国际形势，面对网络全球化时代西方政治主张、思想观念和价值观念的渗透，面对社会主义市场经济确立后出现的经济社会生活多元化和价值观念多样化的新形势，媒体工作者务必要以马克思主义新闻观为指针，从理论到实践两方面始终不渝地确立社会主义新闻传播的国家和公众利益观，“自觉地以维护国家安全、社会稳定、民族团结，促进经济发展、世界和平和人类进步作为自己义不容辞的责任”[2]。

三、国家利益是新闻传播的核心价值

在以主权国家为基本单位的现实国际社会关系中，国家利益始终是国家内外政策和行为的根源和立足点。因此，服从于、服务于维护国家利益就理所当然地成为社会主义新闻传播的核心价值。

在纷繁复杂的国际关系中，国家间的互动无论在什么情况下、无论采取何种方式，都有一个最基本的驱动因素，就是国家利益。通常认为，因为国家利益决定了国家中居于支配地位的价值与政策取向，并且决定了国家的基本需求和具体的国家目标，所以，国家利益是解释国际关系中国家对外政策和行为的关键。关于国家利益，马克·R. 阿姆斯特茨(Mark R. Amstutz) 曾经说过：“国家利益的概念通常指国家相对其他国家而言的基本的需求（need）和欲求（want）。”[3]这种概括可以说是比较精辟的。对于任何一个主权国家来说，不管它的阶级性质如何，不管它对内是为哪一个阶级或阶层谋取利益的，在作为一个独立的主体对外进行国际交往这个层面上，它的基本职责或者说是义务，始终都是尽可能多地获取“益处”，这是其自身生存和发展所不得不做的事情。[4]

从政治学意义上讲，凡是满足国家生存和发展需要的就是国家利益。国家作为人类最有组织性的社会集合体，其利益必然是多种多样的，依据不同标准可以分为不同的利益。在众多利益中，国家的主权、国家的安全对国家生存和发展来说是最根本的，也是最重要的，要始终放在第一位。国家主权是一个国家的生命和灵魂，是一个国家不受外来干预、独立自主地处理国内和对外事务的最高权力。就国际法而言，国家主权是一国不受外来控制的自由。任何国家一旦失去主权，就根本谈不上捍卫国家利益。国家安全与国家主权有着相辅相成的关系。国家的一切活动都是建立在国家安全，即国家能够生存的基础之上的。20 世纪 80 年代以来，国际局势虽明显缓和，和平与发展成为时代的主题，但是由于霸权主义和强权政治依然存在，国家之间的矛盾和冲突乃至对抗仍时有发生。我们仍处在一个复杂的国际环境中，国外各种敌对势力会对我国进行渗透、颠覆、分裂等活动，我国的社会主义现代化建设仍将在复杂多变的国际环境中进行。所以，维护国家安全，捍卫国家利益，是我国对外职能最重要的方面，也是我国新闻传播的核心价值和义不容辞的历史责任。

---

[1] 凌坚 . 试论新闻传播的国家和公众利益观 [J]. 传媒观察，2007(1).

[2] 郑保卫 . 当代新闻理论 [M]. 北京：新华出版社，2003：515.

[3] 凌坚 . 试论新闻传播的国家和公众利益观 [J]. 传媒观察，2007(1).

[4] 凌坚 . 试论新闻传播的国家和公众利益观 [J]. 传媒观察，2007(1).

四、保守国家机密，维护国家安全

各国政府出于对本国的安全和利益的考虑，对保密工作都有这样那样的规定和要求。

1. 什么是国家秘密

《保守国家秘密法》第二条对“什么是国家秘密”的界定是：国家秘密是关系国家安全和利益，依照法定程序确定，在一定时期内只限一定范围的人员知悉的事项。按照这个定义，国家秘密是由四个要素构成的：第一，关系国家安全和利益，即并不是什么都是国家秘密，国家秘密是指关系国家安全和利益的事项；第二，依法确定，即国家秘密是经过法定程序确定的，不是什么人宣布某某事项是国家秘密就属国家秘密；第三，一定的时限，即国家秘密是指在一定时期内为人所知悉的事项，有些事项超过一定时期，宣布解密，就不再属国家秘密了；第四，一定的人员，即国家秘密是只限一定范围的人员知悉的事项。在被指控为违法或者犯罪时，这四个要素一个也不能缺少。

国家秘密包括下列秘密事项：（一）国家事务的重大决策中的秘密事项；（二）国防建设和武装力量活动中的秘密事项；（三）外交和外事活动中的秘密事项以及对外承担保密义务的事项；（四）国民经济和社会发展中的秘密事项；（五）科学技术中的秘密事项；（六）维护国家安全活动和追查刑事犯罪中的秘密事项；（七）其他经国家保密工作部门确定应当保守的国家秘密事项。不符合以上规定的，不属于国家秘密。政党的秘密事项中有符合以上规定的，属于国家秘密。

国家秘密的密级分为“绝密”“机密”“秘密”三级：“绝密”是最重要的国家秘密，泄露会使国家的安全和利益遭受特别严重的损害；“机密”是重要的国家秘密，泄露会使国家的安全和利益遭受严重的损害；“秘密”是一般的国家秘密，泄露会使国家的安全和利益遭受损害。国家秘密及其密级的具体范围，由国家保密工作部门分别会同外交、公安、国家安全和其他中央有关机关规定。国防方面的国家秘密及其密级的具体范围，由中央军事委员会规定。国家秘密及其密级的具体范围的规定，应当在有关范围内公布。

2. 泄露国家秘密犯罪及其法律责任

新闻传播应该规避的是泄露国家机密。所谓泄密是指国家机关工作人员违反保守国家秘密法的规定，故意或者过失泄露国家秘密、情节严重的行为。违反《保守国家秘密法》和其他法律法规，致使国家秘密泄露的，责任人应当承担法律责任，包括刑事责任和行政责任。我国《刑法》对于泄密行为及其法律责任做了明确的规定，这些规定大致说来包括三种罪名。

（1）故意／过失泄露国家秘密罪

《刑法》第三百九十八条规定：“国家机关工作人员违反保守国家秘密法的规定，故意或者过失泄露国家秘密，情节严重的，处三年以下有期徒刑或者拘役；情节特别严重的，处三年以上七年以下有期徒刑。”

（2）为境外窃取、刺探、收买、非法提供国家秘密、情报罪

《刑法》第一百一十一条规定：“为境外的机构、组织、人员窃取、刺探、收买、非法提供国家秘密或者情报的，处五年以上十年以下有期徒刑；情节特别严重的，处十年以

上有期徒刑或者无期徒刑；情节较轻的，处五年以下有期徒刑、拘役、管制或者剥夺政治权利。”

（3）非法获取国家秘密罪/非法持有国家绝密、机密文件、资料、物品罪

《刑法》第二百八十二条规定：“以窃取、刺探、收买方法，非法获取国家秘密的，处三年以下有期徒刑、拘役、管制或者剥夺政治权利；情节严重的，处三年以上七年以下有期徒刑。”“非法持有属于国家绝密、机密的文件、资料或者其他物品，拒不说明来源与用途的，处三年以下有期徒刑、拘役或者管制。”

3. 新闻单位的保密制度

新闻传播活动具有涉及对象广、传播速度快、影响范围大的特点，因此新闻泄密比起其他形式的泄密，影响更大，危害更严重。鉴于新闻工作者和新闻媒介在保守党和国家秘密问题上负有更多的责任，国家保密法对新闻媒介有专门的要求，为新闻工作制定了专门的保密法规。

1992年6月12日，国家保密局、中央对外宣传小组、新闻出版署、广播电影电视部联合公布了《新闻出版保密规定》。该规定的第二章建立了具体的保密制度。第六条规定：“新闻出版保密审查实行自审与送审相结合的制度。”

第一，自审，就是新闻出版单位和提供信息的单位，对拟公开出版、报道的信息，根据有关保密规定自己进行审查。从新闻单位角度说，自审也就是自己按照保密规定来判断有关新闻是否属于或含有国家秘密，是否适宜发表，这是新闻单位编辑责任制的延伸。送审，就是对是否涉及国家秘密界限不清的信息，送交有关主管部门或其上级机关、单位审定。有关机关、单位应当指定有权代表本机关、单位的审稿机构和审稿人，负责对送审稿是否涉及国家秘密进行审定。

第二，通过内部途径反映涉及国家秘密的信息的制度。据《新闻出版保密规定》第八条，新闻单位及其采编人员需向有关部门反映或通报涉及国家秘密的信息，应当通过内部途径进行，并对反映或通报的信息按照规定做出国家秘密的标志。这也就是新闻单位编印“内部参考”的制度。

第三，采访涉及国家秘密的事项的批准制度。据《新闻出版保密规定》第九条、第十条，被采访单位、被采访人向新闻单位提供有关信息时，对其中确因工作需要而又涉及国家秘密的事项，应当事先经过批准，并向采编人员申明。新闻单位对被采访单位、被采访人申明属于国家秘密的事项，不得公开报道。对涉及国家秘密但确需报道的信息，新闻机构应当向有关主管单位建议解密或者采取删节、改编、隐去等保密措施，并经有关主管部门审定。新闻机构采访涉及国家秘密的会议或其他活动，应经主办单位批准。主办单位应当验明采访人员的工作身份，指明哪些内容不得报道，并对新闻进行审定。又据第十四条，个人拟向新闻单位提供公开报道的信息，凡涉及本系统、本单位业务工作的或对是否涉及国家秘密界限不清的，应当事先经过本单位或上级机关、单位审定。

第四，新闻发布制度。据《新闻出版保密规定》第十一条，为了防止泄露国家秘密而又有利于新闻活动的正常进行，中央国家机关各部门和其他有关单位，应当根据各自业务工作的性质，加强与新闻单位的联系，建立提供信息的正常渠道，健全新闻发布制度，适时通报宣传口径。

在新闻出版工作中，各有关单位因有关信息是否属于国家秘密问题发生争执的，由保密工作部门会同有关主管部门依据保密法规确定。

第二节　维护国家安全与大众传媒的使命

一、国体、政体、国家结构形式

国体即国家的阶级性质，国家的本质，是指社会各阶级在国家中的地位。我国《宪法》第一条规定："中华人民共和国是工人阶级领导的、以工农联盟为基础的人民民主专政的社会主义国家。"这是《宪法》对我国的国家阶级性质，亦即我国国体的明确规定。

政体又叫政权组织形式或政治制度，是指掌握政权的统治阶级，采取何种原则和方式去组织旨在反对敌人、保护自己、治理社会的政权机关。国体决定政体。政体反映国家的性质，同时又服务于国家性质的要求，它是建立在一定经济基础之上的上层建筑的重要组成部分，反映统治阶级的意志和利益。我国的政权组织形式是人民代表大会制度。实践表明，人民代表大会制度便于人民参加国家管理，便于集中统一地行使国家权力，有利于社会主义民主建设，有利于发挥人民的积极性和创造性，是适合我国国情的根本政治制度和政权组织形式。

国家结构形式是指特定国家表现其国家的整体和局部之间相互关系所采取的外部总体形式。它与政体同是国家制度的重要内容之一。简而言之，它是指国家整体和部分之间，中央和地方之间的相互关系。

现代国家基本上有两种国家结构形式，即单一制和复合制。单一制是指国家由若干不具有独立性的行政单位或自治单位组成，各组成单位都是国家不可分割的一部分的国家结构形式。复合制是指国家由两个或两个以上具有某种独立性的成员单位（邦、州、共和国）联合组成的联盟国家或国家联盟的国家结构形式。由于历史、民族、国际环境等原因，我国采取单一制的国家结构形式。采取单一制的国家结构形式，建立统一的多民族国家，是我国各族人民的共同愿望，符合各族人民的根本利益。

二、国家在现实生活中的地位

国家，是人类社会的最高组织形式，是国际交往中的基本单位。在现实生活中，社会的发展与国家密切相关，在某种意义上，国家是社会发展的决定性因素。国家在社会发展中的作用，主要集中在国家职能与国家利益上。

国家在现实生活中具有极其重要的政治职能、经济职能、文化职能和社会公共服务职能：①政治职能即国家维护政治统治和政局稳定的职能。我国的政治职能主要包括对敌人实行专政和对人民实行民主两个方面。国家行使政治职能，有利于保障人民民主和维护国家的长治久安，有利于调动亿万人民的积极性，投身到社会主义建设中来。②经济职能即国家组织经济建设，促进社会经济发展，提高社会生产力水平和人民生活水平的职能，国家主要进行经济调节、市场监管、社会管理和公共服务。国家行使经济职能，有利于不断满足国民的物质和文化生活需要；有利于提高综合国力，使其在国际竞争中处于有利地位。③文化职能即国家组织文化建设的职能，组织和发展科教文化等各项事业、提高全民族的思想道德素质和科学文化素质是其重要内容。国家行使文化职能，有利于保证经济建设的正确发展方向，为经济建设的发展提供精神动力和智力支持；有利于提高民主程度，促进民主政治建设，建设精神文明。④社会公共服务职能即国家为社会的发展创造良好的社会环境和自然环境的职能，包括维护社会秩序，维护社会的安定团结，搞好社会治安，保护公共财物；建立和健全社会保障制度；兴办各种公共工程，完善各种公共设施；保护公共环境，保持生态平衡等重要内容。

社会政治、经济、文化等方面的发展与国家的关系极其密切，必须强化国家职能，高度重视国家在现实生活中的地位与作用。

三、大众传媒在国家生活中的地位

关于大众传媒在国家生活中的地位与作用，马克思、恩格斯等革命导师有过精辟的论述，青年马克思认为报刊自由是“历史人民精神的英勇喉舌和它的公开表露”，“是人民在自己面前的公开忏悔”，“观察自己的一面精神上的镜子”[1]。

在现代社会，大众传媒作为国家的神经中枢，作为一个国家社会力量的源泉，不仅以其特有的视角和特定的“密码”报道、解释、分析社会，还以它独立的意志和价值标准影响、建构并引导国家的发展。大众传媒真正成了发现国家或社会问题的哨兵，维护国家与社会秩序的法官，开展公共事务的场所，授予地位和名誉的机构，引导舆论、教化民众的导师。[2]的确可以说，当下大众传媒正以惊人的速度广泛介入政治、经济、文化、艺术、教育、生活等各个领域。

当前我国正处于巨大社会变革时期，经济成分和利益、社会生活方式及组织形式等日益呈现多样化、多元化趋势，由此影响到意识形态领域，造成人们价值取向、思维方式、道德标准以及精神消费等方面的复杂性。此外，互联网的迅猛发展，信息来源、传播渠道及其内容繁杂纷呈，都极大地增加了舆论引导的复杂性和艰巨性。新闻媒体必须坚持正确思想舆论在我国社会生活中的主导地位，坚持团结稳定鼓劲、以正面宣传为主，增强新闻工作者的政治意识、大局意识和社会责任感。新闻工作者要通过富有成效的工作，充分发挥社会主义意识形态对广大人民群众的引导和激励作用，为构建和谐社会奠定良好的舆论氛围。

四、大众媒介对国家安全的责任[3]

1. 维护国家安全的含义

国家安全关系到国家的存亡，是国家根本利益之所在，也是国家其他权力和利益得以

[1] 戴元光，金冠军 . 传播学通论 [M]. 上海：上海交通大学出版社，2000：13.
[2] 吴飞 . 大众传播法论 [M]. 杭州：浙江大学出版社，2004：1.
[3] 黄瑚 . 新闻法规与职业道德教程 [M]. 上海：复旦大学出版社，2003：142–149.

实现的必要保障。所谓国家安全，一般是指作为政治权力组织的国家机器所建立的社会制度的生存与发展的保障，它包括国家独立、主权和领土完整以及相关的国家政权、社会制度和国家机关的安全。维护国家安全是指通过积极防范、及时制止、严厉惩治危害国家安全的行为，从而保证国家安全和重大利益不受侵犯。维护国家安全涉及国家的领土完整、主权独立、社会制度的巩固，关系到社会稳定、经济繁荣和人民幸福。

在我国，维护国家安全即维护中华人民共和国的国家安全，就是维护中华人民共和国的主权、领土完整和安全，就是维护我国人民民主专政的社会主义制度。维护国家安全在我国法律中具有重要地位。我国《宪法》第五十四条规定："中华人民共和国公民有维护祖国的安全、荣誉和利益的义务，不得有危害祖国的安全、荣誉和利益的行为。"另有第五十二条规定："中华人民共和国公民有维护国家统一和全国各民族团结的义务。"根据宪法的原则，我国立法机关制定了周全的维护国家安全的法律，1979 年制定的《刑法》规定了"反革命罪"，严厉制裁以推翻人民民主专政和社会主义制度为目的的危害国家安全的行为。1997 年经过修改后的《刑法》，取消了"反革命罪"这个过时的概念，设置了"危害国家安全罪"。《国家安全法》经中华人民共和国第十二届全国人民代表大会常务委员会第十五次会议于 2015 年 7 月 1 日通过并正式实施，规定每年 4 月 15 日为全民国家安全教育日。

2. 何谓危害国家安全罪

根据以上法律规定，危害国家安全的行为构成犯罪的，就是危害国家安全罪。危害国家安全罪侵犯的客体是国家的安全，即危害中华人民共和国的主权、领土完整和安全，危害我国人民民主专政的社会主义制度。危害国家安全的犯罪主体只能是自然人，客观方面表现为实施危害国家安全的行为，主观方面表现为故意的心理状态。

与新闻传播活动有关的危害国家安全的罪行，除上述谈到的泄密行为以外，主要还有煽动行为。所谓煽动行为是指行为人通过演讲、文字乃至广播电视、书画、互联网等言论方式公然散布虚假的信息，以蛊惑人们的反常情绪，采取某种不利于社会和他人的行动。一般来说，煽动行为具有以下四个特点：第一，表述方式的非理性，即使用浮夸、情绪化、蛊惑性的语言。第二，内容的非事实性，如造谣诽谤，虚张声势，夸大其词，攻其一点，不及其余。第三，直接面向公众，即公然散布。第四，容易导致反常性，即它的目的不是"书生空谈"，而是希望激起他人反常性狂热，采取某种不利于社会和他人的行为。

3. 煽动犯罪及其法律责任

按照我国《刑法》的规定，煽动行为涉及以下四项罪名。

（1）煽动分裂国家罪

本罪是指煽惑、挑动群众分裂国家、破坏国家统一的行为。《刑法》第一百零三条第二款规定："煽动分裂国家、破坏国家统一的，处五年以下有期徒刑、拘役、管制或者剥夺政治权利；首要分子或者罪行重大的，处五年以上有期徒刑。"另据第五十六条和第一百一十三条的规定，犯本罪的，应当附加剥夺政治权利，可以并处没收财产。还有第一百零六条规定，与境外机构、组织、个人相勾结进行分裂国家犯罪和煽动分裂国家的，依第一百零三条规定从重处罚。

（2）煽动颠覆国家政权罪

本罪是指以造谣、诽谤或者其他方式煽动颠覆国家政权、推翻社会主义制度的行为。《刑法》第一百零五条规定："以造谣、诽谤或者其他方式煽动颠覆国家政权、推翻社会主义制度的，处五年以下有期徒刑、拘役、管制或者剥夺政治权利；首要分子或者罪行重大的，处五年以上有期徒刑。"另据第五十六条和第一百一十三条的规定，犯本罪的，应当附加剥夺政治权利，可以并处没收财产。

（3）煽动民族仇恨、民族歧视罪

这种犯罪行为的主要表现是"煽动民族仇恨、民族歧视"。《刑法》第二百四十九条的规定："煽动民族仇恨、民族歧视，情节严重的，处三年以下有期徒刑、拘役、管制或者剥夺政治权利；情节特别严重的，处三年以上十年以下有期徒刑。"本罪是行为犯罪，"情节严重"是犯罪构成要件，具体指动机恶劣、手段卑鄙、后果严重等。

（4）煽动暴力抗拒法律实施罪

本罪是指故意以语言、文字、图像等方式公然诱惑、鼓动群众暴力抗拒国家法律、行政法规实施的行为。《刑法》第二百七十八条规定："煽动群众暴力抗拒国家法律、行政法规实施的，处三年以下有期徒刑、拘役、管制或者剥夺政治权利；造成严重后果的，处三年以上七年以下有期徒刑。"本罪也是行为犯罪，行为人只要实施了上述的煽动行为，就可能扰乱社会秩序，就可能产生很大的社会危害性，就可以构成本罪，至于群众是否听信，是否造成了实际危害后果，不影响本罪的成立。如果"造成严重后果"，也就是说，煽动行为导致群众错误听信后使用暴力抗拒国家法律的实施，使工作、生产、教学、科研活动不能正常进行，造成了十分恶劣的社会影响，则行为人应被依法处以更重的刑罚。

4. 新闻传播媒介与煽动罪

在上述四项直接或间接危害国家安全的犯罪行为中，有相当一部分是以新闻传播媒介作为载体加以实施的。有鉴于此，我国新闻传播领域的行政法规做出了一系列禁止以言论煽动危害国家的规定。如《出版管理条例》第二十五条规定的出版物禁载内容就有"反对宪法确定的基本原则的""危害国家统一、主权和领土完整的""危害国家安全或者损害国家荣誉和利益的""煽动民族仇恨、民族歧视、破坏民族团结或者侵害民族风俗、习惯的"等条款。《广播电视管理条例》第三十二条规定的电台、电视台禁播内容有"危害国家的统一、主权和领土完整的""危害国家的安全、荣誉和利益的""煽动民族分裂、破坏民族团结的"等条款。《电信条例》第五十六条规定任何组织或者个人不得利用电信网络制作、复制、发布、传播的信息有"反对宪法所确定的基本原则的""危害国家安全，泄露国家秘密，颠覆国家政权，破坏国家统一的""损害国家荣誉和利益的"等项。《互联网站从事登载新闻业务管理暂行规定》第十三条规定互联网站登载的新闻不得含有的内容有"违反宪法所确定的基本原则""危害国家安全，泄露国家秘密，煽动颠覆国家政权，破坏国家统一""损害国家的荣誉和利益""煽动民族仇恨、民族歧视，破坏民族团结"等条款。

行为人利用出版物或者其他新闻传播媒介传播危害国家安全的违禁内容，将依法受到刑事处罚或行政处罚。1998 年，最高人民法院发布了《关于审理非法出版物刑事案件具体应用法律若干问题的解释》，其中第一条就规定："明知出版物中载有煽动分裂国家、破坏国家统一或者煽动颠覆国家政权、推翻社会主义制度的内容，而予以出版、印刷、复制、发行、传播的，依照刑法第一百零三条第二款或者第一百零五条第二款的规定，以煽动分裂国家罪或者煽动颠覆国家政权罪定罪处罚。”这一司法解释明确规定了实施这两项犯罪的行为主体。在出版活动中，不仅发出煽动言论的人构成此两项罪名，如果参与了传播过程的其他人员明知出版物中含有上述违禁内容而仍然予以出版发行进而销售传播，同样构成本罪。即使后者并无分裂国家、颠覆国家政权的目的，而是出于营利等其他动机，对危害国家安全的违禁言论采取放任自流的态度而导致其散布流传，这两项罪名仍然成立。

第三节　新闻责任与保守国家机密

一、新闻责任

随着传播手段的日新月异，人们获取信息的方便快捷，新闻媒体竞争的日益激烈，情报保密和新闻传播出现了前所未有的契合和冲突，形成了一对既对立又统一的矛盾。新闻工作者在行使新闻传播权利的时候，要防止不顾国家保密的法律法规，不适当地强调新闻报道的透明度和公众的知情权，给国家的安全和利益带来危害。我国的新闻传媒是党和国家的喉舌和工具，必须坚决摒弃所谓的“绝对新闻自由”思想以及媒体利益高于国家和公众利益的倾向，在新闻实践活动中自觉维护社会的繁荣稳定，维护国家利益和公众利益，担当起社会主义新闻传媒的重大社会责任。

二、怎样做好保守党和国家秘密的工作

1. 学习保密知识，增强保密观念

新闻工作者要做好保密工作，首先要学好有关保密的文件。改革开放以来发生的与新闻工作有关的泄密事件，相当一部分是记者编辑保密观念不强造成的。要通过学习提高保密意识，增强保密观念，特别要增强两种观念，一是敌情观念，二是内外有别观念。在过去战争年代，两军对垒，保密特别是保守军事秘密十分重要，关系着战争的胜负。现在是和平时期，保密工作同样一点也不能轻视，社会上还存在着阶级和敌我矛盾，还有犯罪分子危害社会秩序和国家安全利益，世界上还有反华势力。有敌情，就有保密需要，自古以来都是如此。在对外开放的情况下，更需要内外有别的保密观念。有不少泄密事件，就是我国有关人员缺少内外有别观念造成的。商场就是战场，竞争十分激烈，窃密与反窃密的斗争异常尖锐。这也要求我们认清这种形势，增强保密观念，注意内外有别。学习保密文件，最好采取集中学习的办法。对新成员进行上岗前的教育，也应该包括保密教育的内容。[1]

2. 处理好几个关系

（1）抢先报道与保密的关系

随着改革开放，西方的新闻理念对我国的影响越来越大，“求异求快，有闻必报”成

[1] 蓝鸿文 . 新闻必须严守党和国家的秘密 [J]. 军事记者，2002(5).

了某些晚报和地方报刊遵循的法典。在宣传报道中对保密工作有一定程度的忽视，这是造成新闻报道泄密的又一个主要原因。新闻工作者必须处理好抢先与保密的关系。涉及保密的抢先是不允许的。

当然，对于那些有重要价值又不涉及保密的新闻，快采、快写、快报道，走在其他记者之前的“抢先”，反映了记者工作的主动性和敏捷作风，则是另一种性质的问题，不但不应反对，还应鼓励提倡。

（2）数字与保密的关系

数字表示一定的量，一定的量反映一定的质。新闻报道中常常有许多数字，特别是写成绩，写变化，或说明某些问题，往往离不开数字。并非一切数字都与保密有关，但确有一些数字属于保密范围，如有不慎，擅自公布，便属泄密。我国《统计法》第九条规定：“统计机构和统计人员对在统计工作中知悉的国家秘密、商业秘密和个人信息，应当予以保密。”

（3）科学技术报道与保密的关系

改革开放以来的泄密事件中，科学技术报道泄密占了一定的比重。这里不妨举一个例子：我国科技人员创造的“两步发酵法生产维生素 C”，被鉴定为国家级重大科技发明。世界两大产业国瑞士和美国闻风而至，竞相出价要买下这项人类需求量大、前景无比广阔的技术专利。没想到，一星期后，争得面红脖子粗的两国代表“和气生财”，欢天喜地打道回府。原来这项专利便宜到只值一本杂志的价钱，皆因某学报将全部研制过程、细节、配方、剂量刊登无遗，稍有化学常识的人，回去按谱炒菜即可。[1] 为堵塞和防止科技报道泄密，1995 年，国家科委和国家保密局联合颁发的《科学技术保密规定》，为科技报道保密提供了具体的依据。

（4）军事报道与保密的关系

2000 年 6 月，中宣部、新闻出版署提出《关于建立违纪违规报刊警告制度的意见》，并制定了《违纪违规报刊警告制度实施细则》。新闻出版署负责人就此接受记者采访时指出，一些报刊特别是小报小刊，由于人员素质和管理工作跟不上，存在一些问题，有的还相当严重。在其指出的几个问题中，有一个突出问题是：“泄密现象严重，特别是在军事报道中泄露军事机密问题突出。”关于军事报道保密的问题，早在 1985 年 12 月 12 日中共中央宣传部、中国人民解放军原总政治部就联合发出了《关于加强军事宣传纪律的规定和注意事项的通知》。该通知指出：凡涉及国防安全和利益，对外不能公开的事项，都属军事机密。如部队的作战计划、番号、编制、实力、装备、阵地、调动、部署等，一律不得宣传报道。部队的作战情况，海、边防涉及军事斗争事件，国防尖端科研技术重大成就等，如需公开报道，应报请中央、中央军委或总部批准后由受权新闻单位统一发布；非受权新闻单位不得擅自抢发消息。[2]

（5）自审与送审的关系

新闻媒体担负着繁重的宣传任务，每天都有可能接触保密问题。许多保密问题，要靠新闻工作者的保密知识来分析与判断，即自审的，但也有一些问题难于自行判断和把握，在这种时候，遵守保密纪律，就显得十分重要了。经验证明，防止泄密的一个重要办法，就是自觉地执行请示报告制度，向有关主管部门请示报告即送审。凡是善于处理自审与送

---

[1] 蓝鸿文．新闻必须严守党和国家的秘密 [J]. 军事记者，2002(5).

[1] 蓝鸿文．新闻必须严守党和国家的秘密 [J]. 军事记者，2002(5).

审关系的媒体，就会少犯错误，甚至不犯错误，否则，自作聪明，自行其是，往往会铸成大错，届时亡羊补牢，为时已晚。

第四节 新闻传播与社会稳定

一、什么是社会

社会是人类生活的共同体。人之所以有别于其他动物，成为万物之王，是因为人具有高级思维能力及社会交往需要，并组成了有文化、有组织的社会系统。古今中外的任何一个"个人"，同时也是"社会人"。所谓社会，马克思主义认为，社会在本质上是生产关系的总和，它是以共同的物质生产活动为基础而相互联系的人们的有机总体。马克思主义经典作家曾对社会做过多方面的论述，他们的基本观点包括两个方面：第一，社会不是单个个人的堆积或简单相加，它是人们的联系或关系，是人们相互交往的产物，是各种社会关系的总和。第二，人们的交往首先是在生产、分配、交换、消费中发生的经济交往，因此，人们之间最基本的、决定其他一切的关系是生产关系。生产关系是社会的基础和本质。它是不以人们的意志为转移的客观物质关系。

二、社会与信息传播

新闻传播是一种社会活动。社会既是新闻传播的内容，也是新闻传播的对象。它反映社会、参与社会、干预社会，与人类的其他社会活动形成非常复杂的互动互约关系，具有鲜明的社会性。[1]

首先，新闻传播是人类社会发展的产物。社会生产力发达水平决定新闻事业的发展水平。社会的政治、经济制度决定传播媒介的体制；社会现实生活的需要决定新闻传播的内容、方式和规模。

其次，新闻传播是一种有组织性的社会行为，是在特定的组织目标和方针指导下的社会传播活动。在现代社会，大众传播"是通过大型组织的工业生产活动产生出来的，这种生产组织的政策和职业规范存在于社会的政治、经济和法律的结构之中"[2]。

最后，新闻传播是协调社会关系的重要形式与手段。大众传媒协调社会关系的功能，主要表现在"说明和阐释信息的意义、提供权威的意见和规范社会行为，争取大众的支持，协调社会各部分之间的关系"[3]。与现代社会共生的新闻传媒，在社会中具有极大的作用。"大众传播是社会的耳目。它为社会提供做出决断的途径；它为社会提供认识自身的具体声音。它是传达社会价值的主要源泉。"可以毫不夸张地说，新闻传媒是社会的"神经"和"血管"，是现代社会通畅运转的必要条件。[4]

---

[3] 程世寿，胡继明．新闻社会学概论 [M]. 北京：新华出版社，1997：39.

[1] 刘建明．宣传舆论学大辞典 [M]. 北京：经济日报出版社，1992：290.

[2] 明子丹．新闻自由与控制对于社会发展和稳定的作用 [J]. 重庆工商大学学报，2006(5).

[3] 罗以澄．新闻媒介是和谐社会守望者 [J]. 中国三峡建设，2006(3).

三、信息传播与社会稳定

1. 受众的知情权与社会稳定

从广义上说，所有的信息传播，甚至所有媒体传播发布的所有内容都是为了满足受众的知情权，而且，这些信息中最受关注的内容是有关舆论监督的。这是因为舆论监督所报道的多是社会生活的阴暗面，是对受众有着普遍吸引力的新闻事件。这些事件是受众最希望了解的，是最容易激发受众兴奋点的。我们同样不应该忽略的是，大众传媒不仅要满足受众的知情权，而且还要为党和政府的日常工作服务，也就是说，它不仅要做人民的喉舌，而且还要做党和政府的喉舌，要自觉地为社会稳定服务。

媒体舆论监督的内容自然应该满足受众的知情权。可是，什么权利的满足都不是没有限制的，受众的知情权也一样。我国法律有一个很重要的制衡原则，就是权利和义务相一致的原则。这一原则也应该适用于受众的知情权问题。如果一味地强调受众的知情权而不谈关于知情权限制的话，就违背了权利与义务相依相成的原则，难免不出问题。

马克思说过，权利永远不能超出社会的经济结构所制约的社会的文化的发展。受众的知情权作为公民的一项重要权利，不能脱离客观环境或一个国家的国情孤立地进行讨论，而是应该将其纳入社会体系或具体的国情中考虑，这样我们才会寻找到一个平衡点，不仅可以最大限度地满足受众的知情权，而且还可以有效地实施舆论监督和保持稳定的社会环境。[1]

维护社会稳定是大局所需，一刻也忽视不得。我们说一定要尊重和满足受众的知情权，但是这种满足不是不受任何限制的，而是有条件的。不能为了满足受众的知情权而放弃了对媒体的管控。由于大众传播是从事大量信息生产和传播的信息产业，其内容与社会观念、价值和行为规范具有直接关系。为了防止大众传播对社会产生不良影响，无论哪个国家，都会把它纳入社会制度的轨道。实际上，每一个国家都有各自的传播制度与政策体系，在对媒体进行着控制，其目的是为了给本国的顺利发展提供一个稳定的社会环境，是为了维护国家和公众的利益。

大众传媒在建设和谐社会中扮演着极为重要的角色。它应该是民主法治的推动者、公平正义的呼吁者、安定有序氛围的营造者、人与自然和谐相处的传播者。为了完成这个使命，大众传播媒介及其媒介工作者必须具备应有的政治意识、大局意识和责任意识，并时刻保持清醒。[2]

2. 信息传播与社会秩序[3]

信息传播活动的社会性，大众传媒的公信力和众所公认的影响力，使其与社会秩序密切相关。信息传播活动具有控制和稳定社会秩序的功能，能引导和推动良好社会风气的形成，也有可能传播不利于社会秩序的内容，为违法犯罪现象推波助澜。这就需要以法律进行限制，并对违法行为予以制裁。

---

[5] 臧建民，石蓬勃．知情与稳定——浅谈舆论监督的倾向性 [J]. 采写编，2002(3).

[1] 明子丹．新闻自由与控制对于社会发展和稳定的作用 [J]. 重庆工商大学学报，2006(5).

[2] 参见魏永征．新闻传播法教程 [M]. 北京：中国人民大学出版社，2002：89-102.

（1）禁止传播淫秽、色情的内容

对于淫秽、色情事物的控制和管理，是困扰许多国家的问题。因为人类有关性的问题直接同社会秩序密切相关，处理不当，可能诱发多种犯罪，严重影响社会正常秩序。

在我国，淫秽、色情物品习惯上被通称为黄色物品、黄色出版物。我国禁止传播淫秽、色情内容，从法律、行政法规，到部门规章，都有规定，可谓相当完备。

关于淫秽、色情内容的认定标准，现行《刑法》第三百六十七条有如下规定："本法所称淫秽物品，是指具体描绘性行为或者露骨宣扬色情的诲淫性的书刊、影片、录像带、录音带、图片及其他淫秽物品。有关人体生理、医学知识的科学著作不是淫秽物品。包含有色情内容的有艺术价值的文学、艺术作品不视为淫秽物品。"这是我国法律关于淫秽物品的最权威定义和认定标准。

由此可见，认定淫秽物品，不只是看它是不是涉及"性"，而是要看它的客观社会效果。诲淫性，正是淫秽物品的本质特征。同时还有以下两项排除。

一是有关人体生理、医学知识的科学著作。这是指有关性科学、性解剖、性生理、性病理、性心理这一类科学著作，既包括专门论著，也包括进行性教育、宣传性知识、指导性生活的普及性文章。这些著作当然会有性的描述，但是同淫秽描写有本质的区别。科学著作总是理性、冷静、严肃的，即使涉及性的问题，甚至非常具体地论述性器官和性行为，也并不会发生诲淫的效果，所以"不是淫秽物品"。

二是包含有色情内容的有艺术价值的文学、艺术作品。所谓艺术价值，必须在文学艺术领域有公认的地位。著名的例子如《金瓶梅》，虽然书中有大量直露的性行为的具体描写，但这部书是中国历史上第一部由文人独立创作的长篇小说，深刻反映了16世纪中国晚期封建社会的状况，开创了我国近代小说创作的先河，在我国文学史上占有重要的地位。所以，"不视为淫秽物品"。所谓"不视为"，是因为文学艺术是有感染力的，其中的色情内容难免会有诲淫的效果，所以只是不把它当作淫秽物品来对待，但还是要有一定控制。

对违禁出版物和传播内容，除予以取缔禁止之外，对责任人还要依法制裁，分为刑事处罚和行政处罚两类。

关于刑事处罚，《刑法》"制作、贩卖、传播淫秽物品罪"一节共规定了五个罪名，其中淫秽物品主要指的就是各种淫秽出版物。与新闻传播关系比较密切的主要有两个罪名。

《刑法》第三百六十三条规定了制作、复制、出版、贩卖、传播淫秽物品牟利罪；为他人提供书号出版淫秽书刊罪。本罪的处罚分为三级：一般处三年以下有期徒刑、拘役或者管制，并处罚金；情节严重的，处三年以上十年以下有期徒刑，并处罚金；情节特别严重的，处十年以上有期徒刑或者无期徒刑，并处罚金或者没收财产。

为他人提供书号，出版淫秽书刊的，处三年以下有期徒刑、拘役或者管制，并处或者单处罚金；明知他人用于出版淫秽书刊而提供书号的，依照前款的规定处罚。

关于行政处罚，一类是对妨害社会管理秩序的行为的处罚，如情节显著轻微尚不构成犯罪的，制作、贩卖、传播淫秽出版物的行为，公安机关可以根据《治安管理处罚条例》第三十二条的规定，处15日以下的拘留，可以单处或并处3,000元以下的罚款或实行劳动教养。另一类是对违反大众传播媒介管理秩序的行为的处罚。如大众传媒刊播了禁载内容，有关大众传播管理机关可以根据相应的管理条例中关于违反禁载禁播的制裁条款给予处罚。按《出版管理条例》第四十六条规定，对出版单位除没收出版物和违法所得外，并处违法所得 3 倍以上 10 倍以下的罚款，情节严重的，责令停业整顿、吊销许可证。按《广播电视管理条例》第四十九条的规定，对广播电视单位除责令停止制作、播放，收缴节目载体外，并处 1 万元以上 5 万元以下罚款，情节严重的，吊销许可证。

（2）禁止宣扬邪教

禁止在媒体上传播的有害社会的内容，除了淫秽、色情的内容之外，还有宣扬邪教和封建迷信、凶杀暴力的内容等。邪教不是宗教概念，而是一个社会法律概念；邪教组织不是宗教组织，而是一种邪恶的社会势力，反人类、反社会、反科学，组织上同真正的宗教没有任何关系，受到真正宗教组织的抵制和反对。

一切邪教组织的基本特征和丑恶本质包括：其一，它不是宗教、气功又冒用宗教、气功的名义。它虽然自称为"教"或者拥有"教旨"，但是并没有宗教固有的经典、教义和信仰，在思想上、组织上同真正的宗教没有任何关系。其二，猖狂进行造神活动，或是杜撰出一个"神"来把邪教头目说成"神"的代表，或是直接把邪教头目说成"神"，说成"救世主"，制造信徒对邪教头目的疯狂崇拜。其三，制造、散布歪理邪说，蛊惑人心，欺骗群众，比如宣扬"世界末日""地球毁灭"等，并且印制大量宣传品予以传播。其四，发展、控制信徒，秘密结社。其五，危害社会。如骗取钱财、滋事闹事、伤害人命，以至进行恐怖活动，公然反对政府，制造社会动乱。

我国一贯坚持打击邪教组织及其违法犯罪活动的立场。《刑法》第三百条规定了组织、利用会道门、邪教组织、利用迷信破坏法律实施罪。全国人民代表大会常务委员会《关于取缔邪教组织、防范和惩治邪教活动的决定》与相应采取的措施进一步加大了对邪教的打击力度。2017 年最高人民法院、最高人民检察院出台《关于办理组织、利用邪教组织破坏法律实施等刑事案件适用法律若干问题的解释》，就邪教组织的界定以及邪教宣传品的认定程序等问题做出规定。

《刑法》第三百条的规定："组织、利用会道门、邪教组织或者利用迷信破坏国家法律、行政法规实施的，处三年以上七年以下有期徒刑，并处罚金；情节特别严重的，处七年以上有期徒刑或者无期徒刑，并处罚金或者没收财产；情节较轻的，处三年以下有期徒刑、拘役、管制或者剥夺政治权利，并处或者单处罚金。"本罪属于"妨害社会管理秩序罪"中的"扰乱公共秩序罪"，其主体是一般主体，即任何人实施《刑法》第三百条及其司法解释禁止的行为都可以构成犯罪。

（3）禁止宣扬其他危害社会的内容

其他禁止传播的内容主要有宣扬封建迷信、渲染暴力、赌博、恐怖等。这些内容会败坏社会风气，助长违法犯罪现象，严重损害社会主义精神文明的建设，特别是会对尚在成长中的未成年人造成很大的毒害。许多国家出于保护未成年人的考虑，对这类内容采取了限制措施。

根据国家新闻出版署 1989 年发布的《关于部分应取缔出版物认定标准的暂行规定》，"宣扬封建迷信"的出版物，是指除符合国家规定的宗教出版物外，其他违反科学、违反理性，宣扬愚昧迷信的出版物：1）以看相、算命、看风水、占卜为主要内容的；2）宣扬求神问卦、驱鬼治病、算命相面以及其他传播迷信谣言、荒诞信息，足以蛊惑人心，扰乱公共秩序的。

宣扬“凶杀暴力”的出版物是指以有害方式描述凶杀等犯罪活动或暴力行为，足以诱发犯罪，破坏社会治安的出版物：1）描写罪犯形象，足以引起青少年对罪犯同情或赞赏的；2）描述罪犯践踏法律的行为，唆使人们蔑视法律尊严的；3）描述犯罪方法或细节，会诱发或鼓动人们模仿犯罪行为的；4）描述荒诞离奇、有悖人性的残酷行为或暴力行为，令普通人感到恐怖、会对青少年造成心理伤害的；5）正面肯定抢劫、偷窃、诈骗等具有犯罪性质的行为的。

对宣扬迷信内容或者渲染凶杀暴力内容的行为，根据《出版管理条例》和《广播电视管理条例》的规定，行为人（或单位）须承担行政责任。新闻出版、广播电视等有关行政管理部门将对犯有上述违法行为的报纸、期刊等各类出版物以及广播电视单位、音像制作单位，给予责令停止违法行为、没收出版物、没收违法所得、罚款、责令停业整顿、吊销许可证等行政处罚。

思考题：

1. 何谓国家安全？何谓危害国家安全罪？
2. 我国的法律对哪些煽动危害国家安全、破坏社会秩序的行为予以制裁？
3. 新闻传播媒体危害国家安全罪的法律责任是什么？
4. 国家秘密有哪几项构成要件？
5. 什么是泄密？新闻泄密的法律责任是什么？
6. 我国新闻工作实行哪些保密制度？

参考书目：

1. 魏永征 . 新闻传播法教程 [M]. 北京：中国人民大学出版社，2002.
2. 黄瑚 . 新闻法规与职业道德教程 [M]. 上海：复旦大学出版社，2003.
3. 许加彪 . 法治与自律——新闻采访权的边界与结构分析 [M]. 济南：山东人民出版社，2005.
4. 吴飞 . 大众传播法论 [M]. 杭州：浙江大学出版社，2004.
5. 顾理平 . 新闻法学 [M]. 北京：中国广播电视出版社，2005.
6. 陈建云 . 中国当代新闻传播法制史论 [M]. 济南：山东人民出版社，2005.

第四章
新闻传播与公民权利

本章要点

第一节　公民权利的基本含义

第二节　新闻传播对保障公民权利的特殊意义

第三节　新闻报道与公民的隐私保护

第一节 公民权利的基本含义

所谓权利，是指公民在宪法和法律规定的范围内，可以选择做或者不做某种行为，也可要求国家和其他公民做或不做某种行为。现代意义上的权利概念，源于西方社会的法律文化和法律实践，经过历史洗礼，逐渐演变成许多国家的政治基础与政治制度的重要组成部分。现代各国普遍以法律的形式规定公民的权利与义务，以此作为调整公民与国家、公民与公民之间关系的法律依据。不过，这种调整首先是以保证公民应有权利为基础的。这些权利主要包括宪法权利和社会权利。

一、公民的宪法权利

宪法权利是自然人和每一个公民享有的最基本的权利。它由宪法所赋予，同时也可以通过具体的部门法来加以细化并实施。其基本特征有以下几点。

第一，法定性。宪法权利由宪法赋予，并受宪法保护，任何社会成员和社会组织包括国家都不能随便剥夺。从价值形态来看，权利具有应有和实有两个方面；但在具体法律关系和现实生活中，权利的现实体现主要在法规层面，它的内容、范围、类型、行使方式以及主体活动等都受到宪法和法律的规范和约束。

权利的法定性，是对权利进行保护的法律基础，因此，现实法律关系中的权利首先要具备合法性。我国《宪法》第二条第一款规定："中华人民共和国的一切权力属于人民。"第二十二条第一款规定："国家发展为人民服务、为社会主义服务的文学艺术事业、新闻广播电视事业、出版发行事业、图书馆博物馆文化馆和其他文化事业，开展群众性的文化活动。"第三十五条规定："中华人民共和国公民有言论、出版、集会、结社、游行、示威的自由。"第三十八条规定："中华人民共和国公民的人格尊严不受侵犯。禁止用任何方法对公民进行侮辱、诽谤和诬告陷害。"第四十一条规定："中华人民共和国公民对于任何国家机关和国家工作人员，有提出批评和建议的权利；对于任何国家机关和国家工作人员的违法失职行为，有向国家机关提出申诉、控告或者检举的权利……"由于宪法在一个国家法律体系中享有的"母法"地位和最高级别，是制定其他一切法律法规的最高原则和立法基础，上述条款中的权利，就从最高法律的层面为公民实现其权利提供了绝对的保护。

第二，目的性。权利是主体依照法定形式实现其意志的行为，权利主体享有权利并实现权利具有目的性，即必然会有一定的利益追求和实现一定的利益目标，权利的形成和具体活动过程与特定主体利益有着密切的联系。权利作为一种行为，可采取作为和不作为两种模式：一方面，权利主体依照法律规定采取作为或不作为某种行为方式，来获得一定的利益；另一方面，权利主体也可以要求其他公民或政府机关、社会团体、企事业单位做或不做某种行为，使主体的利益得到满足。

第三，相对性。作为主体的意志活动，权利的行使方式和行使过程具有严格的法定界限，不能随心所欲，为所欲为，也就是说，权利的行使具有相对性。权利的相对性具体表现在：权利主体的自由意志是相对的，他行使权利时的自由意志是特定的，受特定范围的限制；权利主体行使权利时所采取的具体方式也是相对的，他在行使权利时必然会受到特定的条件限制；权利主体行使权利的范围更是特定的，宪法和法律具体规定了其行使界限与具体内容，公民权利与义务的一致性在客观上也限制了权利的范围。2012 年 12 月 4 日，习近平在首都各界纪念现行宪法公布施行 30 周年大会上发表重要讲话时指出：公民的基本权利和义务是宪法的核心内容，宪法是每个公民享有权利、履行义务的根本保证。这就是说，公民权利的享有必须有宪法和法律的依据，具有相对性。

二、公民的社会权利

人的社会权利总是和他们的自然权利紧密联系在一起的。人的自然权利和社会权利合起来称为人权，在我国表现为以人为本的思想和理念。以人为本是科学发展观的本质与核心，全面发展、协调发展与可持续发展以及“五个统筹”[1]，都是根据以人为本的发展理念而提出的，是以人为本这一内在要求的外部体现。实现科学发展，或实现又好又快的发展，就是要把当代中国的发展纳入以人为本的发展轨道。

西方政治思想家提出和发展的“天赋人权”说，是沿着两条思路进行的：一是从人的类本性出发，把人权看作人自然应当拥有的权利，强调人权的自然法则属性，认为每一个人作为人，都天然享有不可剥夺的平等人权。[2] 二是从现实出发，把人权看作调整国家和个人（公民）利益关系的一种手段，期望凭借人民主权原则，通过人权使公民个人行使和维护自己的利益，并限制因国家权力过度集中而形成的独裁和专制。沿着这一思路，思想家把“自然法”“社会契约”作为人权的理论根据，作为推进资产阶级政治民主的内容核心和基本手段。显然，这种人权思想是为挣脱封建等级特权和神权的束缚而提出的要求。这种“天赋人权”说适应了资本主义商品经济发展的需要，迎合了产业革命开始后的自由主义、个人主义文化思潮，推动了资产阶级经济、政治、文化的发展，冲击了压迫、特权、偏私和迷信以及权威。但早期西方的人权观念没有正确解决人作为“人”所应拥有的一般权利、人作为社会成员的特殊权利和人作为有个性的个人的具体权利这三者之间的关系，没有分析人权的社会经济根源和历史基础，也没有揭示实现人权的社会历史条件和社会物质条件。

以唯物史观为理论基础的以人为本，其尊重和保障人权具有现实性、真实性、科学性、实践性、具体性、客观性和全面性等特征。它以马克思对人的本质的科学认识为理论前提，从人的类本性、社会性和个人性三方面来谈论人权。首先，马克思认为，类意义上的人权，旨在强调人与人在作为人的意义上的平等性，强调人人都有做人的尊严和价值，都有实现其人性的自由，其现实意义在于谴责非人性的社会，维护人的尊严。其次，他从人的社会关系，尤其是社会经济关系出发分析人权，认为人权具有社会性和阶级性。在马克思看来，人不仅是类存在物，而且更重要的是社会存在物。人作为社会存在物，是受社会关系制约和规定的，是与社会关系的状况相一致的。同理，人的社会权利是与他所处其中的社会关

[1]“五个统筹”是党的十六届三中全会提出的发展新理念，包括“统筹城乡发展、统筹区域发展、统筹经济社会发展、统筹人与自然和谐发展、统筹国内发展与对外开放”。

[2] 阿德勒 . 六大观念：真、善、美、自由、平等、正义 [M]. 陈珠泉，杨建国，译 . 北京：团结出版社，1989：170–171.

系的状况相一致的。[1]马克思认为，人作为社会存在物，要与他人发生种种关系，但最根本的是阶级利益关系。为使本阶级的利益免受损害并力求顺利实现，每个阶级都从自己的利益出发，来承认、设定和保障它所应享有的社会权利。此外，马克思还从有个性的个人出发分析人权，认为人权还包括每个人作为个体而应享有的个别权利。人不仅作为类、社会群体的一员而存在，而且还作为具有独特个性的个人而存在。这里的“个性”，在马克思看来，既指个人不能被社会取代的独立自主性或主体性，也指个人不能被他人取代的唯一性、独特性和自我性。这实际上是人作为有个性的个人应享有其个人权利的根据。

中国人民从自己的历史和国情出发，对人的社会权利问题形成了自己的观点，认为它有三个显著的特点：一是广泛性。享受社会权利的主体不是少数人，也不是某些阶级和阶层的一部分人，而是全体中国公民；不仅包括生存权、人身权和政治权利，而且包括经济、文化、社会等各方面的权利；不仅注重保障个人人权，而且注重维护集体人权。二是公平性。中国实行社会主义制度，消灭了剥削制度和剥削阶级，各项公民权利不受金钱和财产状况以及民族、种族、性别、职业、家庭、出身、宗教信仰、教育程度、居住期限的限制，为全社会的公民平等地享有。三是真实性。国家为人权的实现从制度上、法律上、物质上给予保障。宪法和法律中规定的各种公民权利，同人们在现实生活中享受的权利是一致的。

依据上述理论思路，我国公民的社会权利可以归结为以下几个层面：政治权利、经济社会层面的权利、个体的人格权利等。

为了保障人民行使管理国家经济和社会事务的权利，我国根据自己的国情，采取人民代表大会制度作为国家的根本政治制度。全国人民代表大会是最高国家权力机关，它拥有立法权，是国家最高的立法机关。国家主席、副主席，中央军委主席，最高人民法院院长，最高人民检察院检察长，国家监察委员会主任由它选举产生或者罢免；国务院总理、副总理、国务委员、各部部长、各委员会主任、审计长、秘书长的人选由它决定或者罢免。国家行政机关、审判机关、检察机关、监察机关，都由它产生，对它负责，受它监督。人民代表大会实行民主集中制原则，在决定大政方针时充分发表意见，决定后即共同贯彻执行。这既能集中人民的意志，又能使人民通过它管理国家的政治、经济和社会事务。人民代表来自人民群众，对人民负责，受人民监督。他们的职责在于，密切联系群众，广泛了解实际情况，通过调研和提案等形式及时把人民的意愿向上反映，将人民意志和公共决策有机联系起来，制定切合实际的法律，监督国家机关的工作，充分体现人民民主的国家政治制度。习近平总书记在二十大报告中强调，发展全过程人民民主，保障人民当家作主。全过程人民民主是社会主义民主政治的本质属性，是最广泛、最真实、最管用的民主。坚持人民主体地位，要充分体现人民意志、保障人民权益、激发人民创造活力。

共产党领导的多党合作和政治协商制度，是体现人民民主的又一项基本政治制度。它保障各社会阶层、各人民团体和各界爱国人士，都能在国家政治生活和社会生活中表达自己的意见和发挥作用。共产党同各民主党派之间，本着“长期共存、互相监督、肝胆相照、荣辱与共”的方针，相互信任，相互支持，各民主党派充分发挥其参政议政、民主监督、团结群众的作用。

---

[1] 中共中央马克思恩格斯列宁斯大林著作编译局 . 马克思恩格斯全集 (第 1 卷)[M]. 北京：人民出版社，1956：428.

中国十分重视基层民主建设，以保障公民能直接行使公民政治权利。城市的基层民主组织是居民委员会，农村的是村民委员会。这些委员会是群众自己建立的自治组织，一方面办理和群众自身利益密切相关的公益、福利事业，一方面协助基层政权调解民间纠纷，进行思想教育，维护社会治安。企业普遍建立了职工代表大会制度。职工代表大会是企业实行民主管理的基本形式，是职工群众参加企业的决策和管理以及监督企业领导干部的组织，厂长、经理在职工代表大会的参与和监督下接受考核和评审。

据统计，在全国各类报刊中，属于共产党机关和国家机关的报刊，只约占报刊总数的五分之一，其余都属于各民主党派、社会团体、学术机构和群众组织。公民依法享有著作权和发表权以及专利权、商标专用权、发明权、科技成果权等知识产权。公民用什么观点撰写什么著作，选择什么出版社出版，都是公民个人的自由。

第二节　新闻传播对保障公民权利的特殊意义

一、公民的知情权与新闻传播

党的十六届六中全会第一次提出，确保公民依法享有知情权、参与权、表达权、监督权；党的二十大工作报告再次强调保障职工群众的这四项权利，其后很多的文件中也提到过。对公民四项权利的保障是我国法治社会和民主政治的生动体现，也将对新闻传播理论和实践产生深远影响。

受众（读者、听众、观众和网民）不仅是信息传播的接收者，在日常的政治和文化生活中，他们还是法律意义上的公民，享受法定范围内的一切权利。新闻传播实践不仅要研究受众的信息需求，还要关注作为公民的受众通过新闻媒介获取信息、传播信息的权利，即公民所享有的知情权和表达权，以及在社会政治生活中衍生出的参与权和监督权。众所周知，大众传媒在传播中具有四种最基本的作用：环境守望、社会协调、文化传承、提供娱乐。其中最主要的作用就是环境守望，这是公民对现实做出判断的首要依据，所以说“知情权”是公民重要的法律权利。

所谓知情权，又称获知权、知晓权等，是指社会公众知悉、获取社会资讯和公共信息的权利与自由。其基本含义乃是指人们享有知悉、获取官方情报和非官方情报的自由与权利，并与政府的信息公开义务相对应。政府则负有将一切事关公共利益的情报、信息公开以满足公众知情权的义务，除非法律有特别的限制。瑞典于 1766 年制定了人类最早的情报自由法，然而，真正现代意义上的知情权或情报自由则是第二次世界大战后随着民主政治的发展而确立的。“二战”期间法西斯疯狂屠杀弱小民族，漠视人类尊严，践踏人权的种种惨无人道的暴行从反面教育了人类，并极大地激发了人类人权意识与民主观念的觉醒，进而促成保护人权发展成为全人类的一项普遍共识。

知情权的概念有广义和狭义之分。广义的知情权泛指公民知悉、获取信息的自由与权利；而狭义的知情权仅指公民知悉、获取官方信息的自由与权利。一般来讲，知情权一词属于学理性的权利类称，而非立法层面的专用权利术语。以宪法或基本法明示知情权的国家，往往使用更具体、更明确的法律语言表述知情权的旨义。

“知情权”一词作为特指一种权利主张的法学概念，由美国的一位新闻编辑肯特·库珀在 1945 年 1 月的一次讲演中首先提出。当时美国联邦政府机构内部蔓延着消极对待政务信息公开化，任意扩大保密权限的官僚主义倾向。库珀从民主政治的角度，呼吁官方“尊重公众的知情权”，并建议将知情权提升为一项宪法权利。在美国 20 世纪五六十年代兴起的“知情权运动”中，“知情权”一词被广泛地援用并很快成为一个具有国际影响的权利概念。

我国于 2007 年也颁布了《政府信息公开条例》（最新版于 2022 年修订），规定行政机关应及时、准确地公开政府信息。我国公民的知情权保护从此也有了法律依据。

随着现代社会民主政治的发展，知情权对于社会公共生活的重要意义日益凸现。在公民权利发展史上，知情权概念以简约、明了的形式及时地表达了现代社会成员对信息资源的一种普遍的利益需求和权利意识，从而为当代国家的公民权利建设展示了一个重要的、不容回避的认识主题。确立“知情权”的现实意义在于：一是新闻媒介作为职业化、专门性的大众传播媒介，有权利及义务保障和实现公民的知情权；二是知情权的确立表达了社会公众对现代社会信息资源获得的一种利益要求和权利意识，所以，知情权的确立也就成为当代民主法治国家“社会公众权利”建设的一个重要的、无法回避的主题。一般来说，知情权的基本内容有以下几种类型。

第一，政治知情权，即社会公众依法享有了解、知悉国家政治事务及活动的权利；国家机关及其工作人员有依法向社会公众公开其活动的义务。这一权利的内容，通常被称为“政务公开”。

第二，社会知情权，即社会公众有权知悉社会所发生的、个人怀有兴趣的各种问题和情况，并有权进一步了解社会事件、现象或问题的发展和变化。

第三，自我知情权，即社会公众有知悉和掌握属于自身的或与自身密切相关的各方面情况的权利，如公民的出生情况、健康状况、居住环境、教育就业等基本状况及资质、声誉等各种社会评价；在不妨碍社会利益和他人权利的前提下，法人有权获得一切对他有用的信息。

公民的知情权以“知悉、获取信息”作为自己实体性的权利要求和利益目标，在它的法律程序中，权利及相应义务的分配与运行，均以保障公民知悉、获取某种信息为目的。此处的“知悉、获取信息”系指：1）公民（权利人）在法不禁止的范围内自主地知悉、获取所需的信息；2）义务人依法主动或应权利人要求公布、告示、提供相应的信息。其中“知悉”主要指权利人从主观上知晓，而“获取”则指权利人索取、查阅某种记录着信息的有形载体，如档案文献、声像磁带等（以下将知悉、获取简称为“获知”）。我国虽未在宪法中直接明示公民的知情权，也未创制集中设定公民知情权的单行法律、法规，但已相继制定了一定数量的认可、保障公民“知情”资格与权益的法律条款。按照法的职能划分，这些法条可归并成三种类型的知情权规范。[1]

第一类属于公民获知信息的授权性规范。这类法律规范直接授予公民知悉获取某些信息的资格与权利。例如《消费者权益保护法》第八条第一款规定：“消费者享有知悉其购

[1] 宋小卫 . 略论我国公民的知情权 [J]. 法律科学，1994(5).

买、使用的商品或者接受的服务的真实情况的权利。”这就直接确认了公民作为消费者，有权获知商品和服务的信息。

案例：（2014年）中央电视台“3·15”晚会曝光了部分企业将鱼肝油药品加工为针对婴幼儿销售的普通食品，婴幼儿鱼肝油是药，多吃有害，康恩贝旗下君宝康上榜。浙江、广东、山东的生产经营者透露，他们是通过打擦边球，套用标准来逃避监管，违规生产婴幼儿食品，此事件侵犯了消费者的合法权益。[1]

第二类属于保障公民获知信息的义务性规范。这类法律规范规定，为了保证、便于公民获知某些信息，有关机构和人员应当或不应当做出某种行为。比如《政府信息公开条例》对政府必要的信息公开义务做出规定。再如《食品安全法》《食品安全信息公布管理办法》等对政府的信息发布都做了明确的规定。我国2020年颁布的《核电厂核事故应急管理条例》第二十三条规定：“省级人民政府指定的部门在核事故应急响应过程中应当将必要的信息及时地告知当地公众。”它表明，核事故发生地的公民，有权及时地知悉有关核事故的信息。因为义务与权利往往是对应的，在许多情况下，有义务便有相应的权利，所以，上述法律规范所明确规定的那一部分义务可以被推定为公民相应的知情权益。

第三类是公民获知信息的原则性规范。这类规范从立法目的、原则的角度陈述或宣示了公民获知信息的权益，它们不是产生公民知情权法律关系的独立的规范性根据，但它们可以同授权性规范和义务性规范结合起来发挥法律调整的作用。例如国务院办公厅《关于改进行政法规发布工作的通知》在开头申明，“为了提高行政法规的权威性，使行政法规能够及时为社会和公众知晓，便于国家机关、社会团体、企业事业单位及全体公民执行和遵守，国务院决定改变现行的用文件形式发布行政法规的办法”。它表明，方便、及时地获知行政法规信息是公民应享的一项法益，此项法益在条件成熟时也能够转化成一项公民权利。

上述三类知情权规范主要分布在国内以下部类的法律之中：①宪法和宪法性法律；②行政法；③刑法；④民法；⑤经济法。此外，军事法、特别行政区基本法中也含有个别涉及公民知情权的法律条款。

有关知情权的法律条款虽然分属于不同的规范性法律文件和不同部门机构，表现形态也不尽相同，但在满足公民获知信息的权益要求这一点上是一致的。它们奠定了我国公民知情权的法律基础，是我们理解和评析国内公民知情权法治建设实际状况的重要依据。

在日常生活中，我国公民主要以三种基本形式享有和行使自己的知情权。

基本形式之一是公民在法不禁止的范围内以有偿或无偿的方式自由地选择、获知各种信息，比如在日常生活中通过视听阅读传媒节目自主地获知信息、意见和知识的媒介接近权（或叫媒介使用权）。“媒介接近权”的概念由美国学者J.A.巴隆1967年在《哈佛大学法学评论》上发表的《接近媒介：一项新的第一修正案权利》一文中首次提出并进行了系统论述。巴隆认为“接近权”或者“受众传媒接近权”是指“大众即社会的每一个成员皆应有接近、利用媒介发表意见的自由”，认为一般社会成员应该享有利用传播媒介阐述主张、发表言论以及开展各种社会和文化活动的权利，同时，这项权利也赋予了传媒应该向受众开放的义务和责任。媒介接近权是知情权实现的初级、普遍的形式，属于自由权的

[2] 腾讯财经综合.央视315晚会曝光：部分企业将鱼肝油加工成婴幼儿食品，君宝康上榜[EB/OL].(2014-03-17)[2019-11-16].https：//www.tech-food.com/news/detail/n1081915.htm.

实践范畴。目前国内的法律尚未对这种“知情自由”做专项的明示，但是在人身自由权、通信自由权、精神活动自由权等法律关系的调整范围内，都可以从不同角度推导出保护公民自由获知信息的法益。但是，知情权也存在着一些法律界限和道德约束。例如，权利人（包括媒体）不能以知情自由为借口非法获取受到法律明确保护的国家机密或商业秘密，也不应该以违法或有悖公德的手段获取他人的隐私，否则就会因权利的滥用而受到法律的制裁和公众舆论的谴责。“狗仔队”对明星私生活的不正当曝光，网络时代博客、微博等新媒体对个人隐私的侵犯，类似追拍明星生子，曝光明星约会、结婚等侵权行为，如戴安娜事件，都应引起公众的警惕和抵制。

基本形式之二是公民通过各种渠道享受国家机关和其他公共团体依法提供的信息服务，如气象部门每日发布的气象预报，政府机关的重大活动或公务人员公务行为的报道等。在这里，法律并未直接赋予公民要求国家或有关社会组织提供信息服务的权利，但却具体规定了国家和有关社会组织告示公众或向公众传达信息的职责与义务。公民获知信息的权益要求，通过国家和其他社会组织尽职尽责地履行信息服务的义务得以满足。

基本形式之三是公民依法直接要求义务人为其获知信息提供服务；或依法诉请行政、司法部门排除侵权损害，救济利益缺失，合理地仲裁、解决当事人之间的争端与纠纷。前者如公民依《档案法》的规定到档案馆查阅档案，依《消费者权益保护法》的规定要求经营者提供商品的价格、规格、主要成分、检验合格证明等有关情况，依《政府信息公开条例》的规定要求政府公开公共决策、公务活动中的情况；后者如股份有限公司未按照《股票发行与交易管理暂行条例》的规定履行有关文件和信息的公开、公布义务，给公民造成了经济损失，公民就可以依法请求侵权者承担民事赔偿责任。公民在提出上述权利主张时，只要有明确、具体的法律依据，具备主张权利的要件并遵循相应的法律程序，一般就能平等地获得有关的知情权利。此外，某些受到特殊法律关系保护的公民，还享有知悉、获取某些特定信息的特别权利。这种由请求权支持的知情权利，是公民获知信息的最具权威性的法律手段。它的法律保障及实施效益，直接体现着一个国家的公民知情权法治水平。

二、公民的表达权和新闻传播

无论是宪法权利、社会权利还是自然权利，只有实现了才是权利，否则就没有任何意义。在近代西方社会哲学理念中，一种集宪法权利、社会权利和自然权利于一体的新型权利观逐渐明晰起来，这就是表达自由。在任何权利中，表达自由无疑是居于最前沿也是最优先地位的。马克思也曾深刻地指出，“发表意见的自由是一切自由中最神圣的，因为它是一切的基础”[1]。因此，表达自由从一开始就是并且始终是新闻法学和新闻实践所关注的核心问题之一。

言论、出版自由是我国公民的一项基本权利，在中华人民共和国成立以来的历次《宪法》修订中都得到了明确的规定。现行《宪法》的第二章“公民的基本权利和义务”第三十五条规定：“中华人民共和国公民有言论、出版、集会、结社、游行、示威的自由。”在新闻传播领域，主要是指新闻媒介的表达自由和受众通过新闻媒介表达自己意见的权利和自

[1] 中共中央马克思恩格斯列宁斯大林著作编译局．马克思恩格斯全集（第 11 卷）[M]. 北京：人民出版社，1995：57.

由，对于受众而言，则可以细化为在媒介上的表达权。这一权利往往以知情权的满足为基础，并在参与媒介活动的过程中延伸为对公共事务的参与权和舆论监督权。

首先，表达权具有广义的政治自由权利属性，是公民参政、议政的重要表现。

对于什么是政治自由，列宁曾有过精辟的论述，他说："政治自由就是人民处理全民的、国家事务的自由。"[1]也就是全民直接或间接地参与国家政治生活的行为自由。这里的"参与"或"处理"有两个层次，一个是直接方式的参与，另一个是间接方式的参与，表达自由属于间接参与层次。因为，真正的政治自由不是一种消极的、否定性自由，而是一种积极的、肯定性自由。西方学术界认为表达自由是公民对国家的一种政治防御权，因而是一种消极的、否定性自由权利，是与直接决定国家事务为内容的如选举自由权利这种积极的、肯定性自由不同的。这种积极的、肯定性自由是现代政治国家得以建立的现实基础。

公民的表达自由仅仅是公民参与、决定国家政治的必要条件，只是舆论、舆情的一种体现，如果要上升到参与国家政治的高度，还需要通过法定程序或合理机制把这种参与权、监督权转化为选举、代表大会等主动积极的、肯定性的政治自由活动来实现。

其次，表达自由属于外在的精神自由，具有广义的精神自由属性，是公民尊严的根本体现。就一般而言，精神自由是指人的内心不受束缚、压抑而心情愉悦、舒畅的一种状态，它强调的是个人精神生活的自主性。作为宪法自由权的精神自由要求宪法保障这种个人精神生活不受任何其他公民和组织的干涉。精神自由是维持人类尊严的基本条件，同时也是建立民主制度不可缺少的前提。

最后，表达自由是思想自由的外在表现，它彰显着人们思想自由的实现程度，也彰显着媒介的开放度与实现的深度。

三、新闻传播与媒体侵权

新闻传播活动中一个不可回避的话题是新闻侵权。所谓新闻侵权，一般是指"新闻单位或新闻从业人员，及其他组织或个人违反新闻法规和其他法律规范，在新闻采访、写作、编辑、发表过程中，侵犯公民和社会组织的人格权和其他权利，对他人造成损害的行为"或指"通过新闻媒介侵害公民、法人或其他组织的名誉权、隐私权、姓名权、名称权或其他合法权益的行为"。

在本章前面，我们已经较充分地论述了公民的知情权。日本学者久田荣亚认为，知情权这一概念可以从两个层次来理解：一方面是作为受众信息接收的自由，主要保障信息接收者的知晓权；另一方面是作为报道活动前提的知情权，这主要是为了保障媒介信息收集、加工、传播的自由，与"采访自由"基本同义。在日本，知情权内涵包括：第一，信息的接收权；第二，信息的收集权，该权利意味着采访自由，政府无权阻止采访的自由权；第三，更为积极要求公开政府掌握信息的权利；第四，公众拥有公正接收多种信息、多种意见的权利。[2]

采访权也是需要保护的新闻媒介的重要权利，而采访权是以知情权的内容为核心，并

[3] 中共中央马克思恩格斯列宁斯大林著作编译局 . 列宁全集 (第 6 卷)[M]. 北京：人民出版社，1984：331.

[2] 刘迪 . 现代西方新闻法制概述 [M]. 北京：中国法制出版社，1998：56.

以不断地满足社会公众的知情权为己任，客观、真实、公平、公正、公开、及时、有效地提供各方面的资讯信息。但是在实际的新闻传播活动中，知情权与采访权之间存在着彼此矛盾的关系。

有人曾对社会公众的知情权和新闻工作者的采访权之间的关系做了这样的解释：由于社会公众不可能自己掌握新闻媒介，所以他们把自己的言论自由权“委托”给新闻媒介并由新闻工作者行使，因而新闻媒介及其工作者是人民的代言人，他们代表人民行使言论自由权。公众的言论自由权由此表现为新闻媒介的报道采访权，而新闻采访权则是社会公众知情权的必然延伸；新闻媒介是社会公众的合法代言人及其喉舌，新闻采访报道权就是新闻媒介被公众让渡的知情权的实现途径并上升为权力。

众所周知，我国《宪法》规定：“一切权力属于人民。”民主权利是不可转让的。为了确保人民当家作主的地位，人民必须负责地行使自己的民主监督权。人民并没有把自己的言论自由等权利“授予”新闻媒介和新闻工作者，或“委托”后者代表自己来专门行使这些权利。新闻工作者仅是人民的一分子，与广大人民一起来行使这些权利；其采访权、报道权、舆论监督权等是社会公众行使知情权和表达权的一种具体形式或部分延伸。言论自由以及其中包含的新闻报道等权利，不是新闻媒体及其工作者的专有权利，而是一种职业特权。新闻传播活动不属于国家的管理活动，而仅为法律法规所确立的国家予以支持或扶持的新闻事业（或信息产业）；新闻工作者的采访报道活动不具有诸如司法、行政的强制力，新闻采访权也只是一种权利而不是一种权力。在新闻传播活动中，新闻媒体及其工作者不能指令人们做什么或者不能做什么。譬如强制对方接受采访，无偿占有他人信息财产等。我国的一些法律规定，某些特定的部门、组织及相关人员、普通公民有提供社会公众所需信息的义务，以充分保障他们的知情权。但社会公众包括新闻记者向他们索取信息时却不具有类似司法、行政意义上的强制性质，在履行必要的信息公开义务之外，谢绝采访或质询也同样是一种言论自由权，且受法律的保护。

知情权、采访权均是一种公共权利。尽管言论自由等被扩展到一定的限度形成相应的采访权时，都可因知情权的需要而予以充分主张及披露，但当知情权行使者有或无特别限定，且与公共利益、国家利益、法人利益、个人利益之间不可避免地产生冲突与对抗时，其矛盾便会显现出来。新闻媒体在社会生活中兼有双重身份和作用，这就是“上情下达”和“下情上达”的喉舌身份与桥梁作用，因而社会公众与新闻媒体及其记者在社会生活中的角色不同，其地位、身份也随之发生变化。

概括地说，知情权与采访权的彼此矛盾是一种现实的冲突与对抗，其基本表现为国家利益、公共利益、团体利益、法人利益、个体利益之间的相互矛盾以及有关法律的限制。其现实表现则主要有：公众知情权与国家安全的矛盾；公众知情权与团体利益、法人利益的矛盾；公众知情权与个人利益的矛盾；公众知情权与言论自由权（不表达）的矛盾。这些矛盾一旦产生冲突，就很容易发生新闻侵权，酿成媒介官司。譬如媒体的不当报道造成国家机密泄露，危害国家安全，造成种族、民族冲突等，以及近年来发生比例较高的媒体侵害个人姓名权、名誉权、隐私权、著作权等问题。

那么，如何积极有效地化解矛盾，切实保障知情权、采访权的合法实现呢？这是当今法律界和新闻界所共同关注的中心话题之一。依法有效保障社会公众的知情权是当代信息公开制度建立、健全和发展的主要目的，也是现代民主政治需要进一步拓展的根本要求，但同时也要警惕打着满足公众知情权的旗号滥用采访报道权。对采访权进行适当的限制，同保护采访权一样，都是在增进媒体权利的合法性。

就目前的法律规范来讲，行使知情权、采访权时，通常对其限制的因素可以分为两大类：公共利益和个人利益。公共利益诸如国家安全、公共秩序、社会良俗和司法权威等；个人利益诸如个人的人格权（主要为名誉权、隐私权）、财产权、著作权等。对前一类因素，人们一般不难把握；往往易被忽视且为新闻传媒人士所“困惑”的是后一类问题。

知情权、采访权不是绝对的而是相对的，其限度即法律法规所施加的若干限制范围。诸如，《公民权利和政治权利国际公约》第十九条规定，知情权、采访权等权利之行使附有特殊义务及责任，须予以限制。但这些限制必须是由法律所规定的并且为下列所需：①尊重他人权利或名誉；②保障国家安全或公共秩序，以及公共健康与道德。为此，第二十条明确规定：①任何鼓吹战争之宣传，应以法律禁止之；②任何鼓吹种族、民族或宗教的言论，构成煽动歧视、敌视或强暴者，应以法律禁止之。各民主国家的宪法、法律在规定“言论自由”时大都说明了这一权利的相对性。例如，我国《宪法》第五十一条明确规定：“中华人民共和国公民在行使自由和权利的时候，不得损害国家的、社会的、集体的利益和其他公民的合法的自由和权利。”另外，《刑法》第二百四十六条界定了侮辱罪、诽谤罪并对其处罚做出了规定；而《广播电视管理条例》则较具体地规定了禁止制作、播放的内容；《中国新闻工作者职业道德准则》也制定了较为详细的行业自律规范；等等。

记者的采访权不仅是新闻机构和新闻记者的权利，更是公众知情权和表达权的体现，是社会公众对国家生活、对国家工作人员监督权的延伸。而对记者及其采访权的侵害，则是对社会公共利益的侵害。剥夺记者的采访权，实质上是剥夺了公众的知情权。这些被公认的观点一般不可质疑。但我们也必须承认，记者的采访权是相对的：人们既有接受或拒绝采访的自由权，也有被采访转让权或限定权及其监督权（或称对信息的占据及控制自由权）；采访者若违背新闻“真实、客观、公正、及时”的原则或有其他违法乱纪的行为，人们也必将追究其相应的责任。公众知情权、新闻采访权的保护与限制都应当在法律的原则及其法治下进行。

第三节　新闻报道与公民的隐私保护

一、个人隐私神圣不可侵犯

所谓隐私，是指不愿告诉他人或不愿公开的个人的私事。[1]“隐私权”则是指公民享有不公开个人生活秘密和个人生活自由的人格权利。隐私权的提出是社会发展的结果。随着社会的分化以及公共生活的减少，人们对个人的生存空间的私密性越来越重视，对隐私权的保护也被提上了议事的日程。

当然，在论述隐私权的保护之前，首先要界定一下“隐私”的内涵。隐私其实是一个中性词。但是长期以来人们一直把“隐私”和“阴私”混为一谈，前者是指人们不愿公

[1] 中国社科院语言研究所词典编辑室．现代汉语词典（修订本）[M]. 北京：商务印书馆，2000：1506.

开的个人事情，是一种公民的个人生活信息，本身不带有任何褒贬的色彩，而后者则是指"不可为外人道"的私密事项，甚至还含有"不可告人的坏事"之意，[1]带有贬义，一般为法律或社会道德所不容。

隐私权保护的提出，是社会进步的重要表现，也是对人权（特别是私密性）尊重的重要表现。西方有一句谚语，"一间破茅屋，风能进，雨能进，未经允许国王不能进"，讲的就是个人私产和私密生活的神圣不容侵犯。对私密性的尊重，实际上是对公民生存空间的尊重、人格的尊重、人性的尊重，使公民在法律上享有私事保密的权利，个人的私生活可以拒绝记者采访、拍摄和公开传播，以保护个人生活的安宁。

在我国，强调对公民隐私权的保护是近些年才有的事情。中华人民共和国成立初的十余年间，我国的新闻媒介较少报道社会新闻，所以一般不会涉及公民的隐私权。"文革"十年间，国家的整个立法和司法体系陷于瘫痪，对隐私权的保护无从谈起，直至1982年颁布的《宪法》（第三十八条）中才提出这个问题。互联网普及以后，隐私权被侵犯的案件不断发生，引起了法学、新闻学、社会学等诸多领域的研究关注。到目前为止，我国在隐私权保护问题上基本形成了一套相对完备的法制体系。

我国《宪法》第三十八条规定了公民人身权利不受非法侵犯和限制。人身不受非法搜查、人格尊严不受侵犯。公民住宅，公民的通信自由和通信秘密受法律保护。婚姻、家庭受法律保护。

《刑法》设定了四个与侵犯隐私权相关的罪名："非法搜查罪"（第二百四十五条）；"非法侵入住宅罪"（第二百四十五条）；"侵犯通信自由罪"（第二百五十二条）；"私自开拆、隐匿、毁弃邮件、电报罪"（第二百五十三条）等。

《未成年人保护法》第三十九条规定："任何组织或者个人不得披露未成年人的个人隐私。"第五十八条规定："对未成年人犯罪案件，新闻报道、影视节目、公开出版物、网络等不得披露该未成年人的姓名、住所、照片以及可能推断出该未成年人的资料。"

《邮政法》第三条规定："除法律另有规定外，任何组织或个人不得检查、扣留邮件、汇款。"第三十五条规定："除法律另有规定外，邮政企业及其从业人员不得向任何单位或者个人泄露用户使用邮政服务的信息。"

《商业银行法》第二十九条规定："商业银行办理个人储蓄存款业务，应当遵循存款自愿、取款自由、存款有息、为存款人保密的原则。"

《艾滋病监测管理的若干规定》第二十一条规定："……不得将病人和感染者的姓名、地址等有关情况公布或传播。"

《妇女权益保障法》第四十二条规定："妇女的名誉权、荣誉权、隐私权、肖像权等人格权受法律保护。禁止用侮辱、诽谤等方式损害妇女的人格尊严……"

2001年2月6日最高人民法院《关于确定民事侵权精神损害赔偿责任若干问题的解释》第一条规定："违反社会公共利益、社会公德、侵害他人隐私或者其他个人格利益，受害人以侵权为由向人民法院起诉请求赔偿精神损害的，人民法院应当依法予以受理。"

将隐私作为一项独立的人格利益加以保护，这体现了我国立法的进步。

---

[2] 中国社科院语言研究所词典编辑室．现代汉语词典（修订本）[M]. 北京：商务印书馆，2000：1499.

关于公民隐私权的具体内容，虽然目前的提法不完全统一，但还是形成了一些基本共识：不经当事人允许，不得公开采访对象在个别谈话中谈到的隐私；在非公开场合，不经当事人允许或向当事人表明身份，不得进行拍照、电视摄像、录音等活动；不得私拆个人信件、窃听电话以获取新闻；记者不得有偷拍私人活动照片（肖像）的权利等。具体包括以下内容。

①个人信息：姓名、肖像、住址、电话、收入、生理缺陷、残疾情况等；

②个人生活：私人活动、家庭生活、夫妻性生活、私人日记、信函、录音、电话号码、违法犯罪记录、个人收入等；

③私人领域：卧室、领地、身体的敏感部位等；

④个人私事：恋爱、婚姻、生育、避孕、堕胎、收养子女等。

随着社会的发展和进步，私生活的领域还会进一步扩大。新闻传媒在开展报道和舆论监督时，常常不可避免地要调查相关人员的上述情况，正确掌握好正当监督和非法侵权之间的界线是十分必要的。不仅如此，新闻媒体在谨慎处理采访报道中的公民隐私权保护之外，还要发挥对侵犯隐私权行为的监督职能。

隐私权的提出，最初为保护私生活不被公开，属于消极权利，但是现在这个概念已经被发展成“自己的信息自己掌握”的积极权利。从世界范围来看，各国的法律都十分重视对人们隐私权的保护。自从戴安娜王妃因躲避“狗仔队”偷拍而遭遇车祸后，人们对新闻记者和新闻媒介对公民个人隐私权的侵害更为关注。

二、隐私权的大小与社会责任大小的反变关系

隐私权和知情权是现代文明社会公民所享有的两项基本权利，满足公民知情权的需要，保护公民的隐私权，是新闻活动不可回避的社会责任。

个人与社会既对立又统一。社会是人的关系的总和，社会信息的传播必然要涉及个人信息的披露与传播。如果一个社会把个人的信息严密地封锁起来，这样几乎就等于取消了新闻传播活动；但是如果将个体的一切信息都展示无遗，这既是没有必要的，同时也是极其不人道的。隐私权的确立，反映了社会对个体尊严的一种人道主义关怀，但同时也反映出人的个体性与社会性之间的矛盾。所以，隐私权就具有了相对性和伸缩性，在不同的场合、不同的人群中，隐私的边界也在不断地飘移。新闻传播活动既要满足公众知情权的需要，采集、传播大量社会信息，又必须要尊重公众个体的隐私权，不能随意侵扰、介入他人私生活。这就要求媒介工作者在满足公众知情权的同时，以法律精神、法治原则及自己的良知把握好“揭秘”的尺度，不要侵害他人的隐私权；同时也要求媒介无论是追求经济利益、提升自身知名度，还是为曝光社会阴暗面，都应合理使用采访权。权利止于义务。知情权、隐私权的范围不可能无限扩张，需要一定程度的限制。冲突的解决正是基于对这两种权利的限制。

限制知情权，优先保护隐私权。隐私权归属于人格权。我国《宪法》第三十八条明确规定：“中华人民共和国公民的人格尊严不受侵犯。禁止用任何方法对公民进行侮辱、诽谤和诬告陷害。”而知情权，基本属于这一类宪法性的权利，是一种公权，它的存在和实现，依然以包括隐私权在内的人格权为基础。只有在人格权不受侵害的情况下，才能实现

公众知情的权利。但是，目前不少新闻工作者的隐私权意识仍然比较薄弱，特别是媒体行业竞争的加剧，迎合受众口味，片面追攀发行量、收视（听）率，不择手段地挖掘、兜售他人隐私等，媒体侵害公民隐私权的现象时有发生。由于媒介传播范围广泛、传播迅速、影响力大，媒体对公民隐私权的侵害不仅影响到受害者本人，也影响到其他人，并产生群体效应，既造成对社会文明的冲击，也有辱媒介传承先进文化的使命。

案例：2014年央视“3·15”晚会曝光了行货手机已成为恶意软件的重灾区：大唐高鸿数据网络技术股份有限公司开发的“大唐神器”号称可以做到“全自动智能安装软件”，是“智能手持终端高端软件预装推广利器”。但其植入的木马程序吸费，同时也会泄露用户的个人隐私，许多用户表示“删都删不掉”。

进入信息社会，高科技在传播领域的广泛应用使人们对外界信息的需求得到前所未有的满足，但同时，媒介业竞争加剧导致的信息争夺战，对公民个人所享有的独处、独居的安宁带来了极大的冲击。新闻媒介必须树立保护隐私权的法律意识，采访报道既要守法又要自律，在严格尊重个人隐私权的前提下进行。但同时也要看到一些特殊情况下的特殊要求。我国《宪法》第五十一条明确规定：“中华人民共和国公民在行使自由和权利的时候，不得损害国家的、社会的、集体的利益和其他公民的合法的自由和权利。”因此，隐私权的优先保护是有限度的，在特定情形之下，公民个人隐私权的保护会受到适当的限制。

维护公共利益、社会责任，适当限制隐私权。恩格斯为隐私权和知情权的冲突确立了一项公共利益的原则。按照恩格斯的观点，凡是纯属公民个人事务，和公共利益、社会责任无关的隐私，都需要法律的保护。只要和公共利益相关，任何个人事务都不再是法律上的隐私，新闻媒介有权予以披露。显然，公众个人行为一旦对社会公众生活带来负面影响，就超越了隐私权保护的范围，基于公共利益的维护，成为新闻报道不可回避的内容。比如诸多公共场所的不文明现象，窗口行业人员的不文明行为；坑蒙拐骗、假冒伪劣；等等。新闻媒介有权将这些社会现象曝光，并做否定的舆论价值评判，以实现对社会的监督。一般而言，公民的个人情况与公共利益的关联度越强、关联范围越广、涉入社会公共生活领域越深，隐私权的保护范围就越小。这一规则，尤其体现在政府高级官员身上。政府高级官员是国家权力的直接掌控者，他们的人格、情感、价值取向，往往会影响到对社会事务的管理方式和决策质量。人们有权推选有魄力、有人格魅力的人物管理国家，也有权监督他们的政治活动，对不良决策提出意见，对不称职的政府官员要求罢免。这些民主权利的行使，建立在公众对政府官员公开以及不公开的各种信息的综合评判上。由于所担负的社会职责，政府官员的个人情况已融入国家事务之中，关联着社会公众的共同利益，公众有权通过媒体等多种途径，了解和其相关的诸多信息，以建立对政府的信任，实现对国家事务监督管理的民主权利。

报道需征得当事人同意。公民主动放弃、不行使自己的权利，法律对其隐私就失去了保护的必要，譬如网络上大量出现的网红等“自愿型公众人物”的自曝隐私现象。平衡新闻活动中公民知情权与隐私权的冲突关系，最有效、最直接的方法，就是取得公民的同意。时下常见的各种新闻媒体的人物访谈，大到高官名流，小到平民百姓，大都涉及被采访对象的情感、生活、精神世界等诸多相关的个人信息，因为经过协商，取得了当事人的知情同意，被采访者自愿披露其鲜为人知的生活情感状态，故不会产生侵权带来的困扰。由此可见，在不涉及公共利益的情况下，新闻活动应尽量取得对方当事人的同意，这既是对当事人人格的尊重，又可以避免不必要的纠纷。

对公众人物合理关注。非基于公众利益但是涉及特殊身份的公众人物，其隐私权也会在很多方面受到限制。原因很简单，公众人物的利益源于公众的关注，他们借助于新闻媒介扬名，又借助于新闻媒体造势，由此而获得更多的发展机会。所以，不难理解多如牛毛的明星炒作、众说纷纭的明星纠纷。既然受益于公众的注目、媒介的宣传，公众人物的相关信息就失去了隐私保护的意义。但是名人毕竟是人，总有隐私公开的底线，如果对公众人物隐私进行任意发掘和宣传，就不仅违背了社会公德、职业操守，也背弃了社会责任。因此，一家有社会责任感的媒介，要用合理的方式披露真相以维护公众知情权和公众利益。

三、新闻报道必须坚持公共利益和公共兴趣原则

新闻报道常常面临着个人利益与公共利益的矛盾和两难选择，譬如个人隐私权和公众知情权的冲突。隐私权，又被称为“宁居权”“独处权”，要求个人依法享有保护自己的隐私不受侵害的权利。这包括两个方面，一是公民对于自己与社会公共生活无关的私人事项，有权要求他人不打听、不搜集、不传播，也有权要求新闻媒介不报道、不评论以及不非法获得。二是公民对于自己与社会公共生活无关的私生活，有权要求他人不得任意干扰，包括自己的身体不受搜查，自己的住宅和其他私生活区域不受侵入、窥探等。[1]

现实生活中隐私权与知情权的同时存在，使二者时常陷入矛盾状态。在实际的新闻传播实践中，一方面，新闻传播的内在要求是要让一些隐秘的事情“广为人知”，而隐私权确立保护的却是要“不为人知”，这二者之间的关系就构成了新闻实践中的一对冲突。

在新闻报道中，记者对个人特别是公众人物的私生活进行揭露，可能远远超越了“公民通过新闻媒介了解政府行为”的意义。比如2010年2月网络上沸沸扬扬的“日记门”事件，事件最终以当事人韩峰因“犯有严重违法违纪错误”被处以开除党籍和行政开除处分，并因涉嫌受贿犯罪而被广西壮族自治区人民法院依法判处13年有期徒刑和没收个人财产10万元结束。但是在此次事件中引起热议的不仅是网络曝光的日记中关于不正当男女关系的“香艳情节”和官员受贿的敏感问题，更多的学者把视角放在了网络曝光官员隐私是否侵犯了当事人的隐私权的问题上，引起了对政府公务人员和公众人物的隐私权与公众知情权关系的探讨。以公众利益为着眼点，对政府官员及其他公民的了解确实在知情权的范畴之内，但目前国家对公民隐私权的保护，其范围比知情权受到的保护更多。而隐私权的权利主体在实践中有时划分是比较模糊的，到底谁可以归为公众人物，而谁又不能算作公众人物；对公众人物的行为来说，哪些是公众应该并需要知道的消息，哪些又是绝对的“隐私”，这里存在着两个极端，即如果过分强调知情权，就很可能鼓励新闻媒介借“知情权”之名，不顾社会道德和他人权益“深挖广挖”；如果过分强调隐私权，让隐私权无限扩大，则新闻媒介对公众人物的关注与监督势必受到限制，而公众也就无法了解到那些人究竟是否做着对公众有意义的事。

我国《宪法》规定，“中华人民共和国公民对于任何国家机关和国家工作人员，有提

[1] 魏永征．新闻传播法教程[M].北京：中国人民大学出版社，2002：162.

出批评的权利；对于任何国家机关和国家工作人员的违法失职行为，有向有关国家机关提出申诉、控告或检举的权利”。这是在法律上对新闻记者实施舆论监督权的一种肯定。但是这种权利的行使符合一定的条件，即应受到相应的制约，这种制约表现为“不得捏造或者歪曲事实进行诬告陷害”，“中华人民共和国公民在行使自由权利的时候，不得损害国家的、社会的、集体的利益和其他公民的合法自由和权利”。这可以看作是《宪法》对新闻记者义务的明确规定。

“没有制约的权力必然导致腐败”，这是被人们普遍接受的有关权力和制约的辩证关系的观点。但是，一讲到对权力的制约，人们首先想到的是对政府和公务人员权力的制约，其实，任何权力都需要被制约。新闻媒介和新闻记者的权力（由权利转化）如果不受合理的制约，就会导致新闻腐败。2011 年 7 月，媒介大亨默多克麾下的《世界新闻报》被卷入一宗发生于 2002 年的电话窃听丑闻。2002 年，13 岁女孩米莉 · 道勒被绑架后遭“撕票”。由于她的电话语音信箱部分信息被删除，道勒父母一直误以为女儿还活着，英国警方也因此失去了侦探线索，而当年窃听道勒电话并删除信息的正是《世界新闻报》所雇人员。《世界新闻报》以揭露丑闻而闻名业界，但最终却将自己变成了丑闻的主角。在多达 4,000 名无辜民众的被非法窃听的背后，是动辄十几万甚至几十万英镑赤裸裸的贿赂，是从记者，到警方、私家侦探、政府高官一整条割不断的利益链，是为追求煽情和轰动效应而随意编造的读者来信，是记者移花接木、嫁接时间地点等新闻要素而制造出的假新闻。

所以，在行使新闻报道权利的前提下，必须有一个公共的准则，就是必须坚持公共利益和共同兴趣。

1. 公众利益

公众利益是指一定范围内不特定多数人的共同利益，它是包括国家利益、阶级利益、民族利益、集体利益在内的公共物质利益和精神需要。对于媒体实施舆论监督来说，公共利益既是目的同时也是一种保障。在一定条件下，发表某些言论不受诽谤指控，条件之一就是“所报道事项与公共利益有关”。

2. 公众（共同）兴趣

兴趣是个人的主观心理状态，受个人的道德素质、认识事物的能力、文化程度、社会引导等综合因素影响，由于每个人的情况不同，其兴趣也就有所不同。而公众兴趣则是一个与知情权有关的概念，当多数人对某个人或某件事产生了解、知情的愿望，即引发了公众兴趣，这也是新闻价值的标准之所在。有学者将新闻价值定义为：新闻价值就是事实本身包含的引起社会各种人共同兴趣的素质。[1]

但是新闻传播中，关于传播者与受众的关系——新闻传播者受媒介和受众的双重制约：一方面，不同的媒介有着各自的个性特点，大到办报、办台的宗旨、使命有别，小到文风、表述的风格迥异；另一方面，受众对传者的制约体现为对新闻作品接受与否、乐意接受与否。我们都知道，受众的接受是新闻作品价值实现的重要环节，也是新闻传播的终极取向。

---

[4] 李良荣 . 新闻学概论（第二版）[M]. 上海：复旦大学出版社，2005：291.

只有受众接受了信息，并认同新闻作品中所蕴含的价值观后，新闻作品的价值才能最终实现。如果新闻作品在传播后无人问津，它所包含的价值和导向的实现也就无从谈起了。

传播者眼里要有受众，关注受众的兴趣，这些本无可厚非，但是，这并不意味着受众就像上帝一样，媒介与传播者都要一味迁就他们。新闻传播的规律中还有重要的一条："传者和媒介对受众负有满足其需要和提高其水平的双重任务。"[1] 对于传者和媒介来说，满足受众的需要和培养、提高受众的水平这两项任务并行不悖，同样重要。受众的需要是新闻事业发展的原动力之一。但是，受众的需要是多样的，从马斯洛的需要层次理论我们可以看出，在受众的信息需求中，有非常合理的部分，也难免会有一些不甚合理的部分。所以，要对受众的兴趣进行有效的区分，判定受众兴趣的正当与否，以此来区别对待隐私权的保护。

基于合理的公众兴趣可以构成对公众人物隐私权进行适度限制的理由，这一方面是公众兴趣的实现途径，另一方面也是公众的心理期待。这也说明：公众人物的活动不仅是他们自己的，同时也是社会的、公众的，公众有权了解他们的活动及与他们的活动有关的个人情况，只要他们离开自己的生活圈子，进入公众生活领域，参加各种社会活动都可以成为新闻媒介追踪报道的对象，这是他们作为社会精英和公众人物所应付出的代价。

但媒介对公众人物隐私的披露，要保持理性的态度——既尽可能不侵犯名人的隐私权，又满足公共兴趣。要对公众兴趣进行适当引导，媒介的报道是否具有新闻价值，是否属于公众的合理兴趣，需要媒介从业人员进行仔细甄选。应知的、合理的公众兴趣可以满足，而那种为了追求感官刺激、低级下流的公众兴趣则不应该被满足，新闻媒体不应以披露明星的隐私来取悦公众，提高媒体的关注度。2002 年 10 月 30 日香港《东周刊》刊登女星刘嘉玲"裸照"事件，充分暴露了媒体的低级趣味和庸俗化倾向，遭到了胸怀正义与良知的香港各界人士的痛斥，最后以停刊而告终。

对于公众人物（特别是明星）的报道，要遵循公共兴趣原则和公共利益原则有机结合。

①对于与公众人物专业、职业相关的、有新闻价值的信息，例如兴趣爱好、成长经历、工作状况等，媒体可以优先考虑公共兴趣原则，在不伤害到公众人物人格尊严的前提下，对这些内容做挖掘报道。

②对于公众人物的一些不真实的广告代言行为、个人行为、生活作风等有伤社会风化、有损社会利益的行为，例如打架斗殴、婚外情、偷税漏税、吸毒、嫖娼等，都要优先考虑公共利益原则，履行舆论监督的功能，做相关追踪报道。

③对于公众人物的一些个人信息，如家庭住址、私人电话、私人活动等，虽然公众对此有一定兴趣，但此时应该优先考虑公众人物的隐私权，尽量不要报道，以免影响公众人物的正常生活，给他们带来不必要的困扰。

④对于公众人物的性取向、私生活等，尤其是与公共利益无关的，不要去挖掘报道，避免给名人及其周围的人带来伤害、在社会上造成不良影响。

思考题

1. 什么是公民的知情权？如何理解它与新闻传播的关系？

[5] 丁柏铨 . 新闻理论新探 [M]. 北京：新华出版社，1999：125.

2. 什么是公民的表达权？如何理解它与新闻传播的关系？
3. 新闻报道为什么必须坚持公共利益和公共兴趣原则？
4. 隐私权是什么？为什么说个人的隐私权神圣不可侵犯？
5. 有人说：“公众人物没有隐私权。”谈谈你对这句话的理解。
6. 在现实的新闻传播活动中，如何做到媒介的独立运行？请谈谈具体的做法。

阅读书目

魏永征 . 新闻传播法教程 [M]. 北京：中国人民大学出版社，2002.

第五章
我国的新闻法律关系

本章要点

新闻法基本理论中，首要的是新闻法律关系理论，它是研究和制定新闻法总体框架的基础和必经之途。因为，对法律进行分类的依据就是它所调整的社会关系类型和调整方法。新闻法律关系即新闻法所调整规范的社会关系，是指新闻法律规范所确认和调整的在新闻传播活动过程中参与者各方所形成的新闻权利和新闻义务关系。[1]包括新闻机构与国家机关之间、新闻机构相互之间、新闻机构与社会公众（公民、法人、其他组织）之间、新闻机构与新闻工作者之间的权利义务关系。新闻法律关系可以具体分为新闻管理关系、新闻服务关系、新闻纠纷处理关系、新闻协作与竞争关系、新闻职务关系等。

第一节　我国的新闻法律关系

一、社会法律调整机制和新闻法的调整内容

任何社会都有多种解决社会矛盾的调节机制。从内容上看，有道德、习俗、经济、政治等；从形式上看，有舆论、行政、立法、司法等。这些调整机制都在不同程度上发挥着作用。在现代法治社会中，法律调整机制是其中最为重要的机制。主要原因有以下几点。

第一，法律具有强制性。一经国家立法机关通过法定程序制定，法律就成为全社会所有成员都要遵守的准则。我国《宪法》规定，无论是个人、团体，还是国家机关和执政党，都要在宪法和法律的范围内活动。国家机关和工作人员都必须依法行政，依法行使国家权力。因而法律成为所有社会规范中具有最高权威性的规范。党的十八届三中全会、四中全会，党的十九大、二十大报告都强调，要树立宪法法律至上、法律面前人人平等的法治理念。任何组织或者个人，都不得有超越宪法和法律的特权。一切违反宪法和法律的行为，都必须予以追究，领导干部都要牢固树立宪法法律至上、法律面前人人平等、权由法定、权依法使等基本法治观念，对各种危害法治、破坏法治、践踏法治的行为要挺身而出、坚决斗争。[2]

第二，法律具有公正性。现代社会是一个五彩缤纷、多样多元的社会，表现出利益结构、经济成分、社会组织形式、分配形式、生活方式等各个方面的多样性，必然产生各种利益之间的矛盾和冲突。建立在多样性基础上的社会需要有统一的规范和统一的调整机制，而不能因人而异、因时而异、因事而异，如果按照特定的个人或团体的规范来进行调整，就无法实现社会公正。习近平多次强调，全心全意为人民服务是我们党的神圣宗旨，这一宗旨要求我们必须在法治中伸张正义，从根本上维护人民的利益，如果我们的法律和法治工作背离了公平正义，那我们就是在丢掉为人民服务的宗旨。法律作为国家制定的具有超越个体和团体利益之上的统一规范，具有客观性和公正性，因此也就能够被所有社会成员和团体所接受，成为社会一体奉行的统一规范。

第三，法律具有公开性。在当代社会发展不断深化的背景下，中国社会的法律必须公开，政府运作必须透明。从保障公民权利的角度看，凡是没有法律明文规定的，政府都不

---

[1] 黄瑚 . 新闻法规与职业道德 [M]. 上海：复旦大学出版社，2006：19.
[2] 陈惊天 . 习近平新时代法治思想 [J]. 人民法治，2018(1).

能随意地进行限制和剥夺。公开、透明，必然成为社会调整规范和机制的内在要求。例如，由于政府职能转变发展趋势要求政务公开，各个部门必须加强政务信息公开的力度，2004年，深圳开始实行《深圳市政府信息网上公开办法》，成为我国第一个网上公开政府信息的城市，2006年1月1日，以公开政府信息为己任的“中国政府网”正式开通。

第四，法律具有民主基础。现代民主制度发展和确立赋予法律广泛和坚实的基础，即民意基础。这种基础成为一种社会共同认可的公共基础。在这一意义上，法律具有强烈的社会性，是社会中所有公民和团体都能够运用的“公器”。尽管具体的个人或团体未必同意某一项具体法律规定的内容，但是他/它不能否认其效力。

由于法律在现代社会中具有上述性质和特点，法律调整机制成为各类调整机制中最重要的调整机制。概言之，法律调整，就是掌握国家政权的阶级力图排除混乱无序状态，通过法律手段争取进入稳定有序的状态。法律调整通过赋予社会关系参加者以一定的权利并同时承担法律义务的形式，来合理地调整个人与社会、个人与国家之间的相互关系、调整社会关系参加者的行为，并以此为根据建立富有效率的法律调整机制，进而实现社会调整的目的。

一个国家的法律调整，是通过设定社会成员的权利义务关系即法律规范来进行的。所谓法律规范，指由国家制定或认可，体现统治阶级意志，以国家强制力保证实施的行为规范。法律规范在形式上表现为法律条文，在内容上指该法律条文所规定的权利义务的具体内容。

新闻法律规范是国家制定的调整新闻媒介和新闻记者与政府之间、公民之间、法人之间，在新闻活动过程中权利义务关系的法律规范的总称。所以，它属于社会法律调整机制的一个重要方面和重要组成部分，它规定了新闻活动过程中，新闻媒介和新闻记者与政府彼此所享有的权利和应履行的义务，规定了新闻媒介和新闻记者与公民和法人之间彼此应享有的权利和应履行的义务。新闻法律规范有其独特的内在规律性，有特有的法律关系和学科要素。在我国的新闻法律关系中，新闻媒体、新闻记者、政府、公民和法人是新闻法律关系的五大要素。

从社会法律调整的局部看，它调整的是与新闻活动相关的社会关系参加者彼此之间的关系，而从社会法律调整的全局看，它属于社会调整系统的一个重要组成部分。所以，新闻法律规范的制定对于一个社会健康有序的发展具有极其重要的意义。

二、法律关系的本质是责、权、利的平衡

法律对社会关系的调整实质上就是将法律制定者的意志作用于社会关系主体的意志之上，影响和改变人的行为，从而达到调整社会关系的目的。法律调整的实质是法律意志与社会主体意志的相互融合和对立统一。但是因为法律总是借强制力来给社会关系注入法律制定者的意志，社会主体必须无条件地接受。如果不接受，法律制定者还会以法定国家权力和强制力予以强制接受。这些法律一般都表现为责任法，其调整的社会关系也就成为法律责任关系。法律责任关系正是体现了法律制定者的意志的强制性和不可违抗性，但也反映了社会关系主体意志对法律的选择性。对立法者来讲，关注社会的需求和选择，就成为必不可少的根本任务之一。对社会关系主体来讲，能否充分理解立法者的期望和价值需求

并在自己的行为中贯彻也就成为是否守法的重要原因之一。由此可见，现代法治的中心内涵是法律价值和需求与社会价值和需求的充分融合和高度统一。

1. 法律关系是法律作用于社会关系的结果的表现，是法律形式与社会内容的统一

法律关系是法律实现的重要途径和方式。任何法律关系都是以相应的法律规范为前提的，法律关系属于上层建筑的范畴，是一种上升为国家意志的统治阶级的意志。任何法律如果不能转化为法律关系，不通过法律关系主体的意志行为来实现，那么，它就是一纸空文。法律制定者的意志和愿望也就仅停留在纸上，没有对社会产生任何影响。只有将法律制定者的意志融入社会关系主体的意志中从而影响他们的行为，才能实现他们的意志和愿望，法律才能成为社会的准则，才能发挥它的功用和效能，法律秩序才能出现。

只有法律关系才能将法律制定者的意志在社会关系中进一步具体化和明确化。如果没有法律关系这个社会形式，法律制定者的意志和作为其法律形式的权利和义务只能是抽象的、一般的，而其针对的也是抽象的、一般的主体，不能具体落实到人的行为中。社会关系主体只有将法律规定的一般权利义务用来指导自己的行为从而建立与他人的联系，一般的权利和义务才能相对地明确、具体，才能对社会关系主体具有直接的约束力。因此，法律关系才是实现法律的重要途径和方式，而且是唯一的途径和方式。

法律关系是法律形式与社会内容的统一。只有法律关系，才使得法律制定者的意志与社会关系主体双方的意志充分地统一起来，并指导社会关系主体的行为，为社会关系注入法律内容，进而实现法律制定者的意志，同时也实现法律。社会关系主体的意志行为有时会与法律制定者的意志相矛盾，于是就出现了违背法律意志的行为，法律又总是依靠国家强制力，通过国家与违法主体建立法律责任关系，并强制违法主体履行义务、承担法律责任来实现其对社会的强制调整。这是法律调整的关键环节。因此，法律关系中所反映出的权利、义务、责任，是法律在社会关系中的表现形式，社会主体的意志行为自由与限制才是法律调整社会关系的实质内容。法律关系正是这种法律形式与社会内容统一的唯一方式。

2. 法律关系是以主体之间法律上的权利义务关系表现出来的社会关系

法律关系中的权利义务与法律规范中的权利义务不同。两者相比较，法律关系中的主体及其权利义务都更加明确、具体。法律规范中的权利义务只表达了法律制定者的期望和价值需求，只是以权利义务表现出来的可能性和应然性，反映着法律制定者对社会主体意志行为的评价态度，但还不是现实的行为。在法律关系中，主体的权利和义务相对于法律规范中的权利义务及其主体是明确的、具体的。法律规范中的权利义务针对的是一类人，是抽象的、一般的主体及行为，是不确定的、不具体的主体。而法律关系中的权利和义务的承担者相对于法律规范中的权利义务来讲是明确的、具体的（至少一方主体是确定的、具体的），且权利和义务也是相对明确的、具体的。法律规范中的权利义务设定总是针对一类主体享有什么权利，并同时承担相应义务。对立法者来讲，他们面对的是一元主体，即每个人应该怎样做和不能怎样做，权利和义务总是指向同一主体。而在法律关系中，权利主体与义务主体是二元的，一方主体的权利需要另一主体的义务来保证，权利和义务分别被两个主体承担而发生分离（双向或多向法律关系也是如此），又通过法律意志与法律

关系双方主体的意志的一致性和统一性而使双方主体统一起来而形成法律关系。因此，我们说法律关系是法律规范具体化的最好途径和方式，是法律规范具体化的工具。法律关系中权利与义务分离关系到双方主体，从而使得权利义务具体化、明确化。也正因为如此，权利义务才成为法律的核心内容。

从法律角度来看，法律有确认和保护两种功能，于是就有了确认性规范，它包括确认主体条件、资格和地位的规范，同时也包括确定权利义务的规范。前者是法律作为一种规范来调整社会关系的前提，其意义在于法律把什么样的社会关系纳入法律调整的范围、什么主体是法律关注的对象以及它们在法律调整中的地位（如法律面前人人平等原则）是怎么样的。从社会角度来看，社会关系总是受到自然规律的制约和影响。随着人类认识自然规律的不断发展和人与自然界关系的紧张，自然规律也越来越多地在社会关系中显现出来并制约和影响社会关系。一些技术性规范、质量和标准规范就被法律确认，变成了法规，并指导约束人的意志行为，以保障社会关系主体普遍权利的实现。这类社会关系中的义务主体是特定的，但权利主体却是普遍的社会关系主体，是不特定的。这类主体权利的实现需要这些特定主体的义务行为作保证。表现在法律关系中，就是特定人的义务行为满足普遍权利主体的权利需求。表现在法律规范中，就是技术性规范和标准性规范。其中仍反映立法者对社会关系进行调整的选择和意图，也通过法律关系中权利义务来表达和实现。

3. 对于法律责任的认识是法律关系是否以权利和义务关系表现出来的社会关系的关键

关于法律责任，有两层意思，即法律责任方式和法律责任关系。我们知道，法律对人的意志行为的评价是通过肯定与否定来表达的，主要是以设定权利和义务来进行的。但是义务的设定总是受到社会主体的反对，法律便用设定法律责任的方式来强制社会主体履行义务，并用可能承担法律责任的方式表达法律的强制力，强制社会主体履行义务并承担责任。社会主体对法律责任的履行，一是继续履行法律义务；二是迫使权利主体承担法律责任，如赔偿等；三是在一定条件下依法对国家承担法律责任，如刑事责任、行政责任、违宪责任等，但承担责任的方式却不尽相同。因此，法律责任又被称为第二性义务，即违反第一性义务的义务，法律责任所调整的社会关系就被称为法律责任关系。法律责任关系的实质仍然反映国家意志与法律关系主体意志的对立统一。法律责任关系仍然以权利义务形式表现出来，如民事责任关系仍然是一方的权利与另一方的义务，只是义务的履行又一次被强制，义务的内容也可能比第一性义务更多、更丰富，但其性质未变；刑事法律责任关系、行政法律责任关系、违宪责任关系则直接地体现为国家与违法者之间的权利义务关系。这意味着我们可以从性质上将国家权力界定为权利，而且是职权，是权利与义务的统一，即通常讲的责、权、利的结合。也就是说这种权利不能放弃，只能依法行使，其实质仍然没有改变。法律责任从性质上来讲还是意志行为的剥夺与限制，即义务。因此，法律责任关系仍然是权利义务关系，只是说法律责任关系是法律关系的一种特殊形式而已。而且法律调整的重点和难点通过这种法律责任关系表现出来，并最终以责任的强制承担来完成和实现。

无论是法律关系还是作为其特殊形式表现出来的法律责任关系，对于法律规范中的权利和义务及责任来讲，是明确的、具体的。但是并不意味着在法律关系阶段中的权利和义务已经实现，只是权利和义务及其主体更加明确、具体，对特定的主体更具有约束力和强制力。换句话说，法律关系中的权利与义务的实现也还只是一种可能，但这种可能预示着法律的强制力进一步明确地指向了这一法律关系的双方主体。要实现这一法律关系中的权利和义务，还必须通过主体的意志行为才能实现，即权利的享有者用自己的行为自由实现着自己的权利，义务的履行者用自己的行为履行着自己的义务。这样，法律才在社会生活中得以实现。因此，从法律规范到法律关系，再到法律实现，实质上是一个立法者意志充分融入社会关系主体意志并由其意志行为来实现的过程。表现在法律调整形式上则是一个法律上的权利义务不断明确、具体并实现的过程，这一过程才是法律调整社会的完整过程。

综上所述，法律关系的本质就是责、权、利的平衡，是法律在调整人们行为过程中形成的以权利义务关系表现出来的特殊的社会关系，其实质是立法者意志与社会关系主体意志的对立和统一，其意义在于进一步将规范化、一般化的法律权利和义务具体化和明确化，是法律调整社会的唯一途径和方式。如果缺少一个环节，法律调整就只是停留在可能性的层面上。

三、法律关系和新闻法律关系

法的主要内容就是规定权利和义务的关系。法主要通过规定一定的权利和义务，把行为规范具体化，指引人们的行为，调整社会关系。任何法律都是以调整一定的社会关系为对象的，法律在调整人们行为过程中形成的权力和义务关系，成为法律关系。所谓法律关系，是指法律规范在调整人们行为过程中所形成的一种特殊的社会关系——法律上的权利义务关系。“它有两种情况：一是特定的主体之间依据现存法律规范而形成一定的权利和义务关系；二是已存在某种现实的权利义务关系，而后由国家机关以法律、法规、政令或判决的形式加以确认。”[1] 第一种情况，实际上为法律规范对社会生活和社会关系加以预设，对应当发生、预期发生和期待发生的社会关系，由法律规范做出事先设定，该类社会关系与相应的法律关系同时形成，并因法律关系而形成，这种预设性调整是法律的规范作用的体现。

简言之，法律关系是人们作为法律规范所规定和保障的权利与义务的承担者而参加的人与人之间的关系。法律关系作为社会关系的一种特殊形态，与一般的社会关系相比，它具有以下几个重要的特征。

①法律关系的参加者是由法律规范严格规定的，他必须具有权利能力，在个别情况下还必须具有责任能力；

②法律关系的参加者以法律规范规定的权利和义务关系的形式联系着；

③在发达的法律体系的条件下，大部分法律关系没有相应规范对事实关系的预先规定，一般不可能产生；

④法律关系的产生必须具有一定的法律事实，法律事实是法律关系运动的杠杆；

⑤法律关系的产生和实现受国家强制力的保障。

从上节的论述中，我们还知道法律关系的构成，亦称法律关系的要素或组成，指的是法律关系的内部结构。任何一个法律关系都是由法律关系主体、法律关系内容（权利和义务）和法律关系客体三部分或三大要素所组成的。

---

[1] 王果纯．现代法理学——历史与理论 [M]. 长沙：湖南出版社，1995：201–202.

中国的新闻社会关系处于转型时期，一方面，我们需要适时应对社会结构和社会关系的变迁对新闻社会关系做出新的建构；另一方面，我们更需要遵循法治目标对新闻社会关系做出法律规范上的预设，将新闻法制的价值、原则和法治诉求纳入规范之中，使从事新闻传播活动的人们接受新闻以及法制时代的价值和原则，引导人们走上新闻法治之路。

新闻法治必须具备的一个理论前提是明确新闻法律关系，这是由新闻法律规范所调整的当事人在新闻活动过程中形成的权利义务关系。新闻法律关系具有以下特点。

第一，它必须是符合新闻法律规范的要求，并受新闻法律规范调整的社会关系。新闻法律规范规定的内容是比较广泛的，但是，其范围毕竟是有限的，只有合乎新闻法律规范的要求，才属于新闻法律关系，才能受新闻法治的调整。如在新闻传播中，记者采写了一篇新闻作品并在新闻媒介上发表，而事实证明这篇报道存在虚假不实、丑化等问题，这就侵犯了报道对象的权利，如名誉权、肖像权等。在这种情况下，新闻记者和新闻媒介与报道对象（公民）之间的权利义务就必须依靠新闻法律规范来调整。

但是，如果一位记者不是在媒介上发表文章，而是通过撰写、张贴小字报等形式，对其他公民的名誉权造成伤害的，其行为显然是违法性的，但是，他们之间的关系不构成对新闻法律规范的违反，这位记者和公民之间的权利义务关系就不受新闻法律规范调整。

第二，新闻法律关系规定的是当事人之间在新闻活动中的权利义务，必须是在新闻活动中发生的权利义务关系。譬如，新闻记者具有采访权和报道新闻的权利，而普通公民同时也有保护个人肖像权不受侵犯的权利，但是当采访和报道新闻与肖像权发生矛盾冲突时，法律应当如何规定，这就属于新闻法律规范调整的内容，他们之间的关系就构成新闻法律关系，而这种关系只有在新闻活动中才会出现。

所以，在现实的新闻传播活动中，受新闻法律规范调节的新闻法律关系可以具体分为以下几类。

①新闻管理关系（国家新闻主管机关与报刊图书音像制品出版机构、广播电视机构、互联网站的管理与被管理关系）；

②新闻服务关系（新闻媒介与国家机关、公民、法人之间因宣传、传播信息、表达意见、提供娱乐、发布广告而形成的服务与被服务关系）；

③新闻纠纷处理关系（新闻媒介与其他主体之间因新闻活动所产生的纠纷协商、仲裁、诉讼关系）；

④新闻协作与竞争关系（新闻媒介之间的协作与竞争关系）；

⑤新闻职务关系（新闻媒介与新闻工作者之间的工作合同关系）；

⑥聘用合同关系（新闻媒介与新闻记者之间的聘用关系）。

新闻法应当为上述不同种类的新闻关系设定规则，明确不同主体之间的权利义务，即形成新闻法律关系。

第二节　新闻法律关系的主体

法律关系的主体是指在法律关系中依法享有权利和履行义务的人或组织。新闻法律关系的主体，是指新闻法律关系中享有新闻活动权利和承担新闻活动义务的人或组织。和任何法律关系一样，必须有两个以上的当事人参加才能构成完整意义上的新闻法律关系。新闻法律关系的主体，必须具备能够享有参加新闻活动权利和承担新闻活动义务的资格。新闻法律关系的主体资格是由法律所规定的。在我国，新闻法律关系的主体有以下几类。

一、新闻媒介

在新闻法律关系的五个主体中，新闻媒介是最重要的主体，离开新闻媒介而发生的法律关系就不属于新闻法律关系。新闻媒介就其主体资格而言是法人主体，从法人主体的种类来看，新闻媒介属于事业单位法人主体。它具有三个特点：（1）它是为实现社会的公共利益而依法成立的；（2）它拥有独立的财产和组织系统；（3）它是依照主管机关的行政命令或者核准登记的程序取得法人资格的。目前，我国新闻媒介主要有通讯社、报社、电台、电视台、杂志等，随着电子网络技术的发展和完善，网络系统和网络出版物也成为新闻法律关系的主体。

随着我国新闻事业的发展、市场经济发展的进一步深入，新闻媒介事业单位法人主体的特征在逐渐淡化，而兼并与重组之后的报业集团、广电集团等媒介组织不断壮大。私人资本、外资资本的介入，使得新闻媒介社会角色发生了较大的转变，“事业单位，企业管理”也使得新闻媒介的企业法人色彩进一步加强。从这些显著的媒介体制和媒介经验变化中我们可以看出，新闻媒介以越来越独立的身份和地位广泛参与社会的各项活动，并独立承担由此产生的责任。这些变化虽然还不足以改变社会主义新闻媒介的根本属性，但其对新闻传播事业的影响显然是不容忽视的。

2017 年 5 月 22 日，国家互联网信息办公室公布了《互联网新闻信息服务许可管理实施细则》，自 2017 年 6 月 1 日起施行。该细则表示，获准提供互联网新闻信息采编发布服务的，可以同时提供互联网新闻信息转载服务；获准提供互联网新闻信息传播平台服务，拟同时提供采编发布服务、转载服务的，应当依法取得互联网新闻信息采编发布、转载服务许可，防止侵权行为出现。细则的出台旨在进一步细化《互联网新闻信息服务管理规定》有关条款，提高互联网新闻信息服务许可管理的规范化、科学化水平，促进互联网新闻信息服务健康、有序发展。[1] 另外，从目前发生的新闻纠纷与诉讼的处理和审理情况来看，新闻媒介也始终是侵权的主体，其新闻法律关系的主体地位从另一个侧面得到了证明。

同时，我们可以从国务院发布的《广播电视管理条例》和《出版管理条例》这两个条例中得到证明。《广播电视管理条例》第九条规定：“设立广播电台、电视台，应当具备下列条件：（一）有符合国家规定的广播电视专业人员；（二）有符合国家规定的广播电视技术设备；（三）有必要的基本建设资金和稳定的资金保障；（四）有必要的场所。审批设立广播电台、电视台，除依照前款所列条件外，还应当符合国家的广播电视建设规划和技术发展规划。”《出版管理条例》第十一条规定：“设立出版单位，应当具备以下条件：（一）有出版单位的名称、章程；（二）有符合国务院出版行政主管部门认定的主办单位及其主管机关；（三）有确定的业务范围；（四）有 30 万元以上的

[1] 资料来源：百度百科，国家互联网信息办公室，2017 年 6 月 1 日。

注册资本和固定的工作场所；（五）有适应业务范围需要的组织机构和符合国家规定的资格条件的编辑出版专业人员；（六）法律、行政法规规定的其他条件。审批设立出版单位，除依照前款所列条件外，还应当符合国家关于出版单位总量、结构、布局的规划。”这些条件，基本上包括了我国企业法人成立的条件。我国对媒体设立采取的是特许制度，即企业法人条件加上特许。

在新闻法律关系中，新闻媒介是最重要的主体，新闻媒介就其主体资格而言是法人主体。目前，我国新闻媒介主要有杂志、报纸、广播电台、电视台和互联网络。

1. 杂志

杂志，又称期刊，是以刊登文章和评论为主的定期或不定期成册连续发行的出版物。按内容分，有综合性、专业性；按刊期分，有周刊、旬刊、月刊、丛刊等；按所属单位分，有机关刊物、非机关刊物；按发行的范围分，有公开发布的、不公开发布的。在中国期刊发展史上，报纸和期刊在相当长一段时间内是混称的，它们有时被称为报纸，有时被称为期刊，主要是由于当时的出版周期较长。随着新闻事业的演进，报纸和期刊的内容各有侧重，它们之间的特点也各趋明显：期刊主要提供新闻背景，对新闻事件进行较为详细和深入的阐释与分析，并且印刷精美，装订成册，便于保存；而报纸克服出版周期长，时效性不强等弊病，把新闻传播往深处挖掘，变客观的描述为旗帜鲜明的主观评价，提供翔实的深度报道与鲜明的观点评述。

2. 报纸

报纸，是以刊登新闻为主的定期连续向大众发行的印刷品。[1]它是一种以刊登新闻和时事评论为主的散页出版物。按办报方针分，有政治报纸，它们主要追求政治利益，多由政党、政治团体、政府机关主持，用以宣传各自的政治主张、纲领和政策；有商业报纸，它们以追求利润为主。按报纸的内容来分，有面向全社会刊登政治、经济、军事、文化、社会等各方面新闻的综合性报纸；有专门反映一个部门、一个方面或某一个阶层群众所需要的新闻为主的报纸，如工人报、妇女报、儿童报、体育报、卫生报等。按出版周期来分，有日报、早报、晚报、周报等。按发行范围分，有地方报、全国报、全球性的报纸等。

3. 广播电台

广播电台，是以无线电波（或导线）所传送的声音为媒介的大众传播工具。[2]广播是声音广播的简称，主要有有线广播、无线广播、卫星广播。按频率分，有短波、中波、长波广播等。广播的特点是以台、站为中心，向四面八方同时传递和播送信息，听众必须同步接收。无线广播靠电波发射，为开放式传播；有线广播由导线连接，是封闭式传播。广播传播的主要特点是：节目多样，感染力强，传播迅速，范围广阔，受众广泛；但同时也存在这样的弱点：线性传播，接收者的选择性弱，转瞬即逝。

---

[1] 李良荣 . 新闻学导论 [M]. 北京：高等教育出版社，1999：66.
[2] 李良荣 . 新闻学导论 [M]. 北京：高等教育出版社，1999：68.

4. 电视台

电视台，又称电视广播，是以无线电波（或导线）所传送的声音和图像为媒介的大众传播工具。[1] 电视应用电子技术对人、物、景的影像进行光电转换，然后将电信号传送出去，使别处或远方的电视接收机即时重现影像，同时可以播送伴音。电视分为无线电视、有线电视、黑白电视、彩色电视等。随着电视事业的发展，现在出现了频道专业化的趋势，按照特定的服务对象、特定的播出内容分为新闻综合频道、体育频道、综艺频道、影视频道、生活频道、教科频道等。

5. 互联网络

互联网络，又称为 INTERNET。国际互联网，是集报纸、广播、电视等传统媒介的一般功能为一体，具有数字化、实时性、交互式的一种传播媒介。它具有多媒介、数据库传播的特征，是一种传统媒介叠加与融合的新型媒介形式。

二、新闻记者

新闻记者通常是指在新闻媒介中专门从事新闻采访报道的专业人员。从法律关系主体的种类来看，新闻记者首先是公民（自然人），他享有法律所赋予的权利，并要承担法律所规定的义务。同时，他还具有通过自己的行为取得这种权利和履行这种义务的民事能力。从民法的角度看，担当新闻记者这一社会角色的公民理所当然地具有民事权利能力和民事行为能力，如果离开了这个前提，新闻记者就不能在新闻法律关系中成为新闻法律关系的现实主体。

作为事业单位法人的新闻媒介在开展新闻活动时，必须通过新闻记者的活动来实现，所以新闻记者在新闻法律关系中具有重要的意义。在绝大多数情况下，新闻记者从事新闻采访和报道是其履行职务的行为，其新闻法律关系的主体地位是十分明显的。在另一些情况下，新闻记者所从事的新闻采访和报道不属于履行职务的行为。比如，一家媒介的专职记者，通过采访撰写出新闻稿件，但是他没有在自己供职的媒介上发表，而是转投其他媒介，此时，新闻记者实际上扮演着"通讯员"或者是"线人"（业余记者）的角色。一般情况下，业余记者将自己的作品稿件交予新闻媒介发表，其行为不属于履行职务的行为，其新闻法律关系的主体地位不明显，在具体调整其权利义务时，必须注意其和新闻记者履行职务行为的区别。但从根本上来说，"通讯员"或其他新闻作者在这种情况下具有与新闻记者类似的地位，当然如果新闻媒介有相应的一些免责声明，可以不把写作新闻的公民视为新闻记者。

三、政府

政府是执行国家意志的国家行政机关，行使国家事务的决策、组织、领导、调控和管理职能。在新闻法律关系的五个主体中，政府是一个地位十分特殊的主体。这种特殊性表现在：一方面，政府规定、规范着新闻媒介的创办，行使着对新闻媒介的管理职能，是新闻媒介的领导机构；另一方面，新闻媒介也把政府作为自己的新闻报道对象，政府的行为

[3] 李良荣 . 新闻学导论 [M]. 北京：高等教育出版社，1999：69.

应该接受新闻媒介的舆论监督。

从法人分类的种类来看，政府属于机关法人主体。机关法人是指为实现国家管理职能，以国家预算拨款为其独立活动和承担民事责任的经费的社会组织。这些组织包括从中央到地方的各级国家权力机关、行政机关、军事机关及司法机关。与其他法人相比，机关法人具有这样一些特点：（1）机关法人成立的依据通常是宪法和各级组织或上级机关的决定，无须经过企业法人成立的行政程序；（2）国家预算为机关法人拨发经费；（3）机关法人从事国家行政管理活动，实现对国家政治、经济、军事、文化及司法等方面的行政管理职能。从我国的实际情况来看，机关法人实际上是我国诸多新闻媒介的上级主管部门。

四、公民

公民，是指有中华人民共和国国籍的自然人，他们不仅是新闻法律关系的主体，也是宪法规定的权利义务主体。同时，法律规定了公民的民事行为能力。在新闻活动中，公民拥有三种身份：表达者、被采访者、普通受众。作为表达者，公民可以以向新闻媒介投稿、打电话、写信（EMAIL）、做访问、做评论等方式不同程度地参与到新闻传播的活动中去，借助新闻媒介发表自己的观点与意见；作为被采访者，公民有接受或拒绝采访的权利；作为普通的受众，公民有自由选择媒介和媒介内容的权利，当然也具有对媒介提供虚假信息并对公民造成不同程度损失申请赔偿、诉讼的权利。

所以，公民作为新闻内容的主要来源之一（采访对象），新闻内容的主要服务对象（读者），其主体地位是显而易见的。尤其是在现代社会，随着新闻竞争的不断加剧和人们对信息需求的日益强烈，新闻报道也日益显现出平民化倾向，主要表现在题材选择的平民化、报道角度的平民化、栏目设置的平民化、新闻语言的平民化以及记者构成的平民化。此外，一些涉及地方民生的新闻受到广泛关注，所有这些都从一个侧面说明了公民的主体地位。

五、法人

法人是相对自然人而言的，是指拥有独立支配的财产，能够以自己的名义独立地参加民事活动，为自己取得民事权利和承担相应义务的社会组织。法人成立应具备的条件，根据《中华人民共和国民法典》第五十八条之规定，主要有以下四个方面：

法人应当依法成立；法人应当有自己的名称、组织机构、住所、财产或者经费；法人成立的具体条件和程序，依照法律、行政法规的规定；设立法人，法律、行政法规规定须经有关机关批准的，依照其规定。

上述四个条件中，法人必须具有必要的财产或经费和能够独立地承担民事责任这两项条件，它们是法人最明显、最突出的特征。当然，法人要成立，上述四个条件缺一不可，只有同时具备，才能成为法人。

新闻法律关系中的法人专指企业法人和社会团体法人。在新闻法律关系中，法人的主体地位类似于公民的主体地位，尤其在20世纪90年代以后，由于社会主义市场经济新体制在我国的全面推行，新闻活动和法人的关系日渐密切复杂，所以，法人的主体地位日渐受到重视，而非法人的社会团体、群众团体，在新闻法律关系中多是以被采访对象的身份出现的。

第三节　新闻法律关系的客体

法律关系的客体是指法律关系主体的权利和义务所指向的对象。一般情况下，新闻法律关系的客体包括物、行为和智力成果三种。

一、物

物是新闻法律关系中的第一种客体。在民法中，物是指在法律关系中可以作为财产权利对象的物品和物质财富。在新闻法律关系中，物必须是和新闻活动相关的物品和物质财富。新闻传播活动必须借助一定的物质工具才能实现，报社要传播新闻信息，必须借助物化了的报刊媒介、排版、印刷、发行等多个环节和部门来实现；广播电视台要传播新闻信息，必须借助必要的采集、编辑、发射装置等来实现；互联网要传播信息，必须借助数据的采集、分类、分析等来实现。

1979年，世界上第一座移动电话通信系统在美国芝加哥开通。20世纪60年代末期，互联网的前身——美国陆军网络ARPANET产生，1994年4月20日，我国正式接入国际互联网。现在，当数码相机和家用数码摄像机进入平常百姓家中、电脑网络进入千家万户时，一直被动接收新闻信息的大众终于拥有了记录和发布新闻事件信息的工具。这使得任何人都有可能在新闻事件发生的第一时间从现场向全世界发出画面、声音和文字消息。新闻事件的现场记录必须等待专业记者到来、新闻信息的传播必须依靠媒体记者的时代宣告结束。而随着科学技术的进一步发展，手机的摄影、摄像和信息接收功能不断完善。手机开始综合电视功能、提升摄像质量，成为一个微型的新闻现场直播和音视频文字接收工具；车载电视将和轿车一起全面普及；电子眼的全面推广使公共场所的动态事件处于24小时全天候监控中，必要时可随时进行新闻事件的现场直播和录像重播；液晶壁挂电视将遍布世界的每一个公共场所；目前时兴的手机短信和网络交流，以其信息传播的迅速性与信息发布的自由性和平等性而备受社会大众青睐；博客和BBS留言、网上评论的出现满足了社会大众追求新闻信息平等交流的欲望。手机传播除收发方便、快捷迅速、互动性强等特点外，更重要的是实现了随时随地传播和接收新闻信息。而随着手机技术的发展，手机的接收新闻信息的功能将得到不断加强。手机将综合目前的电脑功能，成为一种新的新闻媒介和完善的新闻信息发送的传播工具，从而推动大众传播走向成熟，推进新闻传播活动发展。

——摘自匿名用户《新闻传播媒介发展的六个阶段》

但是，不管在传播的过程中新闻传播的工具“物”性的特点是否明显，只要它是用于新闻活动的，就具备了新闻法律关系客体的物的特征。

没有物的客体的新闻法律关系是难以成立的。因为，一切思想的、意志的行为必须借助物化的形式来实现其作为新闻传播的目的。譬如说，新闻记者撰写了新闻作品后，必须通过事实上的物质载体如报纸、电子发射装置进行传播，否则，是无法实现其传播功能的。

抽象的思想和意志必须借助具体的物化形态实现传播。

二、行为

行为是新闻法律关系中的第二种客体。民法意义上的行为是指具有法律意义的人的活动。在新闻法律关系中，这种行为必须是发生在新闻活动中的行为。如新闻采访行为、新闻编辑行为、新闻出版行为、新闻发行行为等，这是贯穿新闻传播活动全过程中的理性行为。当然，具体的行为必然与一定的权利和义务联系在一起。如新闻记者具有新闻采访的权利，其采访过程就是一种新闻活动行为，这种行为就符合权利和义务的规定。哪些行为是可行的，哪些行为是不可行的，这些都具有法律意义上的客体的意义。

新闻活动中的人的行为会导致一系列后果的发生。在新闻法律关系中，有合法的新闻行为、违法的新闻行为和新闻侵权行为。[1]

合法的新闻行为是与法律的要求相一致的行为，是新闻从业人员在法律许可的范围内从事的新闻行为。如采访国家机关、社会团体、民间组织等会议以及各种比赛、集会、文体活动等，在新闻报道中恪守法律规定，尊重受访人的隐私、名誉，保守国家机密，尊重民族习惯、保护妇女儿童的合法权利等，传播健康文明的文化。

首先新闻单位要有维权的意识，而对侵权行为，记者个人的力量是微弱的。新闻单位应该认识到，维护记者的权益，是使新闻工作者履行新闻采访职责和义务的必要前提和保证。从法律上说，新闻媒体是国家的公共事业法人，理应享有自己职能范围内的合法权益，记者是新闻媒体的工作人员，以新闻媒体的名义从事采访报道活动，当然也就享有必要的职业权利：采访权、批评或评论权、著作权、与职业有关的人身安全权、履行职责所必需的通讯交通便利等。[2]

违法的新闻行为则是指在新闻活动中，新闻从业人员违反了法律有关规定，发生了与法律的要求不一致的行为。如在新闻报道中危害到国家安全，泄露国家机密；对犯罪细节进行详细的描述，传播反动、淫秽、色情的内容；破坏民族团结、损害司法尊严等行为。

第三种是新闻侵权行为，主要指新闻媒介及其从业人员在新闻采集和传播的活动中，侵害了他人的权利，主要为自然人与法人，如利用新闻媒介侮辱他人、损害他人声誉，给他人造成损害的一切行为，皆可归结为侵权行为。

电影《搜索》中，女主人公叶兰秋乘坐公交车不给老人让座，经媒体失实报道和炒作后，叶兰秋的个人隐私信息被网友“人肉搜索”，在社会上掀起轩然大波，舆论纷纷指责叶兰秋道德败坏。来势汹汹的舆论最终导致女主人公的死亡悲剧，而媒体失实报道和侵权与悲剧上演紧密相关。

叶兰秋在医院续交医保时，经检查发现自己竟然是淋巴癌晚期，伤心绝望的她在乘坐公交车时没有给老人让座并且和车上乘客发生争执。这一幕恰好被电视台的实习记者杨佳琪拍到，她将视频交给另一个电视台记者陈若兮，视频被媒体报道后引发了社会的强烈反响。陈若兮的跟踪报道没有继续采访新闻报道主体，这导致不让座之后，叶兰秋在媒体上

[1] 黄瑚．新闻法规与职业道德[M]．上海：复旦大学出版社，2006：23.

[2] 资料来源：阚敬侠《中国记协国内部维权处》，http：//www.docin.com/p-1048782691.html。

几乎失声，媒体只呈现局部的事实，导致事实不完整，真实性有待商榷。媒体报道措辞不当，“小三”“狐狸精”“道德沦丧”等字眼屡屡见诸报端，这些未经查证的结论更是在给叶兰秋道德定性。即便叶兰秋真是“第三者”也不至于被媒体运用侮辱性言辞来陈述事实。在法律上，这种行为构成了对叶兰秋名誉权的侵犯。学理上通常把散布虚假事实、损害他人名誉的行为称为诽谤。[1]

三、智力成果

智力成果是新闻法律关系中的第三种客体，并且是一种特别重要的客体。民法中的智力成果是指人的脑力劳动的成果。在新闻法律关系中，智力成果表现为具体的新闻作品，而新闻作品是具有独创性的、可以以某种形式复制的智力创作成果。新闻传播法主要从政治上保护宪法规定的有关权利并对其进行界定，而著作权法则是从民事上来保护这些权利并对其作出界定的。

新闻媒介作为一种传播媒介，必然会涉及著作权所要调整的社会关系和法律关系。一方面主要是媒介的编辑、记者必须借助媒介发表作品，他们是著作权的权利主体；另一方面，新闻媒介又是作品的传播者，在传播的过程中必须尊重著作权人的合法权利。

著作权的客体是指创作者以某种具体形式表现出来的文学、艺术和自然科学、社会科学、工程技术等作品。作为著作权客体的作品，根据《中华人民共和国著作权法实施条例》（以下简称《实施条例》）的规定，必须具备两个必要的条件。（1）独创性。《实施条例》第二条规定：“‘著作权法所称作品’是指文学、艺术和科学领域内具有独创性并能以某种有形形式复制的智力成果。”当然，著作权法中所要求的独创性，并不是那种独一无二的唯一性，而只是要求能与他人作品区分开的那种个性特征。（2）可复制性。也就是说这样的作品必须以一定的有形的物质形式呈现出来，使人们可以感知、使用它。如果它只是停留在作者脑海中的一种创意或想法，则不受著作权法保护。

关于著作权客体的种类，《中华人民共和国著作权法》（以下简称《著作权法》）第三条明确规定：本法所称的作品，包括以下列形式创作的文学、艺术和自然科学、社会科学、工程技术等作品：（一）文字作品；（二）口述作品；（三）音乐、戏剧、曲艺、舞蹈、杂技艺术作品；（四）美术、建筑作品；（五）摄影作品；（六）视听作品；（七）工程设计图、产品设计图、地图、示意图等图形作品和模型作品；（八）计算机软件；（九）符合作品特征的其他智力成果。“新闻作品”虽然并未被列入，但对于新闻工作者来说，其中的（一）（二）（五）（六）（九）与其关系较为密切。

著作权法是对著作权人智力成果的保护，但是任何智力成果同时又必须为社会所共享。在新闻传播的过程中，新闻媒介的一些智力成果是受著作权法保护的，但是也有一些是不受著作权法保护的。例如在新闻法律关系中，“时事新闻”同样是新闻法律关系的客体，但是《著作权法》明确规定了“时事新闻”（通过报纸、期刊、广播电台、电视台等媒介报道的单纯事实信息）不受著作权法保护。因为时事新闻是单纯对新闻事实的直观记录，往往单纯地报道事实，不具有著作权客体的那种独创性；同时，为了满足受众的知情权，

[1] 罗威 . 电影《搜索》中新闻真实、新闻侵权和新闻记者职业道德引发的思考 [J]. 商，2015(2).

必须对著作权予以适当的界定和限制。将时事新闻排除在著作权法保护之外，可以满足受众的知情权，有利于新闻更广泛地传播。

另外，新闻媒介上发表的其他体裁的新闻作品，如通讯、特写、述评、采访札记、调查报告、评论、杂文、散文、报告文学、小品文以及带有记者研究性质的一些分析性新闻、解释性新闻，以及赋有一定艺术色彩的摄影作品、录音、录像作品等，都已经不是单纯的时事新闻了，这些作品在不同程度上带有文学艺术创作的某些特征，体现某种独创性和可复制性，它们理应受到著作权法的保护。

但是现阶段随着网络技术的发展，新闻同质化也越来越严重。“同质化”在新闻媒体中是指产品内容的来源、含量、品质基本雷同，选择内容的标准、视角、价值大同小异，产品载体的版面、画面、外观几无区别，千报一面，百台一腔，创新乏力，使得受众无法仔细识别和区分，难以找到其差异和特点，并形成品牌认知。

这里必须说明的是，“时事新闻”虽然不受著作权法保护，但这并不是说它不受任何保护。信息是一种自然产生的资源，而加工过的资源就是一种人类的财产。时事新闻不是著作权法保护的智力成果，传播者不能享有知识产权，但是由于传播者在其中也投入了或多或少的劳动，它必然得到民法的保护，它享有一般意义上的财产权。所以，我们不能认为“时事新闻”不受著作权法保护，其民事权利就可以被任意侵犯。

第四节　新闻法律关系的内容

新闻法律关系的内容，是指新闻法律关系主体所享受的新闻权利和承担的新闻义务。依据民法的一般原则，我们确定新闻法律关系的主体为新闻媒介、新闻记者、政府、公民和法人五种，但是从其在新闻法律关系中的地位来看，新闻媒介和新闻记者、公民和法人的地位是相同或相近的，[1] 所以，讨论新闻法律关系主体的权利和义务，可以将新闻媒介和新闻记者、公民和法人放在相同的地位。下面从新闻媒介和记者、政府、公民和法人等三个方面来考察其权利与义务。

一、新闻媒介和记者的权利与义务

新闻活动是现代社会中一项十分普通的活动。全球经济一体化进程的推进，以及信息技术和信息手段的日益发达，使得人们逐步地实现“地球村”的梦想，而在这样一个信息传播发达的社会，新闻媒介和新闻记者从事着繁杂的信息采集、信息加工和信息传播的活动，以保证信息传播的畅通。

在这样的新闻信息传播中，他们有权通过新闻活动实现其职业理想与商业利益。当然，法律也必须保障他们能够顺利地履行新闻活动这一社会职能。

第一，新闻媒介有确定和实现其编辑方针的权利。媒介的编辑方针就是根据办报（台/网）方针对报纸（台/网）编辑工作作出的决策。编辑方针的内容主要包括四个方面：（1）

---

[1] 本节同意顾理平教授在《试论我国新闻法律关系的内容》中的观点，合并新闻法律关系的主体进行考察。

报纸读者对象的设定；（2）传播内容的设定；（3）媒介的思想水平、文化水平和专业技术水平所达到的高度的设定；（4）媒介整体结构、传播内容、传播方式和版面（栏目）形象等综合表现出的格调和特点的设定。

任何媒介都有权根据自己的生存环境和自身所具有的条件，确定办报（台 / 网）方针。办报（台 / 网）方针对媒介的性质、宗旨和新闻传播的立场、原则这些根本性的问题作出明确规定，是指导报社一切工作的基本纲领。编辑方针将结合媒介的特性，将办报（台 / 网）方针具体落实到新闻实践工作中，进一步确定媒介实践工作中的传播对象、工作目标和操作水平。

第二，新闻记者有实现其专业理想的权利。客观性是一种使新闻工作者将事实隔离于观点、从而避免个人偏见的规定或机制，它使新闻工作者站在中立的立场上，以客观性的方法报道新闻、反映观点，按照“新闻价值”的中立标准而非个人好恶进行取舍。同时，新闻工作者用“客观性”表明其报道的可信性，从而提高自己的专业地位。

对新闻工作者来说，他们的专业职责是向公众提供“客观的”事实。从某种意义上说，思想、观点、舆论也是事实，是社会现象。对此，客观性的要求是，新闻工作者全面地、中立地、平衡地报道有争议的问题，让公众了解各方面的意见，以便作出自己独立的判断。

在此，我们提出客观性的对立面之媒介审判。“媒介审判”（trial by media）是指新闻媒介超越正常的司法程序对被报道对象所做的一种先在性的“审判预设”。它是新闻竞争日趋激烈下的产物，从法理学的视角来看，“媒介审判”损害了媒体作为社会公器的形象，是新闻工作者的职能错位，它使得司法独立的天平过分倾斜，有悖于法治精神。

案例：2013 年 10 月 26 日，央视《朝闻天下》报道，《新快报》记者陈永洲自称受人指使收人钱财，发表失实报道。陈永洲向民警坦承，为显示自己有能耐，获取更多的名利，他受人指使，连续发表针对中联重科的大量失实报道，致其声誉严重受损。陈永洲对自己的犯罪事实进行了供认。2013 年 10 月 27 日，《新快报》在头版位置，就记者陈永洲收钱发表失实报道致歉。致歉声明称：经警方初步查明，《新快报》记者陈永洲受人指使收人钱财发表大量失实报道，严重违反了《中国新闻工作者职业道德准则》和新闻真实性原则，报社对稿件的审核把关不严。事发后报纸采取的不当做法，严重损害了媒体的公信力，教训深刻。《新快报》将以此为戒，对存在的问题进行认真整改，进一步加强采编人员和出版流程的管理，严格要求采编人员在工作中尊重事实、遵守法律、遵循新闻工作者的职业道德和行为规范。特此向社会各界致以深深的歉意。[1]

周林桐、范以锦在《从陈永洲事件反思媒体职业操守的缺失》一文中认为，新闻从业人员应当将维护良好的职业道德当作铁律。报道要做到真实、准确、全面、客观。在日常新闻实践中，新闻从业者要珍惜手中的笔与肩上的道义，爱惜自己的羽毛，坚守自身的职责与使命。此事虽然给记者的品行敲响了警钟，但是不可成为阻碍开展舆论监督等正常报道的拦路石。在规范记者行为的同时，对媒体正常的调查与报道应予以鼓励与保护，以此维护新闻舆论环境，促进媒体正常健康发展。

李璐、李杜若在《探析媒体权力的不当运用——从陈永洲案件谈起》一文中指出，在陈永洲案件中，记者违背新闻真实性原则，片面判断新闻价值以及观点正确与否。记者在

[1] 晋爽 . 原新快报记者陈永洲因虚假报道获刑 1 年 10 个月 [EB/OL].(2014-10-17)[2019-11-16].http：//tech.ifeng.com/a/20141017/40839876_0.shtml.

报道发布前并未进行独立采访，报道缺乏平衡性，滥用媒体权力。如果新闻从业者将手中的“权利”视为一种“权力”，就可能将这种报道权利变成类似行政、司法的权力，将社会公器，变成个人或媒体利益单元的私器。

因此，客观性是一种特殊的民主和多元的表述，它可以同时面对企业家、政府官员、普通群众以及媒介的广告客户。新闻事业的客观性是通向“合法”和“可信”的途径。新闻工作者将专业的规定内化为对自己的约束，在具有商业和政治双重性质的机构中，他们强调自己是公共利益的保卫者。

客观性已经成为一种世界公认的新闻词汇和报道模式。它代表了现代社会对新闻事业的常识、期望，是人们构思、定义、安排、评价新闻文体、新闻实践和新闻机构的标准。在全球化的今天，“客观公正”已成为国际新闻业的共同标准，是当今统治性的新闻信条。

当然，新闻工作者也认识到，客观性是值得追求但永远不可能完全达到的目标。虽然如此，但新闻工作者又普遍认为，这种解释应该而且也可以采取一种客观的形式，这种构造应该而且也可以采取一种专业所允许的规则，从而使主观意志对客观事实的冲击降到最低限度。于是，客观性从一种信念变为一种程式。

第三，新闻媒介和新闻记者履行新闻活动这一社会职能的同时，有实现其商业利益的权利。在西方国家，新闻媒介的所有制决定了它具有“逐利”的本性，新闻媒介是媒介所有者实现商业利益的工具。在我国，媒介逐利的特征在相当长的时间内并不明显，媒介长期充当党和政府的“耳目”与“喉舌”，它所承担的主要任务是宣传。计划经济下的媒介，享受着“公费办报，公费订阅”的待遇，使它不必为生存担忧。但是，随着社会主义市场经济新体制的推行与改革的深入，虽然新闻媒介作为党和政府的“耳目”与“喉舌”的定位并没有发生变化，但党和政府已不再承担（或不主要承担）新闻事业单位的经费，市场经济的选择作用已越来越大地被发挥出来。生存的危机感使越来越多的新闻媒介开始重视自身的商业利益。不过，这种商业利益不能是靠“出卖版面/栏目时间”或搞权钱交易的“有偿新闻”获得的，而是应该通过媒介的正当经营及相关衍生产业的经营获得的。新闻媒介和新闻记者在实现商业利益的过程中曾经出现过一些问题，但这并不能因此否定其对商业利益追求的合法性，相反，作为一种文化产业，法律应当保护媒介的这种追求。

同时，新闻媒介与记者也要担负起“环境守望、社会协调、文化传承以及提供娱乐”等几项大众传播必须具备的义务。

首先，必须无条件、客观地报道新闻。众所周知，真实是新闻的生命。而新闻业提供的产品就是“事实”。真实、客观地报道新闻能较好地解决媒介与社会各个方面，特别是与政府和人民的关系。只有在“客观性”的准则下，媒介才可能既获得可靠的收入来源又不牺牲它们“独立”和“中立”的自我形象。它也才可能向社会的方方面面推销它的新闻产品——事实与观点。客观性既是商业媒介的职业需要与义务，同时也从整体上为新闻媒介提供了合法的传播方法与途径。

其次，警诫和守望社会，把人民的关切、人民的意志传播到各个角落。首先，媒介担负着舆论监督的功能。所谓舆论监督，是指公众通过舆论这种集合性意见形态，对各种权力组织和其工作人员，以及社会公众人物（包括著名记者）自由表达他们的看法和意见。从本质上讲，舆论监督的主体是广大公众。但由于现代社会的复杂化和庞大化，作为分散存在的公众对监督的前提——信息获取存在较大难度，因而现代社会的舆论监督在很多情况下借助大众传媒，通过传媒形成关于某个问题的舆论，而大众传播媒介以其突出的传播优势正可当此重任。所以，现实操作中大众传媒通常被视为舆论监督的主体。舆论监督的目的是使公共利益免遭侵害，把人们的呼声、对社会的监督公开传达出来。

最后，满足受众需求，提高受众品位。对于媒介和新闻工作者而言，首先要满足受众的需要。受众的需要是新闻事业发展的原动力之一。受众是传媒的服务对象，传媒必须赢得受众的青睐。特别是在市场经济条件下，受众的认可和选择，在很大程度上影响着传媒的兴衰。传媒刊播的内容，只有得到受众的喜爱和欢迎，才能赢得较多的订户并获得生存与发展，也才能较充分地发挥其宣传效能。从这个意义上来说，传媒的许多努力，都需要顾及受众的需求，都需要站在受众乐于接受的角度来思考、筹划、运作。过去那种不管受众接受不接受、喜爱不喜爱，硬邦邦地强行灌输的做法，已远远难以适应日益激烈的市场竞争。

在现实生活中，大众的需要又是多样的，对传媒的需要也是多元的，有的是积极的，有的却是消极的，存在着需要引导的问题。受众既是传媒的服务对象，又是传媒的宣传引导对象。倘若把受众当作“上帝”，受众就成了左右和摆布传媒的主宰，传媒就得一切都迁就和迎合受众，这显然与传媒所肩负的特殊使命以及必须坚持的党性原则相悖。传媒是党和政府的“喉舌”，肩负着“以正确的舆论引导人”的重大使命。“政治家办报”乃新闻宣传的一条重要规律。传媒所刊播的一切，都具有鲜明的导向性。邓小平同志强调：“党报党刊一定要无条件地宣传党的主张。”这是新闻宣传一条不可动摇的党性原则。传媒贯彻这一原则，就要注重所发文稿的思想性亦即政治倾向。因此，传媒在顾及受众的需求时，决不可一味“软化”“生活化”而最终产生负面影响。

二、政府的权利与义务

政府担负着维护国家有序运行、组织社会生产和保护国家安全等一系列社会职能，政府在履行这些管理国家的职能时，不受新闻活动的干预妨碍。关于政府的定义，从广义上看，通常是指中央和地方全部的国家机关，由立法、行政和司法等部门组成。狭义的政府则不包括立法和司法部门。这里所指的政府是指狭义的政府。因为，统治阶级要通过政府组织好社会管理，就必须把自己的意志上升为国家意志，通过立法、行政和司法等机关体现出来。有的学者认为，现代国家行政管理的一个重要特征就是具有法治性。“具体表现为：行政管理的各个领域都有有关法律规定，都能有法可依；行政管理的各个部门、各个机构的权力都是依法授予的，它们各自在法律授予的权限范围内活动；行政机关对国家各种事务的管理都是以有关法律为依据的，必须依法行政；一切行政机关都是依据宪法或有关法律、法规设置的；行政机构中各个组织和工作人员的职责和权力都用法的形式明确规定下来；对行政机关及其活动，都有一套完备的法律监督制度。”[1] 既然现代国家政府的管理已经迈上了法治化的轨道，新闻活动就不能对其进行非法的干涉，这是政府的权利。一旦政府的这种权利受到新闻活动的非法干涉，政府将无法履行管理国家的职能，国家的生存发展将受到威胁。

---

[1] 张永桃．当代中国政治制度 [M]. 北京：高等教育出版社，1998：144.

政府管理国家的权力一般通过横向结构和纵向结构来实现。从横向结构看，它包括立法、行政和司法三大块。立法机关的管理权利具有两重性，一方面是传达民意，即将社会的要求和支持带进机关；另一方面则代表政府，是政府机关的一部分，直接参与对人民群众的支配和管理活动。在我国，立法机关是指各级人民代表大会及其常委会。行政机关专司管理之职，国家政权对于社会的协调、控制和管理主要通过它来实现。我国的行政机关主要是国务院和地方各级人民政府。司法机关作为政府自身之间的制约力量，主要活动包括直接参与行政权力对于人民群众的强制性支配。司法机关在我国主要指人民检察院和人民法院。

从纵向结构看，它包括从中央到地方、从高层到基层的组合方式及其相互关系。就宏观意义而言，这种结构就是我们通常所说的国家结构形式，也就是中央和地方的关系。当然，政府的权力还可以通过其他的方式来实现。但是，不管通过哪种方式实现对国家的管理，新闻活动都不能妨碍这种权力的行使。

政府在国家管理和社会发展中具有十分重要的作用。新闻活动绝不能干预法律赋予政府的权力。西方在资产阶级革命后，实行自由的市场经济，在对新闻行业的管理上也采取了这样的策略。由于政府在政治上保证自由，对新闻业的干预较少，这为媒介的独立地位提供了制度性保障。自由资本主义遵循的是“物竞天择，适者生存”的自然淘汰法则，所以，新闻业之间的竞争也遵循了这样的自然法则，结果原本是“公共事业”的新闻业也难逃商业利益的诱惑。媒体打着“公共服务”的旗号，滥用新闻自由，这导致了19世纪末西方的“黄色新闻”泛滥；此外，自然淘汰法则在新闻业导致的直接后果是新闻媒介的集中垄断现象加强，媒体高度集中，不仅遏制了思想言论的自由流动，还形成了一股明显的反民主的力量。联合媒体越富有，影响力越大，参与性民主的前景就越黯淡。在这种情况下，一些有良知的新闻媒介和新闻从业人员自觉地担负起了社会责任，通过新闻自律，履行起新闻媒介和新闻记者对政府监督的职责。

在我国，新闻媒介和新闻记者与政府在根本利益上是一致的，某些局部利益的不一致是可以通过调整达到一致的。但是，为了避免一些局部利益的不一致和矛盾造成不必要的损失，我们还是需要通过立法手段，将这些义务确定下来。

三、公民和法人的权利与义务

公民和法人是最普遍的权利和义务的主体。国家只有保证了公民和法人权利的实现，才能说是民主的法治国家。所谓权利，是指公民依法享有的权益，它表现为享有权利的公民有权作出一定的行为和要求他人作出相应的行为。所谓义务，是指公民依法应当履行的某种责任，它表现为负有义务的公民必须作出一定的行为或禁止作出一定的行为。权利和义务，作为法律关系是同时产生而又相对应存在的。任何人在法律上既是权利的主体，又是义务的主体，既平等地享有权利，又平等地履行义务。只享有权利不履行义务，或只履行义务不享有权利，在法律上和事实上都是不存在的。公民享受权利需要条件，这个条件的实现要靠履行义务来创造，如果没有履行义务，那么权利就失去了它存在和实现的基础。我国公民的主要权利是由《中华人民共和国宪法》（以下简称《宪法》）所规定的。法人的权利除了在《宪法》中有基本的宪法原则加以规定，还有专门的法律如《中华人民共和国公司法》等加以确定。法人的这些权利和公民的权利一样，是受到法律保护的。公民和法人在新闻传播活动中享有如下一些权利。

首先，公民和法人有社会信息的“知晓权”。知晓权作为民众享有的通过新闻媒介了解其政府工作情况的法定权利，是公民行使一切民主自由权利的基本前提。没有知晓权，公民的言论自由权、选举权、参政权，都将成为一句空话。知晓，即获得社会公共信息资料，是行使言论自由权的客观基础，否则即使允许人说话，也“无话可说”。知晓权也是实现平等权利的基础，尽管物质财富占有的不平等是社会分化的一种根源，但在信息化社会中，由于信息已经成为比物资和能源更为重要的资源，知识与信息对权力和财富的作用日渐明显，愈见重要。因而人们会由于接触信息的广度、频度以及理解能力、应用能力的差异，发生新的阶层分化。从而进一步导致政治上的不平等。如果将知晓权规定为社会成员的一项普遍权利，由政府承担积极提供信息并帮助指导那些利用信息低能者的义务，就可以防止新的社会分化，或者使这种分化得以减少，以利于实现社会平等。

其次，公民和法人有使用新闻媒介的权利。接近使用媒介权的概念主要指作为信息的接收者、利用者的公民有权接近和利用大众传播媒介表达自己的主张、意见，有权要求大众媒介刊登或播放其意见、广告、声明、反驳等，有权要求大众媒介传播自己想要的有关信息。所以，接近权概念的提出，有助于保障一般公民的自由表达权利，并有助于提高受众有效利用媒介手段和信息来表达自身意见的意识。尤其在民主社会中，有关公共问题的讨论，更应该允许人们“不受限制、强而有力、完全开放地讨论，方能提供给人民较多之资讯，从而使人民在参与民主政治程序时，作出比较正确的政治决定，而有助于民主政治之健全”。主张应赋予一般人民接近使用媒介权者认为，在现今社会中，公众讨论的最佳平台就是大众传媒。因此，赋予一般人民接近使用媒介权，能增加言论市场中意见的多样性，提升讨论的品质。接近使用媒介权是现代社会中公民实现民主政治参与的最重要、最主要的途径。所以，接近使用媒介权的保证，让民众有接近传播媒介的机会，并进而促成各种不同意见得以透过媒介的版面或频道公开传播，做到“一个世界，多种声音”。

再次，公民和法人有保护自己隐私、名誉、肖像的权利。在新闻活动中，新闻媒介和新闻记者须臾离不开和公民、法人产生联系。特别是社会主义市场经济新体制在我国全面推行以及新闻改革不断深化的新形势下，社会新闻已成为各新闻媒介和新闻记者竞相关注的焦点，也是新闻媒介争取受众的重要手段之一，因此，需要特别强调对公民和法人权利的保护，自由的新闻活动绝不可能侵害公民的权利（如侵害名誉权）或法人的名誉（如影响法人的商业信誉）等。

民众的知晓权与社会公众人物的隐私保护的冲突可谓当前的一个社会热潮。我们知道，社会公众人物，包括著名科学家、艺术家、影视明星、体育明星、著名企业家、社会活动家、劳动模范、罪犯、犯罪嫌疑人等，主要是通过大众传媒而广为人知的，他们总是人们关注的焦点，也是各种采访报道追踪的目标。因而，其隐私权遭到侵犯的概率也就远远高于普通公民，而出于人的探究本性，普通公民又往往感兴趣于被大众传媒采访和报道的公众人物。这样，社会公众人物的隐私权与普通公民的知情权就不可避免地存在着冲突。尤其是在大众传媒竞争日益激烈的今天，为了吸引公众注意和满足公众对社会知晓权的需求，传媒通常会通过大量的独家新闻来引起较大的社会轰动效应。然而，这些报道与采访，稍不注意就可能侵犯社会公众人物的隐私权。1997 年英国的戴安娜王妃事件就很好地说明了这个问题。[1]

最后，在新闻传播活动中，公民和法人必须承担相应的义务，主要表现为其在行使自己权利的同时，不得妨碍和干预新闻活动。公民和法人的言行不应妨碍新闻活动的开展，不能影响新闻自由的实施。宪法和法律明确规定了公民和法人所享有的权利和自由，但这种权利和自由不应当成为他们干涉新闻活动的理由。公民妨碍新闻活动的行为是多种多样的，一是直接干预和粗暴抵制，二是无理缠讼，三是向新闻单位提供虚假的新闻信息，使新闻的真实性受到损害。凡此种种，都构成了对新闻活动的干扰。

思考题

1. 如何理解法律关系的本质是责、权、利的平衡？
2. 新闻法律关系的具体内容是什么？
3. 新闻法律关系的主体是什么？具体分析其内容构成。
4. 新闻法律关系的客体是什么？具体分析其内容构成。
5. 联系一起具体的新闻法律案件，来分析其中新闻法律关系的冲突与保护。

阅读书目

1. 顾理平 . 新闻法学 [M]. 北京：中国广播电视出版社，2005.
2. 黄瑚 . 新闻法规与职业道德 [M]. 上海：复旦大学出版社，2006.

[1] 王怀勇 . 论知晓权与隐私权的平衡 [J]. 长江师范学院学报，2008(3).

第六章
记者的权利与义务

本章要点

第一节　新闻记者的宪法权利和宪法义务
第二节　新闻记者的社会权利和社会义务
第三节　新闻记者的职业权利和职业义务
第四节　新闻记者的个体权利和个体义务

新闻传播是当代生活中一项重要的社会活动，新闻单位和新闻记者通过采访报道推动着社会的文明、进步和发展，维护着社会的公正与和谐。作为一项社会活动，新闻传播一定要在法律允许的范围内进行。和其他职业一样，新闻记者的权利和义务与他们的职业特征密切相关，所以我们要在现有法制和社会背景下把握记者的职业权利和职业义务，并在具体的工作环境和工作流程中把握记者的个体权利和义务。

记者权利的享有和义务的履行代表着整个社会的文明程度，也塑造着媒体的职业形象，所以在新闻实践中，记者不仅要依照法律规定、社会习惯和职业特征享有自己的权利，还要坚决地依照法律规章的条款履行应尽的义务。

第一节　新闻记者的宪法权利和宪法义务

记者工作是一种社会工作，涉及社会的方方面面、里里外外，因此需要社会和法律为其划定清晰的权利、义务界限。

一、什么是记者的宪法权利和宪法义务

宪法是我国的根本大法，我们要探讨记者的权利和义务，首先要从宪法中援引。《中华人民共和国宪法》（以下简称《宪法》）中和新闻记者的权利义务密切相关的条文有如下几条：

第二十二条第一款　国家发展为人民服务、为社会主义服务的文学艺术事业、新闻广播电视事业、出版发行事业、图书馆博物馆文化馆和其他文化事业，开展群众性的文化活动。

第三十五条　中华人民共和国公民有言论、出版、集会、结社、游行、示威的自由。

第三十八条　中华人民共和国公民的人格尊严不受侵犯。禁止用任何方法对公民进行侮辱、诽谤和诬告陷害。

第四十条　中华人民共和国公民的通信自由和通信秘密受法律的保护。除因国家安全或者追查刑事犯罪的需要，由公安机关或者检察机关依照法律规定的程序对通信进行检查外，任何组织或者个人不得以任何理由侵犯公民的通信自由和通信秘密。

第四十一条　中华人民共和国公民对于任何国家机关和国家工作人员，有提出批评和建议的权利；对于任何国家机关和国家工作人员的违法失职行为，有向有关国家机关提出申诉、控告或者检举的权利，但是不得捏造或者歪曲事实进行诬告陷害。

对于公民的申诉、控告或者检举，有关国家机关必须查清事实，负责处理。任何人不得压制和打击报复。

由于国家机关和国家工作人员侵犯公民权利而受到损失的人，有依照法律规定取得赔偿的权利。

第四十七条　中华人民共和国公民有进行科学研究、文学艺术创作和其他文化活动的自由。国家对于从事教育、科学、技术、文学、艺术和其他文化事业的公民的有益于人民的创造性工作，给以鼓励和帮助。

第五十一条　中华人民共和国公民在行使自由和权利的时候，不得损害国家的、社会

的、集体的利益和其他公民的合法的自由和权利。

上述规定和条款，都是宪法给予记者的权利，也是宪法赋予记者的义务。

二、记者有哪些具体的权利和义务

根据《宪法》的这些规定，我们可以推导和引申出几项记者应该享有的权利和应该承担的义务。

1. 通过传递信息实现为人民服务的权利和义务

《宪法》第二十二条第一款规定："国家发展为人民服务、为社会主义服务的文学艺术事业、新闻广播电视事业、出版发行事业、图书馆博物馆文化馆和其他文化事业，开展群众性的文化活动。"从中可以看出为人民服务和为社会主义服务既是新闻记者的权利，也是新闻记者的义务。

我国媒体的功能在很长一段时期内被定位为党和政府的"喉舌"，它是为党和政府的宣传工作服务的，并且在特定的历史时期中，新闻媒体还成了单纯的阶级斗争的工具。随着历史的发展和社会的进步，人们开始意识到：新闻媒体不仅是党和政府的"喉舌"，也是人民群众的"喉舌"，要反映人民的生活、呼声和要求，这也正是党的要求和新闻工作的传统，二者是一致的，并不冲突，都统一于建设社会主义的伟大实践中。为人民服务，为社会主义服务，这是新闻媒体和新闻记者受宪法保护的权利，也是他们的义务，这个结论我们也可以从《宪法》中找到论据和印证。

当今中国，市场经济体制的建立和完善、现代化国家的建设和推进是中心工作，它既符合人民群众的利益，也是我国建设社会主义的目标。新闻记者通过新闻采访活动，可以了解党和政府管理国家的指导思想，了解广大人民群众的要求愿望，通过媒体充分传递信息，就可以有效地实现为人民服务、建设社会主义的目的。

新闻媒体通过记者的劳动传递各行各业、各个方面的信息，以影响社会生活。从实际效果看，媒体信息可以引导社会舆论的形成和发展，对社会生活影响重大，正确的舆论能够激发人民群众建设社会主义的豪情壮志，而错误的舆论则会扰乱民心、阻碍国家建设。两方面的事例都要求广大新闻工作者要始终正确使用手中的权力，也要意识到自己肩头的责任。而记者行使权利和履行义务的根本办法就是真实地报道新闻。

案例：海达尔佐达·阿克马尔是来自塔吉克斯坦扎洪纳莫电视台的俄语新闻编辑，他向今日头条记者介绍道："我所供职的电视台属于政府媒体机构，以3种语言进行广播和直播，分别是塔吉克语、俄语和英语，并通过卫星信号向全世界广播。我们主要是新闻播报，也有文化、人文、政治、教育等频道。电视台于2008年11月正式开播，还很年轻。"他正在参加由中国公共外交协会设立的中国国际新闻交流中心上海合作组织分中心记者培训项目，来自上合组织成员国和观察员国的12名记者在中国参加为期3个月的培训。"作为媒体工作者，首要宗旨就是要传递真实可信的信息。上合组织成员国参会媒体的报道都应当是真实可信的。我们应该将我们国家的社会、经济等领域的发展以及举办的各类活动，客观地报道给全世界。”阿克马尔说。[1]

2. 通过言论揭示新闻人物和新闻事件的意义

按照《宪法》规定，我国公民享有言论、出版自由，这项权利的主要内容包括：充分表达思想和见解的权利；表现的形式内容不受非法干涉；言论出版自由要在法律允许的范围内享受。新闻记者作为中华人民共和国公民的特殊群体，和这项权利的关系尤其密切。

《宪法》第三十五条规定的这项权利的内容主要包括：①公民有权通过新闻媒体获得和传播国内外信息，参与国家政治生活和社会生活；②公民有权通过新闻媒体对国家重大事务、国家机关及其工作人员实行监督；③尊重和保护新闻记者采访、报道和反映真实情况的权利；④公民有权获取知识，参加娱乐，满足文化生活的需要。

当前我们的社会生活正处于变革期，纷繁复杂、瞬息万变。很多新事物、新情况、新现象、新问题接连不断地出现在人民群众面前，让他们目不暇接、不知所措。媒体和记者不仅要搜集、传播各种新闻事件和社会现象，还要注意深度挖掘这些新闻事件和社会现象背后隐藏着的深刻意义，让受众不仅知其然，还要知其所以然，理智面对社会生活，坚定社会主义建设信心。

3. 实施舆论监督和保护当事人人格权利

《宪法》第四十一条规定了中华人民共和国公民对于任何国家机关和国家工作人员都有提出批评和建议的权利，虽然没有明确提出“舆论监督权”，但我们认为这项权利已经隐含在这一规定之中了。舆论监督是对社会权力尤其是政府权力的一种有效制约，它能起到其他监督形式难以起到的作用。民间盛传的“不怕通报，就怕见报”就是对这种监督作用的最好诠释。所以，记者要“铁肩担道义”，要勇于行使这项宪法权利。不过《宪法》第四十一条同样规定了公民在行使这项权利的时候“不得捏造或者歪曲事实进行诬告陷害”。这就保证宪法在肯定公民行使舆论监督权利的同时，也对被监督者的公民权利进行了保障。所以，在行使舆论监督权利的同时，记者也要注意承担义务——不要侵害监督对象的合法的人格权利。目前在舆论监督的过程中，媒体的做法确实存在着一些失范现象。

案例：2013 年 4 月，《京华时报》创造了“一家媒体批评一个企业”的纪录，持续 28 天以连续 67 个版面、76 篇报道，称农夫山泉“标准不如自来水”，引发了不少市民对饮用水问题的强烈担忧。2013 年 5 月 6 日，北京市质监局介入调查，农夫山泉桶装水因标准问题停产。同日，农夫山泉宣布已经向北京市第二中级人民法院提起诉讼，要求《京华时报》赔偿名誉权损失 6,000 万元。2013 年 11 月 4 日，农夫山泉在其官方微博称，《京华时报》如此罕见地攻击农夫山泉，具有明显的预谋和组织性质，是对农夫山泉实行舆论暴力，已派员上京举报《京华时报》。此案一拖四年多，最后于 2017 年 6 月 21 日以农夫山泉撤诉而告终，但双方都付出了巨大的代价。[2]

在舆论监督过程中，记者一定要挑选恰当的报道时机，准确披露新闻事实，选择平视

[1] 王翔 . 塔吉克斯坦记者：向世界传递真实可信的信息 [EB/OL].(2018-05-31)[2019-11-17].https：//www.toutiao.com/a6561642023038747139/.

[2] 资料来源：百度百科“农夫山泉标准门事件”，https://baike.so.com/doc/8660180-8981654.html。

角度，客观报道，还原事件本来面目和人物的本性。千万不要刻意煽情，披露过于详细的材料，甚至超越法律底线，侵害监督对象的隐私权；也不要夸大监督对象的罪错，或者在报道中使用侮辱性的语言，对报道对象武断定性，甚至实施媒体审判，侵害他人的名誉权。

在自媒体环境下，除了个人空间、信息等，隐私权可以扩展到个人账号、网络访问记录、私密信息等。在网络上私自曝光他人隐私，以获取粉丝关注，是自媒体新闻侵犯隐私权最主要的表现。以微博用户卓伟为例，和他相关的微博大号有“中国第一狗仔卓伟”“星探卓伟”等，他在经营这些账号期间，利用爆料知名明星的隐私来吸引眼球。微博上相继产生的各种爆料大号发布的新闻内容造成越来越多的负面影响，已经侵犯了他人的包含隐私权在内的多项权利。2017 年 6 月，微博为了遏制这种风气，依法将包括“中国第一狗仔卓伟”“全民星探”等在内的一大批违规微博大号关闭，这也说明在自媒体平台上，个人隐私应当被保护，未征得他人同意而曝光其隐私，属于自媒体新闻侵权的一种表现形式。[1]

作为舆论监督的主体，记者首先要提高对自身的要求，工作扎实、作风严谨、素质过硬，既有效维护社会正义，又不滥用监督权利，既充分揭露社会丑恶现象，又严格遵照有关法律规定，这样才能从根本上树立新闻媒体的公信力，保证舆论监督的顺利实行。

4. 记者要全面辩证地理解宪法权利和义务

（1）辩证地看待《宪法》赋予的各项权利

我国的新闻事业是党领导下的社会主义事业的重要组成部分，记者必须要坚持为人民服务、为社会主义服务的宗旨，这是《宪法》确立的发展方向。在新闻传播活动中，记者一定要遵守宪法和法律规定，不得发表损害国家利益和社会稳定的言论，也不得以舆论监督为名发表妨碍司法公正和有损公民人格权利的报道。媒体一定要从维护国家稳定、推动社会发展的角度出发，积极有效地开展新闻工作。这样做，是为了从根本上保证新闻记者的各项权利得到确认和实行。如果记者在新闻活动中对国家、社会和其他公民的利益产生损害，最终伤害的也只能是记者自身的权利。

（2）严格地履行《宪法》规定的各项义务

任何权力都需要制约，没有制约的权力必然会导致腐败，新闻记者如果把自身享有的各项权利转化为权力，也要受到制约，不能例外。

记者首先需要注意的是不得利用媒体歪曲事实进行诬告陷害。目前，媒体普遍注意打造自己的公信力，在发布新闻报道之前都会对基本事实进行核实，主观故意歪曲事实进行诬告陷害，以引起受众注意或达到自己特定目的的事例非常少见，因为媒体意识到，这种做法无异于饮鸩止渴，自掘坟墓。

但是，由于社会生活的复杂性、新闻工作的特殊性，媒体报道出现问题的事件还是屡有发生。有些是报道中内容失实或出现了侮辱性言辞，造成了新闻侵权。虽然记者都不存在主观故意，但还是因为采访作风不深入，或片面强调新闻报道的新奇和刺激，在行文和措辞上出现了侵权现象。

---

[1] 贺平 . 自媒体平台新闻侵权行为表现及监管方式——以微博大号为例 [J]. 新闻战线，2018(2).

案例：微博账号“知乎大神”的营销号自 2015 年起，以文字、截图等形式转载知乎网站的回答和文章，积累了超过 500 万的粉丝，由此产生的利益不可忽视。但“知乎大神”存在严重侵犯他人著作权的情况，在多次投诉、沟通无果的情况下，为保护自己平台作者的著作权，知乎召集被侵权的原创作者，在获得了内容作品权利人亲笔签署的版权维护授权书后，正式以“侵害作品信息网络传播纠纷”为由对“知乎大神”等一系列微博大号提起版权诉讼。[1]

第二节　新闻记者的社会权利和社会义务

新闻传播是一项重要的社会活动，要全面考虑记者的权利和义务，还要对融入社会的大背景进行分析。

一、保障知情权利

知情权又被称为“了解权”或“知悉权”，指的是记者可以自由地从官方或非官方渠道获知有关情况的权利，有时特指知悉官方有关情况的权利。知情权包括接收信息的权利和寻求获取信息的权利，还包括寻求获取信息而不受公权力妨碍与干涉的权利，以及向国家机关请求公开有关信息的权利。

通过对记者知情权的满足，可以有效地保障公民享有知情权，使人民群众有机会充分获取对个人而言至关重要的各种信息，在一定程度上也可以说是公民其他基本权利得以实现的基础。知情权虽然具有私人目的性，但这一基本权利的重点还在于公共事务、公共领域。现代民主社会必须确保公民能够接触并获得所有的尤其是政府管理方面的信息。不仅民众说的自由，就连民众听的自由、知的自由、反对的自由都应受到完全的保障。在这个前提下，加强对知情权的保障具有现实的意义。2003 年“非典”事件就给了我们很大的启示，2003 年初春时节，广东某地出现“非典”疫情，新闻媒体虽然已经发现这一情况并加以报道，但由于受诸多外来因素的影响而使相关报道在不久后即销声匿迹。另外，知情权还必须具有请求权的性质，必须是一种积极主动地寻求获取信息、要求有关部门公开信息的权利。

20 世纪 90 年代以来，建立信息公开制度，保障公民的知情权，已经成为现代民主发展的一个新趋势。世界上几十个国家都制定了信息公开法，规定除了涉及国家秘密和个人隐私的信息，任何人都可以查阅政府信息。如果向政府请求获取信息被拒绝，可以请求司法救济。

在这样的国际环境下，我国也从 1980 年开始启动信息公开化进程。2003 年 1 月 1 日，我国第一部相关的地方性法规《广州市政府信息公开规定》生效，这是一个很好的开端，但要实现知情权的法律保障制度，还必须要求实现特别法与一般法、中央立法与地方立法之间的配套，从而建立完善的知情权保护法律体系。

目前，受众知情权的保障程度越来越成为社会文明程度的一个重要标志，也是保障公

[1] 贺平 . 自媒体平台新闻侵权行为表现及监管方式——以微博大号为例 [J]. 新闻战线，2018(2).

民各项基本权利顺利实施的前提和基础。政府信息公开和满足公民的知情权，不是政府的施恩，而是一种现代社会的必然，是政治文明的重要和必要的组成部分。

通过记者的工作，使公众知情权得到满足，是我们努力的最终目标，由于社会生活、社会制度的具体限制，公众知情权只有通过记者的知情权来满足。2004 年 7 月，《深圳市预防职务犯罪条例（草案）》第四稿完成，新闻记者在宣传和报道工作过程中依法享有知情权被纳入其中。该条例第二十条规定："……新闻记者在宣传和报道预防职务犯罪工作过程中依法享有知情权、合理怀疑权、批评建议权和人身安全保障权。"这是一个好的开端。然而在实际工作中，许多情况还不尽如人意。

当然，新闻记者知情权的满足也有一个限度，那就是受众知情权的界限——受众可以什么时候了解哪些信息，记者也就能够在什么时候了解哪些信息，记者的知情权要被严格限定在这个范围之内。各国法律一般都规定，下列情报资料不属于知情权的对象范围：①因涉及国防、军事、外交而需要保密的情报资料；②政府机关内部人事制度和工作制度的情报资料；③影响执法和公共安全的情报资料；④机密性的金融情报、商业秘密等。在知情权问题上，记者没有任何特权。

二、推动社会进步

新闻媒体和新闻记者是社会生活一股重要的推动力量，具有特别的影响力。这种影响力是通过媒体和记者在长期实践中潜移默化形成的。新闻媒体通过影响社会公众的道德评价体系最终实现对社会生活的影响。正因为如此，世界各国的政党和政府都十分重视媒体的作用，希望它能够在社会进步过程中起到有效的推动作用。面对社会生活和人民群众，新闻记者首先要详尽而公正地讲述新闻事件，以期影响受众并最终影响社会生活。

1. 把握正确舆论导向

"以正确的舆论引导人"是我国新闻媒体和新闻记者的一项主要社会义务。它包含两层含义：第一，新闻记者必须努力发现社会的美好，振奋民族精神，推动社会进步；第二，新闻记者必须认真履行好舆论监督的社会义务，不断抨击社会丑恶，以求通过社会舆论的力量净化社会风气。要想履行好这两项义务，新闻记者首先要努力培养新闻敏感，密切关注现实生活，努力发现真善美，积极进行新闻宣传，以激励社会大众，形成勇往直前的向心力；其次要时刻关注社会生活中的丑恶现象，并进行揭露和批评。舆论监督不仅是一项宪法权利，同时也是社会生活赋予新闻媒体和记者的神圣职责。虽然我们的社会主流是好的，但是丑恶现象并未彻底绝迹。记者针对它们发表批评性报道，其实也是从另外一个方面进行舆论引导。

社会的有序进行和健康发展需要各种社会力量的合力推进，当前进方向出现偏差的时候，就需要媒体进行纠正，通过进行正面宣传和发表批评报道将社会发展引向正确的轨道上来。

2. 体现鲜明爱憎感情

新闻报道对于社会生活的影响巨大而深刻，所以新闻记者一定要热爱生活，要对生活充满感情。内心没有激情的记者不会是一个优秀的记者。面对真善美，记者一定要努力宣传，尽情讴歌，为人民群众树立榜样；而对于假恶丑，记者也一定要疾恶如仇、无情揭露。但是，内心的激情和强烈的爱憎绝对不能表现为写作过程的不客观、不冷静。一旦进入写作过程，记者要随时提醒自己本着客观的标准如实叙述，要坚持反映客观事实，努力还原事实真相，不能用激情代替理智，否则可能会适得其反，干扰社会的正常运转。

另外，在进行正面宣传的时候，要注意以满足受众需求为目的。在进行批评报道的时候，也要注意受众的承受能力，不能为了突出报道对象的丑恶，特意大量选用刺激性极强的细节进行描述或展示。例如2011年10月21日，利比亚前领导人卡扎菲被击毙的消息成为全球各大报纸的头版头条，许多媒体都展示了卡扎菲血肉模糊的照片和视频，虽然新闻图片给了读者巨大的视觉冲击力，但却也遭到了读者的批评和质疑。读者认为新闻媒体在追求视觉效果的同时，丧失了媒体应有的人文关怀和对死者的尊重，甚至有人评论说，从这些报纸中隐隐可以看到一种暴力的狂欢心态。与此相比，德国主流媒体报纸的处理却展示出良好的职业素养和人文情怀，不仅很少使用卡扎菲被俘获后死亡的照片，甚至没有直接使用卡扎菲任何照片，只是间接地使用了墙上被污染的卡扎菲画像和肖像照。此外有些节目详尽展示了造假流程，这样固然可以满足受众的猎奇心理，但同时也难免会有些不法商贩依法炮制，形成新的造假窝点。

第三节　新闻记者的职业权利和职业义务

社会生活由多种职业构成，每项职业的从业人员都要恪守自己的职责，才能实现社会进步的目标。记者作为一种特殊的职业，也应该享有相应的职业权利，承担相应的职业义务。

一、享有著作的权利与确保新闻真实的义务

新闻工作者天天和文字打交道，以智力劳动为职业特征，著作权是和新闻工作者联系最为紧密的权利之一。在现实生活中，新闻工作者经常会和他人发生著作权纠纷，有的是因为记者在采写报道时侵犯了他人的著作权，有的是别人在使用记者的新闻作品时侵犯了记者的著作权。著作权分为人身权和财产权两部分。人身权又叫精神权利，包括发表权、署名权、修改权和保护作品完整权。财产权又叫经济权利，包括使用权和获得报酬权。

《中华人民共和国著作权法》规定："中国公民、法人或者其他组织的作品，不论是否发表，依照本法享有著作权。"《中华人民共和国著作权法实施条例》第二条规定："著作权法所称作品，是指文学、艺术和科学领域内具有独创性并能以某种有形形式复制的智力成果。"除"时事新闻"之外，新闻记者的所有新闻作品都享有著作权，不管是否发表都会受到著作权法的保护。即使是"时事新闻"，发表之后新闻记者仍然会得到"一次性的"稿酬，并享有署名权。

在享有著作权的同时，一定要注意维护新闻的真实性，这是新闻记者义不容辞的职业义务。真实是新闻的生命，这在新闻界内外已经达成了广泛的共识。无论是无产阶级新闻观还是资产阶级新闻观，都主张新闻要真实。马克思认为，新闻报道不能根据希望来描写

事实，而要根据事实来描写事实。毛泽东主张新闻要讲真话，要如实报道战果、成绩和灾情。我国最早的新闻学专著——徐宝璜的《新闻学》说道："新闻须为事实，此理极明，无待解释，故凡凭空杜撰、闭门捏造之消息，均非新闻。"

坚持新闻的真实性对于规避新闻官司意义重大。纵观近年来的新闻纠纷和新闻诉讼，报道失实是新闻侵权的主要原因。

案例：2005年2月4日，清华大学管理学院在读博士生董秀海因老家建房问题与邻居马开亮发生了纠纷并恶化为群殴事件，纠缠中马开亮重伤致死。当日董家兄弟四人被缙云县公安局刑事拘留，经过7个月的羁押、调查，他们被无罪释放。当地记者毛某、金某在证实了董某已被刑事拘留后，即发表了报道《谁挡我建房我叫谁死，清华博士卷入缙云山村命案》，基本客观地反映了当时案件所处特定阶段的进展情况，但在文中使用了"博士杀人缘于邻里纠纷"等小标题。董秀海认为该报纸歪曲事实，损害了自己的名誉权，事后将该报纸告上法庭，2008年法院判决浙江青年时报社在其所有网站上登载致歉声明，向董秀海赔礼道歉，消除影响，恢复名誉；判决浙江青年时报社向董秀海赔偿精神抚慰金3万元及各项经济损失7千余元，并由被告承担案件诉讼费用。

在此次事件中，尽管新闻报道的事实基本是客观存在的，但是由于记者未进行深入的调查就妄下结论导致新闻部分失实，最终导致新闻侵权的出现。由此我们不难看出，严格保证新闻真实性在避免新闻侵权过程中的重要作用。由于媒体行业的超常发展，媒体之间竞争加剧，有些媒体为了吸引受众，不惜以伤害新闻的真实性为代价。不少没有经过新闻专业训练的人员进入记者行列，他们法律意识淡薄，采访又不深入，发表了一批介于新闻和文学作品之间的所谓纪实文学，在社会上造成了不良影响。

新闻必须真实，但不等于不加分析、不予取舍地有闻必录。正确把握新闻的真实性，关键在于以马克思主义的立场、观点和方法，对事件进行深入的调查研究和科学的分析选择，保证报道的真实性，并在此基础上保证正确的舆论导向。在重大社会事件、社会风潮或社会动乱发生的情况下，新闻媒介尤其要进行科学分析，准确把握广大人民群众的真实态度，才能做到真正为人民说话。离开了科学的分析，新闻舆论就难以反映事物的性质，也就谈不上新闻的真实性。

二、拥有发表的权利与遵守党纪国法的义务

发表权实际上应该属于著作权的范畴，但是由于新闻活动的特殊性，所以有必要单独分析。

新闻记者有权利把自己采访到的素材整理成作品通过媒体发表。发表就是作品第一次公之于众，作品必须能够满足公众的合理需求，必须向足够多的不特定的多数人传播。

发表权是指作者享有发表或者不发表自己作品的权利，也就是作者有权决定是否把作品公之于众。首先，作者有权决定是否发表其作品。作品是作者劳动的结果，发表与否是个人的事情。其次，作者有权决定以什么形式发表作品。比如出版、广播、播映、展览等。对此，作者有权自主选择。最后，作者有权决定作品发表的时间。作者可以完成作品后立刻发表，也可以等待时机，在自己认为最合适的时机发表。

按照法律规定，对于记者的新闻作品，只要符合社会规范和媒体宗旨，任何党政部门

和社会组织都不得阻止其发表，否则就是对记者发表权的侵害。但是我们在社会生活中还是经常能遇到记者发表权受侵害的事例，比如2003年吵得沸沸扬扬的《南方周末》记者翟明磊辞职事件，就是因为发表权被任意剥夺而使矛盾激化的。

顾理平教授认为，如果新闻记者的发表权受到侵害，至少会造成三方面的消极后果：

第一，心理伤害，伤害了新闻记者工作的积极性。发表权是新闻记者的基本权利，也是新闻记者享有著作权的前提条件。如果新闻作品不是因为自己的原因而被无辜“枪毙”，势必会造成记者心理上的挫伤，并最终影响记者的工作热情。

第二，精神伤害，使新闻记者的劳动价值得不到承认。新闻作品的发表是新闻记者劳动价值体现的必不可少的环节。如果作品未能发表，社会、媒体和公众就不可能承认新闻记者的劳动价值，记者的工作就失去了社会意义，精神价值就无法体现。

第三，物质伤害，使新闻记者的劳动得不到相应的物质回报。目前，我国各家新闻机构大多将记者的工作报酬和他们的发稿量挂钩。这里的发稿量指的是记者公开发表的新闻稿件的数量，而不是实际写成的作品的数量。所以，如果禁止记者发表作品，实际上意味着取消了记者的物质回报权。

同时，我国《宪法》还规定了公民的劳动权，新闻记者撰写新闻作品并加以发表是其享受劳动权利的一种体现，对其发表权的剥夺在一定程度上也是对其劳动权的伤害。[1]

不过，记者的发表权也应该在法律规定和媒体宗旨允许的范围内行使。如果有正当的理由拒绝记者发表其作品，不算侵害记者的发表权。记者的发表权一定要在法律规定的范围内进行，这是针对记者作为媒体从业人员的职业特殊性作出的要求。记者在作品发表之前，一定要保证作品内容没有侵权、违法内容，一定保证完全符合民法典、刑法、未成年人保护法、妇女权益保障法、治安管理处罚法、著作权法等的相关规定。

不仅要遵守法律的规定，记者的发表权还要服从党的各项纪律和新闻政策的规定。如1987年7月18日由中共中央宣传部、中央对外宣传领导小组和新华通讯社联合发布的《关于改进新闻报道若干问题的意见》就规定了新闻要保守秘密；1997年1月15日由中共中央宣传部、广播电影电视部、新闻出版署和中华全国新闻工作者协会联合发布的《关于禁止有偿新闻的若干规定》也详细规定了新闻报道要远离经济利益；2003年3月28日由中共中央发布的《关于进一步改进会议和领导同志活动新闻报道的意见》规定：“新闻单位要坚持正确的舆论导向，大力宣传党的路线方针政策，多报道对工作有指导意义、群众关心的内容，力求做到准确、鲜明、生动，努力使新闻报道贴近实际、贴近群众、贴近生活，更好地为人民服务、为社会主义服务、为党和国家工作大局服务。”所有这些法律规章和党的政策，新闻记者都要严格遵守，因为它将决定新闻记者是否能够顺利地行使发表权。

三、行使舆论监督的权利与履行法定程序的义务

舆论监督也是新闻媒体和新闻记者享有的一项基本权利。舆论监督权可以从两个层面理解：宏观层面上，它指的是公众在了解社会情况的基础上，通过新闻媒体表达舆论、影响决策，可以在《宪法》第四十一条中找到直接的渊源；微观层面上，它指的是新闻媒体

[1] 顾理平．新闻法学[M]．北京：中国广播电视出版社，1999：108.

对社会不良事件、人物、现象和风气进行批评，以期补救改正，并对党政机关及其工作人员的违规、违法行为进行批评建议，其实施是由记者职业的特殊性决定的。

我们党和政府历来重视舆论监督。毛泽东就曾在报纸上开展批评，提出“开、好、管”的三字方针。开，就是要开展批评。不开展批评，害怕批评，压制批评，是不对的。好，就是开展得好。批评要正确，要对人民有利，不能乱批评。什么事应指名批评，什么事不应指名，要经过研究。管，就是要把这件事管起来。党委不管，批评就开展不起来，开也开不好。毛泽东的这些论述，同样指导着今天的舆论监督工作。

完善监督程序、建立健全监督机制，可以从以下几个方面考虑。

首先，法律程序。我国有关的新闻法规已经保障了新闻记者和媒体的合法权益不受侵害，同时舆论监督必须在宪法和法律允许的范围内进行，应该受到限制和制约：不允许利用舆论监督进行反对、颠覆社会主义国家制度，反对执政党领导的活动；不允许利用舆论监督损害国家的、社会的、集体的利益和其他公民合法的自由和权利；不允许利用舆论监督诽谤、诬陷他人；不允许利用舆论监督非法牟取经济利益，进行舆论误导。[1]

其次，道德程序。道德是以社会舆论、传统习惯的力量来调整人与社会之间的关系的，虽然没有强制性，但和法律相互配合、相互补充，也是社会生活必不可少的行为规范。新闻舆论监督不仅要遵循法律程序，还要遵循道德程序。

中华全国新闻工作者协会（简称中国记协）制定的《中国新闻工作者职业道德准则》，中央宣传部、广播电影电视部、新闻出版署和中华全国新闻工作者协会颁布的《关于禁止有偿新闻的若干规定》，对新闻道德程序作出了明确的规定，要求新闻单位采集、编辑、发表新闻，不得以任何形式收取费用；不得以任何名义向报道对象借用各种物品；不得收取各种礼金和在企业兼职领取报酬；不得以职务之便谋取个人私利；新闻报道与广告、赞助和经营活动严格区分等。为了便于社会广大民众的监督，中国记协还向社会发表了接受社会监督的公告，公布了举报电话和联系方式，接受广大受众的监督。[2]

再次，时间程序。时间程序说的是在舆论监督过程中如何对待新闻的时效性。新闻需要快速报道，舆论监督自然也不例外。及时发现、及时披露会增加舆论监督的力度，有利于推动问题的解决。而如果拖延时间，就可能会成为“马后炮”，失去舆论监督的作用，甚至会对社会造成损失。所以，舆论监督也要以最快的速度进行，不能有延误。

但是在社会生活中，情况往往比较复杂：问题存在，但是调查起来难度很大，需要一定的时间；问题存在，也基本调查清楚了，但是各方面关系比较复杂，需要谨慎协调；问题重大，贸然披露，可能会在社会生活中引起较大反响，甚至引起骚动或混乱，考虑到受众的心理承受能力，需要拉长报道战线，采用逐步深入的方式给受众一个缓冲期。这个时候，舆论监督报道就不能一味求“快”，而应该强调“适时”，该快则快，该慢则慢，宜抢则抢，宜压则压，一切从有利于推动问题解决的角度出发。

最后，角色程序。角色程序说的是在舆论监督中，媒体和记者扮演的角色位置。

案例：2015 年 6 月，《太原晚报》刊登了一组监督报道，主题是太原市场上“楼盘违规预售”。6 月 10 日其刊登了第一篇报道《这 5 家违规预售楼盘何以如此“任性”？》，

---

[2] 唐惠虎 . 舆论监督论 [M]. 武汉：湖北教育出版社，1999：145.

[2] 展江 . 舆论监督紫皮书 [M]. 广州：南方日报出版社，2004：130.

文章见报后，不仅引起了读者的广泛关注，同时也引起了市委、市政府以及房管部门的高度重视。副市长专门作出批示，要求将“违规预售”取缔到位。6月15日，第二篇题为《市领导要求取缔到位 房管局表示严肃查处》的追踪报道迅速见报，一时间民心大快。随后，记者再次跟进，相继就房地产市场违规预售存在的原因、查处的难度进行了纵深报道，连续刊发了《违规预售楼盘：问题的渊薮 市场的魔咒》《铲除违规预售，“工具”不太称手》，直到最后一篇《5家违规预售楼盘被悉数叫停》，一气呵成，社会反响非常好，该组报道获得当月太原日报社的社长特别奖。[1]

绝大部分媒体和记者在进行舆论监督的时候，都能履行好角色，把握好尺度，但是也有些记者因为各种原因，出现了角色错位。比如有时候会超越法律的界限，以居高临下的姿态干预司法活动和法律程序，甚至进行媒体审判；还有的时候会超越公民的界限，把自己当作人民的代言人，在报道中把自己的意见当成大众的意见广泛传播，而对相反的意见则不予认同，甚至全盘否定。某些记者的角色错位，会导致舆论监督的效果受到影响。[2]

第四节 新闻记者的个体权利和个体义务

新闻记者虽然隶属于某一个新闻单位，但是在具体的新闻活动中，记者总是单独进行采访报道活动。在生活和工作中，新闻记者也要享有个体权利，这些权利有些是作为普通公民享有的，还有些是和他从事的新闻工作的社会角色要求密切相关的。

一、作为一个普通公民的权利和义务

记者首先是以公民的身份出现在社会生活中的，他们享有法律规定的公民所有的权利。我国公民的基本权利和义务具有广泛性、真实性、平等性和一致性特征。只要是中华人民共和国公民，都可以自由平等现实地享有公民的各项基本权利，并履行相应的法定义务。

按照我国《宪法》的规定，中国公民可以享有以下基本权利：政治权利和自由，包括选举权、被选举权和言论、出版、集会、结社、游行、示威等政治自由；宗教信仰自由；人身自由；批评、建议、申诉、控告和检举的权利；社会经济权利，包括劳动权、休息权和物质帮助权、退休生活保障权；文化教育权利和自由；妇女权利和婚姻、家庭、儿童、老人受国家保护的权利；国家保护华侨、归侨和侨眷的正当权力。

中国公民必须履行的基本义务包括：维护国家统一和全国各民族团结；遵守宪法和法律，保守国家秘密，爱护公共财产，遵守劳动纪律，遵守公共秩序，尊重社会公德；维护祖国的安全、荣誉和利益；保卫祖国、依法服兵役和参加民兵组织；依法纳税。

作为公民，记者也要正确行使权利，自觉履行义务，权利的行使和义务的履行都应当符合社会利益。从新闻记者职业特点来说，他们对某些公民义务的履行应该更加坚决，因

---

[1] 资料来源：2015年9月29日，《论新闻舆论监督的重要性》，http://news.163.com/15/0929/09/B4M033PU00014Q4P.html。

[2] 展江．舆论监督紫皮书[M]. 广州：南方日报出版社，2004：131-135.

为他们接触社会的范围广，了解的信息多，对受众和社会生活的影响深远，因此，对公民义务的任何一点忽视，都可能会产生很大的负面影响。

现实生活中，有些新闻记者借口工作的特殊性，可能会拒绝履行作为一个公民的基本义务，这是对记者工作特殊性的错误理解，也是对法律尊严的蔑视。任何时候，记者都不能够借口工作特殊而无视义务的履行，对国家、社会、集体和他人的利益构成侵害。

二、作为记者的采访权和向公众传递信息的义务

记者工作确实存在一些特殊性，所以他们也应该享有一些特殊的权利，比如采访权。

新闻记者的职业特征就是搜集信息和传播信息，搜集信息是传播信息的前提，而采访权就是指记者可以自由搜集信息的权利。

从新闻媒体和记者的功能来看，记者应该通过媒体向公众提供如下服务：报道新闻事实，分析新闻背景，传播舆论观点，提供新闻知识，弘扬社会新风，批评社会丑恶。党的路线、方针、政策，记者要首先了解，才能使“上情”顺畅“下达”；而社会生活中的各种情况，记者也要先搜集，才能使“下情”有效“上达”。无论是上情下达，还是下情上达，都离不开记者采访权的行使。如果在记者搜集信息的过程中，有党政机关、社会组织或其他个人进行阻挠、干涉，那就是侵害了记者的采访权，最终侵害的是社会大众的知情权。因此，在所有权利中，采访权是记者开展工作的首要权利。为了保障记者工作的顺利开展，保证媒体事业的正常发展，任何组织、部门和个人都不能限制记者采访权的正当行使。只要没有妨碍公民、组织和部门的合法权益，记者的采访活动就不能被无理拒绝，也不能套用“无可奉告”等外交辞令来予以限制。

还需要说明的是，新闻记者的采访活动影响着媒体形象的塑造。媒体必须要依靠记者展开工作，而记者在采访活动中展示出来的价值取向、道德情操都对新闻媒体的社会形象产生着重要影响，可见，记者的人格魅力对于媒体来说，关系重大。

三、请求法律保护的权利和提供相关证据的义务

针对目前的法治环境和舆论监督环境，记者应该尽量寻找保护措施。一旦在采访中遭遇到了不公正待遇，权益受到侵害，要坚决运用法律武器，通过司法途径保护自身的合法权益。在我国司法实践中，实行的是“谁主张谁举证”的证据原则，因此，为了在新闻官司中占据主动地位，记者要注意保全相关证据，以备后用。

首先，书证。书证是舆论监督采访中注意收集的最主要的证据，记者的采访记录、书信、文件、票据、合同等都是书证。在采访活动中，只要可能就一定要留下文字记录，尤其是国家机关制作的各种文书，还有相关物证，或给物证留下的照片资料，都可以成为新闻纠纷中的有力证据。

其次，视听资料。视听资料是记者运用较多的也是比较有效的一种证据。但是在暗访偷拍时留下的视听资料要想成为有效证据，必须是“有其他证据佐证并以合法手段取得的、无疑点的视听资料或与视听资料核对无误的复制件”“对方当事人提出异议但没有足以反驳的相反证据，法院应确认其效力”。另外，随着信息时代的来临，电子证据的重要性越

来越显著，一般情况下，收集电子证据要“复制源代码并打印有关文档，有声音的还要播放声音”。

最后，证人证言。证人证言一般和记者采访时所作的书证是无法分开的。司法实践中，有三种人不能作为证人：不能正确表达意志的人；同一案件中的诉讼代理人；办理案件的审判人员、书记员、鉴定人员和检察人员。另外，记者在采访中最好不要“单兵作战”，以免无法找到证人。

思考题

1. 新闻记者的宪法权利和义务有哪些？
2. 新闻记者的社会权利和义务有哪些？
3. 新闻记者的职业权利和义务有哪些？
4. 为了全面维护记者合法权利，我们都进行了哪些努力？
5. 记者在采访活动中可以收集哪些证据？

阅读书目

1. 魏永征 . 新闻传播法教程 [M]. 北京：中国人民大学出版社，2002.
2. 施拉姆 . 报刊的四种理论 [M]. 中国人民大学新闻系，译 . 北京：新华出版社，1980.
3. 张隆栋 . 外国新闻事业史简编 [M]. 北京：中国人民大学出版社，1988.

第七章
舆论监督和新闻伤害

本章要点

第一节　舆论和舆论监督

第二节　我国舆论监督的历史发展

第三节　舆论监督是一种重要的权利

第四节　依法依规积极有效地开展监督

第五节　新闻侵权

舆论监督是净化社会的重要机制，但也容易造成新闻伤害，本章即以舆论监督和新闻伤害之间的关系为内容，进行必要的讨论。

第一节　舆论和舆论监督

舆论监督本质上是社会公众通过舆论的形式来表达对公共权力的运行情况和公共事务的处理情况的评价、判断和意见，舆论监督与舆论之间有着极为密切的关系。

一、什么是舆论

舆论观念有久远的历史。在欧洲，很早就有类似舆论的记载，但正式使用 public opinion 这个词却晚很多。18 世纪的伏尔泰称“舆论”是世界之王。卢梭在《社会契约论》一书中使用了舆论这个概念，并且认为“在全世界一切民族中，决定人民爱憎取舍的绝不是天性而是舆论”。在现代国家或国际生活中，舆论成为一个常用词。[1]

在古代汉语中，“舆”即“车、轿”，“舆人”即车夫和轿夫，后来引申为普通老百姓，“舆论”是“舆人之论”，也就是指普通老百姓的议论、意见。最早见于《三国志·魏·王朗传》：“设其傲狠，殊无人志，惧彼舆论之未畅者，并怀伊邑。”其后见于《梁书·武帝纪》：“行能臧否，或素定怀抱，或得之舆论。”[2] 但舆论也并不是许多人单个意见的简单累加和机械重复，而是经过了内部互动，扬弃了一些极端的个人意见之后整合而成的集合意见。舆论就是指通过传播再现社会集合意识的、具有权威性或影响力的众人的议论、意见。[3]

在当代社会，舆论有广义和狭义之分。广义的舆论指的是通过各种方式传播的众人的议论和意见。狭义的舆论特指新闻舆论，是指借用能产生广泛影响的大众媒体集合社会各界议论而形成的相对集中和统一的集合意见。

二、什么是舆论监督

舆论的本质是人民大众的意见，舆论监督的主体是人民大众。人民大众通过大众媒体表达自己的利益、愿望、意志、情绪，反映自己对职能部门、公务人员和社会生活的意见和批评，从而形成舆论，使其受到党和政府的重视和考虑，促成问题的解决，就是舆论监督。

舆论监督的本意是指人民群众对于各种权力组织及其工作人员，以及社会公众人物自由表达看法，从而对议论客体形成的一种客观的制约效果。这种监督是一种自在的、无形的精神力量，监督渠道多样，意见表达包括赞扬、批评两个方面。

舆论监督的工具是新闻媒介。报纸、电视台、电台以及互联网具有广泛的传播性，具

---

[1] 任贤良．舆论引导艺术：领导干部如何面对媒体 [M]. 北京：新华出版社，2010.

[2] 任贤良．舆论引导艺术：领导干部如何面对媒体 [M]. 北京：新华出版社，2010.

[3] 王强华，魏永征．舆论监督与新闻纠纷 [M]. 上海：复旦大学出版社，2000：24–25.

有迅速引导舆论的极强功能。批评报道、新闻时评通过媒介的传播形成舆论而起监督作用，因此，新闻媒介是新闻舆论监督的有效工具。进一步地说，只有通过新闻媒介的传播而形成的舆论监督才是新闻舆论监督，否则就不能算作新闻舆论监督。比如公民中或某一个社会群体中通过交流形成“众口一词”的舆论，是一般的社会舆论，而绝非新闻舆论。它与新闻媒介引导的舆论相比，一是正确性不够，权威性不够；二是传播速度不快，影响力不大；三是证据性不足，无追究力。[1]

在我国，通常所说的“舆论监督”和本来意义上的舆论监督差别很大。在传统媒体语境下，公众意见主要通过大众传播媒介这个渠道来表达。由于社会观念流通中批评又比赞扬更容易引起关注，因而人们常常把舆论等同于大众传播媒介的意见，赋予新闻界以“舆论界”之称，无形中自然存在的客观的舆论监督，变成了媒介监督，而且主要是指媒介的批评性报道。[2] 所以，大众传播媒介在形成和推动舆论发展方面起着重要作用，而且在对党政工作和社会生活中出现的问题可以及时予以批评和建议，“舆论监督”实际上指的是“新闻监督”。

但是“舆论监督”和“新闻监督”还存在着很大区别：舆论监督是指自然存在的公众集合意见造成的某种效果，而新闻监督在形成舆论、集合意见的过程中，很可能会带有媒介自身的主观意图，无法摆脱政治、经济、文化的影响和控制。大众传播媒介在理论上应该代表舆论，但是事实上能否代表舆论，就要具体情况具体分析了。

随着新兴媒体形态的出现，“舆论的主要载体发生了转移，从大众传媒转向了互联网”，意见表达的多元化平台为舆论监督的开展提供了新的方式。[3]

以互联网为代表的新媒体具有吸引公众及传统媒体关注和参与舆论监督进程、扩大舆论监督影响以及议程设置的作用，这不仅为公众直接参与舆论监督进程提供了开放、平权、廉价及易得的渠道与资讯供给，而且还充当了公众注意力聚焦和流动的载体或公共论坛。公众可以选择微博发文、贴吧发帖、新闻跟帖等形式发表自己的意见，来自社会各个阶层的观点和声音有了出口，以往媒体舆论并不能完全代表民意的状态也有所改变。

不仅如此，社会公众借助网络舆论声势浩大的优势促使传统媒体更加重视公众舆论监督需求，进而形成舆论监督合力。网络平台上公众的持续表达和群体注意力的持续聚焦，对以宣传为取向的党媒带来了直接的民意压力和间接的政治压力，对处于激烈竞争环境下的各类媒体造成了经济诱惑和市场压力，这有利于二者对网络等新兴媒体议题及时跟进报道和评论，从而推动议题的媒介间流动、影响力扩增及舆论监督致效。[4]

三、为什么要有舆论监督

舆论监督作为推动社会发展和民主建设的重要力量，在我国社会政治生活中扮演着重要的角色，发挥着重要的作用。

---

[1] 杨华 . 新闻舆论监督概念浅析 [J]. 新闻知识，2004(7).

[2] 展江 . 舆论监督紫皮书 [M]. 广州：南方日报出版社，2004：77.

[3] 黄旦 . 身份与角色的两难：中国的“报刊批评”和“舆论监督”[J]. 新闻学论集，2008（20）.

[4] 李永 . 新媒介语境下舆论监督本位回归：历程与方向 [J]. 现代传播 (中国传媒大学学报)，2018（1）.

1. 推动党和政府科学决策、正确执行

党和政府代表的是人民的根本利益，一切决策都是为人民服务的。人民对于事关自己根本利益的决策有权利发表意见、提出建议，而最便捷有效的渠道就是通过新闻媒介。所以，在决策过程中，新闻媒介要积极参与，对当局所决策的问题开展讨论，充分反映社会各阶层的意见，使政府决策更科学。在执行过程中，新闻媒介还要进行信息反馈，反映实践对决策的检验，使政策更加完善。另外，新闻媒介还要注意反映政策执行过程中出现的新情况、新问题，及时纠正偏差，促进政策落实。

2. 克服党和政府腐败行为和不正之风

反腐倡廉一直是近年来党和政府的重大举措，因为不受制约和监督的权力，必然会腐败变质。能否有效地制止腐败现象关系到党的生死存亡和中国特色社会主义事业的成败。这项工作需要新闻媒介大力发挥舆论监督的威力，调动人民群众积极参与。如果只在重大案件处理之后报道处理结果，只承担信息发布的作用，那就失去了舆论监督的意义，所以新闻媒介应该密切联系群众，主动发现问题，并且积极参与，以体现媒介强大的舆论监督功能。

3. 弘扬社会主义道德风尚

社会生活纷繁复杂，很多现象属于道德层面的问题，不违法、不犯罪，上升不到法律的高度进行解决，甚至连行政力量也无法干预。针对这些问题，就需要新闻媒介实施舆论监督发挥作用。舆论对于社会公众的思想、行为起到一定的约束、规范作用，经常对某些不道德行为进行曝光和谴责，久而久之就会对实施这些行为的人造成一定的舆论压力，逐步形成一种良好的社会风气，弘扬社会主义的道德风尚，推动社会的进步。

第二节　我国舆论监督的历史发展

在中国几千年封建专制社会中，“防民之口，甚于防川”的观念根深蒂固，不可能出现舆论监督的思想和制度。在近代，梁启超提出了有关“报馆监督”的主张。他在 1896 年发表的《敬告我同业诸君》一文中，提出报馆有两大天职，一是监督政府，二是向导国民。在这篇文章中，他还运用了“舆论”一词，他说：“舆论无形，而发挥之、代表之者，莫若报馆，虽谓报馆为人道之总监督可也。”虽然梁启超只提了报馆监督，但已经有了舆论监督的思想。[1]

邹韬奋是中国现代新闻史上最杰出的、成就最大的报刊业巨子之一。自 1926 年 10 月接办《生活》周刊开始，直到 1941 年 12 月 3 日香港《大众生活》停刊，他以自己的新闻实践对新闻舆论监督进行了深入的思考和探索，概括出了自己的舆论监督思想：立于大众立场；关注民众里面最苦的部分；着力培养大众的舆论监督素养；新闻媒体应该成为“正义的舆论机关”；新闻媒体“必须成为一切生产大众的集体作品”，成为人民大众的舆论

[1] 孙旭培 . 舆论监督的回顾与探讨 [J]. 传媒，2003（4）.

平台；新闻工作者要有崇高的职业理想。

中国共产党历来重视新闻舆论监督，在各个历史时期都通过文件、会议、党内工作条例等形式对新闻舆论监督作出相关规定，并在新闻实践中贯彻如一。它的第一张政治机关报《向导》从1921年创办之初就无情揭露了帝国主义和封建军阀的本质，热情宣传统一战线政策。1942年，中共中央、宣传部下达了《为改造党报的通知》，该通知明确指出："党报要成为战斗性很强的党报，就要有适当的正确的自我批评，表扬工作中的优点，批评工作中的错误，通过报纸来指导各方面的工作。"

1950年4月，中共中央发布了《关于在报纸刊物上展开批评和自我批评的决定》，规定了在报刊上开展批评和自我批评的原则、目的和具体方法，客观上为中华人民共和国成立后批评报道出现的第一个高潮奠定了基础。这一时期，批评报道开展得如何成为衡量一张报纸办得好坏的重要标准。

1954年7月，中共中央又通过《关于改进报纸工作的决议》，继续推动报纸充分开展批评与自我批评。该决议发表后，中央各地方局和省委纷纷作出改进本地区报纸工作、加强报纸批评的决定，提出具体改进措施，使批评报道收到了很好的效果。可惜的是，党的这项优良传统并没有顺畅地被保留下来。直到1980年，《工人日报》率先披露了"渤海二号"沉船事件，才又使批评报道重新显示出威力。1981年1月，中共中央作出《关于当前报刊新闻广播宣传方针的决定》，重申了1950年的"决定"和1954年的"决议"的精神，并增加了一项要求："批评要事先听取党的有关部门的意见和被批评者本人的意见。"

20世纪80年代中期，"舆论监督"一词已经开始取代"批评报道"而频繁见诸报端。1987年，党的十三大报告指出："要通过各种现代化的新闻和宣传工具，增加对政务和党务活动的报道，发挥舆论监督的作用，支持群众批评工作中的缺点错误，反对官僚主义，同各种不正之风作斗争。"这是"舆论监督"一词首次进入党的重要文件中，为新闻媒介开展舆论监督提供了政策上的依据，并成为党给予新闻业的重要任务。

1988年4月，中央办公厅转发了《新闻改革座谈会纪要》。纪要要求新闻媒体要正确开展批评，发挥舆论监督作用，并为1981年《关于当前报刊新闻广播宣传方针的决定》中关于"批评稿件要事先征询有关领导机关和被批评者本人的意见"的规定增加了一个条件——"特别重要的批评稿"。20世纪90年代，舆论监督继续得到党和政府的重视和支持。1996年，中共中央《关于加强社会主义精神文明建设若干重要问题的决议》也强调新闻媒介"要加强热点问题的引导和舆论监督"。

20世纪90年代，"舆论监督"一词开始被载入法律法规文件中，如1990年的部门规章《报纸管理暂行规定》，1993年的《消费者权益保护法》，1996年的地方性法规《河北省新闻工作管理条例》以及1997年的《价格法》都对新闻媒介的舆论监督提出了要求，从而使舆论监督成为新闻媒介的一项经常性工作。

20世纪80年代后期的晋江假药案、黑龙江双城堡火车站野蛮装卸和黑米专家陷入困境的报道等，在《人民日报》《光明日报》等报纸的报道下，在全国产生了很大的影响。1993年中央电视台和地方电视台联合组织的"93质量万里行"引起了很大的社会反响。1994年中央电视台开播的《焦点访谈》节目，更是以批评性报道显示了舆论监督的巨大威力。[1]

进入 21 世纪以来，舆论监督经历了空前的发展繁荣期，也经历了禁止异地监督的低潮期。广西南丹矿难成为媒体首次揭露的重大灾难事故。从孙志刚事件推动我国收容制度的改革到 2003 年非典再到促进《中华人民共和国政府信息公开条例》的颁布，媒体的舆论监督在推动相关政策法规的制定上大放异彩。2008 年汶川地震等重大事件的推动使舆论监督进入持续发展时期；而 2010 年微博的诞生更是让舆论监督进入新的阶段，“天价烟”局长案、“我爸是李刚”都见证了网络舆论监督的影响力。

第三节　舆论监督是一种重要的权利

要保证一个社会健康运行，就不能没有相应的监督机制。有学者认为，我国社会监督机制主要由党内监督、人大监督、民主监督、行政监督、司法监督、审计监督、社会监督、舆论监督等八大体系[2]构成，舆论监督是其中不可或缺的一环。在我国，舆论监督享有独特的地位，承担极为重要的责任，发挥着不可替代的作用，是监督体系中最特殊的一种监督形式。

一、内容

在我国，公民是舆论监督的真正主体。中华人民共和国任何公民都可以根据宪法的规定，不分党派、宗教、信仰、职业、年龄、性别，平等享有言论出版自由的权利。

因为大众传媒在反映舆论和形成、引导舆论的过程中具有决定性的作用，所以新闻媒介成了公民享有舆论监督权利的重要手段和主要方式。公民都可以通过新闻媒介对任何国家机关及其工作人员、对国家和社会公共事务提出批评和建议，行使自己的监督权。实现对社会生活的舆论监督作用。

首先，舆论监督的主要对象是政府及其工作人员。因为他们手中握有权力，如果不予以有效监督，势必会造成滥用职权的现象发生，所以舆论监督的主要对象应该是公共权力。其次，舆论监督的对象还包括公共服务领域的人和事，因为他们对于社会生活有重要而微妙的影响。因此，从广义上说，舆论监督既包括对党务、政务的公开和评论，对国家机关和公务人员施政活动的监督，也包括对社会生活中坏人坏事和不文明、不道德现象的揭露和批评。

从我党贯彻舆论监督的实践来看，在很长一段历史时期内，舆论监督的主要作用就是批评工作中的缺点和错误，通过新闻媒介的批评报道表现出来。所以很多人认为舆论监督

[1] 王强华，魏永征 . 舆论监督与新闻纠纷 [M]. 上海：复旦大学出版社，2000：5–9.

[2] 刘砺兵 2020 年 2 月 11 日在《经济日报》以《加快完善五大体系 全面推进依法治国》为题发文讨论了社会监督体系问题，他认为，加快形成严密的法治监督体系，有效制约和监督，才能确保公权力的行使永远体现党和人民意志，始终为人民服务。近年来，我们党坚持加强对权力的监督，构建结实的制度笼子，努力使权力运行处于阳光之下，一套集党内监督、人大监督、民主监督、行政监督、司法监督、审计监督、社会监督、舆论监督于一体，相辅相成、相互配合的监督体系，正在逐步形成。

就是批评报道。舆论监督虽然很多时候是以批评报道的面目出现的，但它只是舆论监督的一种表现方式，而不是唯一的表现方式。舆论监督不仅包括单纯的批评，还包括善意的提醒、经常的严格约束和通过典型示范进行引导鼓励等。舆论监督不仅可以针对违法违纪的人和事进行批评，还可以针对并未违法违纪的人和事或争议性问题进行警示。所以，舆论监督的概念要比批评报道的概念含义更为广泛。

习近平总书记强调，“要坚持党内监督和群众监督相统一，以党内监督带动其他监督，积极畅通人民群众建言献策和批评监督的渠道，充分发挥群众监督、舆论监督作用”。对于舆论监督，领导干部应当自觉接受、正确面对，这也是为官从政的一个基本功。[1]

《关于新形势下党内政治生活的若干准则》明确提出，“领导干部要正确对待监督，主动接受监督，习惯在监督下开展工作，决不能拒绝监督、逃避监督”。领导干部须习惯在监督下工作和生活，正确对待舆论监督，及时解决舆论反映的问题。个别领导干部与其在舆论监督来临时花费精力“找补”“灭火”，不如平日里依纪依法办事、保持清正廉洁，把精力和心思用在为人民服务上。[2] 这是对舆论监督作用进行的较全面的表述和概括。

二、特点

任何国家的新闻舆论监督都扎根于本国的历史文化传统、经济发展状况和社会政治制度。我国的舆论监督也和我国的国情密切相关。

1. 广泛性

我国舆论监督的主体是全体公民，群体非常广泛，监督的内容也并非特定，既包括党政决策的制定，也包括决策的实行，既可以监督党政部门和公职人员，也可以监督社会生活中的不良作风和丑恶现象，没有固定的范围。这些监督都是通过新闻媒介面向大众公开进行的，传播范围非常广泛，所以社会上流传这样的话：不怕通报，就怕见报；不怕巡视，就怕电视。发展到今天，这些话演绎成了“不怕上访，就怕上网”。主体的普遍性、客体的普遍性和传播的普遍性就形成了我国舆论监督广泛性的特点。

2. 及时性

无论是针对党政机关违法违纪行为的事后揭露，还是针对社会不良风气和有损公德现象的随时批评，都能够在很短的时间内发挥作用，这是由新闻媒介时效性强的特点决定的。在印刷媒介和电子媒介日益发达的今天，几个小时以前甚至几分钟以前发生的新闻事件都能够传播给大众，网络介入新闻传播之后，传播范围空前扩展，传播速度空前提高，大量的新闻事实几乎能够在发生的同时展示给大众，从而引起大众的广泛关注，形成社会舆论。网络直通车、微博直播等成了信息和意见传播的重要形式。

---

[1] 赵兵．领导干部要正确对待舆论监督 [N]. 人民日报，2018-10-16(17).

[2] 资料来源：《关于新形势下党内政治生活的若干准则（全文）》，中华人民共和国国土资源部，2016 年 11 月 4 日。

3. 有效性

虽然舆论监督是一种软监督形式，没有强制力，主要是借助新闻舆论的道义力量引导社会形成良好的社会氛围，扶正祛邪。但是长期以来，我国的新闻媒介又被当成国家党政机关的一部分，所以人们常常把我国新闻媒介实施的舆论监督当作党政权力的一种延伸和补充。因此，在新闻实践中，人们常常将媒介的批评报道视为某一级政府和党组织的意图。这样一来，舆论监督不仅具有了舆论的强大压力，而且具有了行政力量的权威性和影响力，往往会给被监督者形成巨大的精神和心理压力，从而有效推动事件的发展、问题的解决。不过，事实上很多媒体的报道也确实是由党政机关联合下发文件要求媒体配合进行的，这样一来，媒体的报道也就更能够显现出良好的监督效果。

第四节　依法依规积极有效地开展监督

要想使新闻媒体的舆论监督顺利实施并收到较好效果，就一定要加强党的领导，并在国家法律法规许可的范围内进行。

一、坚持党的领导

舆论监督要获得良好的社会效益，就要加强党的领导，保证监督能够正确实施。这是我国新闻媒介面对的特有问题。

我国特殊的国情决定了新闻媒介与党和政府有着密切的联系：经济上，党和政府是新闻媒介的出资人；政治上，党和政府是新闻媒介的上级主管部门；人事关系上，媒介领导由各级党组织委派。因此，新闻媒介的采访、报道、经营都要自觉接受党和政府的领导。舆论监督作为新闻媒介必须要承担的义务，自然也不例外。但是，党和政府的领导应该是宏观的、把握大方向的，而不应该是具体的、事无巨细的。在实施舆论监督的过程中，新闻媒体应该具有一定的独立性。

另外，实施新闻改革以来，很大一部分媒体已经开始走事业单位、企业管理、自主经营、自负盈亏之路，渐渐走向市场，通过经营活动来获取主要发展资金，而不再单纯依靠行政拨款，这也为新闻机构在实施舆论监督时拥有一定的独立性提供了经济上的支持。

具体而言，新闻舆论监督接受党的领导需要考虑以下几方面问题。

1. 党和政府及其工作人员是新闻舆论监督的主要对象

党在宏观上需要领导舆论监督，但在微观层面，党组织、党员个人，尤其是在政府机关任职的党员干部、公务人员都要自觉地接受新闻媒体的舆论监督。

因为中国共产党是中华人民共和国的唯一执政党，虽然党的决策都是经过民主集中的层层讨论后制定并发布实施的，但久而久之，自我批评作风和自我修正能力总会有所下降，这时候就需要有外力进行监督、纠正，新闻媒体的舆论监督自然是最好的选择。

它需要监督党的路线、方针、政策的制定和落实，这样才能保证党和政府的举措是符合人民利益的。

2. 新闻舆论监督的原则应该是善意的、建设性的

新闻媒体实施舆论监督无可非议，但是要把握好“度”。对于原则性的、属于敌我矛盾的问题，应该是旗帜鲜明地揭露和打击；而对于绝大多数的人民内部矛盾，就应该本着惩前毖后、治病救人的态度，找出问题、揭露问题、分析问题、最终是为了解决问题。2016 年 2 月 19 日，习近平总书记在党的新闻舆论工作座谈会上再次强调，“舆论监督和正面宣传是统一的。新闻媒体要直面工作中存在的问题，直面社会丑恶现象，激浊扬清、针砭时弊，同时发表批评性报道要事实准确、分析客观”[1]。

早在 1989 年 5 月，他在福建宁德地区新闻工作会议上的讲话中就对如何运用舆论监督作出过详细论述：“舆论监督的出发点应该是积极的、建设性的。监督的重点应该是那些严重违反党和国家重大政策以及社会生活中存在的重大问题，要抓典型事件，揭发的事实务求准确。涉及党的一级组织和政府的批评，要持慎重态度，不能先入为主。要深入调查，多方听取意见，得出合乎事实的结论。特别要注意不应把批评的矛头对准那些群众有意见而我们工作中因限于目前条件、一时难以解决的问题上。要让人民知道，党和政府正在采取措施、克服困难、解决问题。”[2]

二、加强新闻法治

从党的十三大正式提出“舆论监督”到现在，党的每一次全国代表大会都十分强调发挥“舆论监督”在社会监督体系中的作用。特别是面对网络舆论监督的迅猛发展，如何用法律手段调整舆论监督，将舆论监督置于新闻法治的框架之下健康发展，这是新闻媒体遇到的新问题。

1. 立法保护监督

因为新闻事业讲求时效的特殊性，新闻事件一旦发生，记者要快速进行采访，快速形成报道，才能保证媒体在第一时间传递新闻信息。然而记者的采访行为不同于司法调查，也没有任何行政力量可以借用，所以搜集材料的难度会相应增加。由于材料掌握得不够全面，又急于发稿，新闻报道难免就会出现一些瑕疵。如果要求新闻报道不出任何差错、没有任何负面影响、不产生丝毫伤害，那无异于宣布取消舆论监督。所以，现代文明社会的公民，尤其是手中握有公共权力的各级公务人员，对于舆论监督应该采取宽容和保护的态度，不要动辄就和媒体对簿公堂，要多使用更正制度。这需要通过立法确立下来形成刚性原则，才能实现对于舆论监督的有效保护。

---

[1] 李斌，霍小光. 习近平在党的新闻舆论工作座谈会上强调坚持正确方向创新方法手段 提高新闻舆论传播力引导力 [N]. 光明日报，2016-02-20(1).

[2] 习近平 . 摆脱贫困 [M]. 福州：福建人民出版社，1992.

2. 保证司法独立

我国新闻媒体在报道犯罪案件时，一方面遵循着法律体系不健全时期“声讨、公审、枪毙”的传统模式，另一方面为了吸引受众、追求经济利益而片面煽情化，形成了热衷舆论审判的风气，忽视司法独立、干扰司法审判的情形较为普遍。

针对这类情况，媒体一定要正当监督：首先不能有意炒作，一定要本着传递信息的目的，态度严肃地采访、报道；其次要尊重事实，客观报道审判结果，不能在未判决前对审判施加影响；最后如果进行评论，一定仅限于意见表达，不能用过于煽情的语句组织耸人听闻的情节，从而造成媒体审判。

3. 明确各自职责

目前我国社会处于转型期，社会腐败现象比较多见，舆论监督是非常必要的。但是，根治腐败，最基本、最主要的合法手段是司法程序。在任何情况下，一个国家的司法都应该给人以希望感、安全感和信赖感，并成为人民解决问题的首选和最终途径。

司法和行政部门理所当然地要解决体制纰漏，提高自身素质，加强办事能力。而媒体也应该系统报道公正司法的正面案例，教育人民。在法治社会，司法和行政部门应该保障社会正义，给人民提供一条通过司法手段正确解决纠纷的途径。

三、积极寻求发展

舆论监督是社会不可或缺的，我们必须逐步规范，加强力度。但是目前要想使舆论监督突破瓶颈取得长足发展，一些制度层面的困扰不容忽视。面对困境，我国新闻媒体冲破思想、体制的束缚，摸索出了一些推进舆论监督的有益经验，成为寻求进一步发展的突破口。

首先，长治经验。山西《长治日报》在以市委书记吕日周为首的领导班子的支持下，舆论监督力度很大，几乎每天都有一篇甚至多篇批评报道发表，受到当地人民群众的热烈欢迎，这种在本地党委支持下开展卓有成效的舆论监督的实践被誉为“长治经验”。吕日周对《长治日报》等媒体舆论监督的支持和改进只是使传媒自身功能最大限度地发挥出来了而已，并未违反和超出现存的规定，所以“长治经验”可以在国内广泛推行。

其次，珠海经验。1999 年 5 月，珠海市出台了全国第一个关于新闻舆论监督的地方性法规——《珠海市新闻舆论监督办法（试行）》，引起了全国广泛关注。该办法不仅明确了“全市党政机关、行政执法机关、司法机关、事业单位和群众团体的公务活动，除涉及国家安全、机要和保密工作外，都必须接受新闻舆论监督”，而且还规定了“任何单位、部门、个人都应该密切配合，如实反映情况，不得拒绝、抵制、隐瞒”，而且“批评性报道刊播前，各新闻传媒要确保事实确凿，但任何被批评单位不得要求审稿”。这些原则就实现了对于舆论监督的有效保障。

最后，温州模式。温州把网站、报纸、电视等媒体力量和人大等政府机构力量结合在一起，开创出了舆论监督的“合力模式”。2005 年春夏之交，温州新闻网率先提出两个互动：权力监督和舆论监督互动、网络媒体和传统媒体互动。这一提议很快得到了《东南快报》等多家媒体和温州市人大的支持，并达成合作协议：由《温州都市报》

出面，开办三方合作的《代表在线》专栏，每两周定一个选题，隔周在《温州都市报》以整版的篇幅，对所确定的选题进行报道，见报的当天下午邀请人大代表、政府部门领导及相关话题的专家、学者在温州新闻网演播室同网民直接对话，第二天的《温州都市报》再以整版的篇幅刊登经过整理的网上对话和网民留言。至于那些事关全局的问题和意见，媒体不仅会以不同的形式呈送有关部门，还会将结果反馈于公众。其后，温州电视台也模仿这一合作模式推出了《实事面对面》栏目。这一舆论监督模式很快获得了公众的认可并被推广。

以上三种经验都可以说是行之有效的，如果加以大力推广，我国舆论监督的新局面将指日可待。

第五节　新闻侵权

近年来，新闻侵权、新闻官司一直是困扰我国新闻媒体和新闻从业者的一个难题。

一、新闻侵权的一般概念

1. 侵权行为

侵权行为在社会生活中时常发生。一般认为，侵权行为首先是一种民事过错行为，也就是说，侵权行为破坏了法律规定的某种责任——这种责任在法律上是严格规定不许被破坏的；侵权行为同时又是对他人造成了伤害的行为，而加害人必须对被害人作出赔偿。法律会为社会生活的各个领域规定好禁止伤害他人的一系列行为准则，如果违反了这些准则，无论是全部违反还是部分违反，都会构成侵权，也都要作出相应的赔偿。所以，侵权行为就是指行为人由于过错伤害他人而依法应当承担法律责任的行为。

侵权行为是侵害他人财产和人身的行为。他人的人身和财产利益是侵权行为的客体，只要构成侵权，相关人的物质或精神肯定会遭到损害。如对他人实施了侮辱或诽谤，导致这个人的社会评价降低，肯定会导致受害人精神或物质上的损失，从而引起一定的民事法律后果。

侵权行为侵害的是物权和人身权等绝对权利。绝对权利指的是不通过订立合同等法律形式约定，只根据民法原理的基本要求就产生的权利，权利人不需要义务人实施一定的行为就可以享有。权利人是特定的，除了权利人之外的所有人都是义务人。权利的内容包括物权和人身权。比如人身权中的肖像权，每个权利人都有权保障，每个义务人都要尊重，不能侵害，权利人享受这项权利不需要任何合同约定。

侵权行为是行为人因为过错实施的行为。我国民法把过错作为构成侵权行为的必要条件，也就是说，除非法律另有规定，否则，没有过错就不构成侵权。“过错”本身是一个包含有价值判断内容的词语，在法律上，“过错”同样是对行为人作出的否定性评价，有“过错”而且造成了损害性后果的，就是侵权行为。

侵权行为是需要作出赔偿的。无论是从道德角度还是从法律角度，损害了别人的利益就一定要承担赔偿责任，才能达到社会和法律的公平和正义。

2. 新闻侵权

新闻侵权是众多侵权行为中的一种，也是近些年来非常常见的一个概念。关于这个概念的内涵，新闻学、法学学界和业界都从不同的角度出发，进行了较为完善的界定。

新闻法学专家魏永征先生认为，新闻侵权行为特指新闻传播活动中发生的侵害他人（自然人、法人）人格权的行为。其中主要是新闻传播的内容不当造成的，还有一些则发生在采集信息过程之中。它所侵害的，是人格权中的精神性人格权，或称人格尊严权。广义的新闻侵权行为包括侵害名誉权、隐私权、肖像权、姓名权（名称权）、荣誉权等一切可能发生的行为，狭义的新闻侵权行为只指侵害名誉权，并将隐私权纳入名誉权范围内加以保护。著作权属于知识产权，不作为新闻侵权的客体。[1]

黄瑚教授认为，新闻侵权应该指的是新闻媒体和新闻采写者利用新闻传播媒体对公民、法人或其他社会组织造成不法侵害的行为。[2]

学者曹瑞林认为，新闻侵权是指公民或法人通过新闻媒体侮辱、诽谤他人（包括公民和法人），或者违背他人意愿散布他人隐私，从而侵害他人人格权的行为。[3]

《新闻侵权法律词典》把新闻侵权定义为：新闻单位或个人利用报纸、刊物、广播电视、新闻电影等新闻传播工具，以故意捏造事实或过失报道的方式向公众传播有损公民、法人及其他社会单位合法权益的不当内容或法律禁止的内容，从而破坏了公民或社会组织的真实形象，影响了公民个人宁静的生活和尊严的违法行为。[4]

从这些定义中我们可以看出，新闻侵权首先应该和新闻活动密切相关——侵权行为的实施者应该是新闻媒体和新闻从业人员，否则就不会构成新闻侵权。新闻侵权行为还应该是在新闻传播活动过程中发生的，离开了这个过程，侵权行为也就只是一般的民事侵权行为了。新闻侵权行为侵害的主要是公民的人格权，包括公民的名誉权、肖像权、隐私权等。

一般民事侵权行为的构成需要如下条件：行为人具备责任能力；损害事实客观存在；侵权行为和损害事实之间存在因果关系；行为人存在着主观上的故意或过失。具体到新闻侵权行为，构成条件就应该是：新闻作品已经发表；新闻作品有违法性；新闻作品有可以指认的对象；新闻媒体和新闻作者存在过错。

二、新闻侵权的主体和客体

1. 新闻侵权的主体

新闻侵权的主体一般就是新闻官司中的被告，是实施新闻侵权的行为人。

最高人民法院在两次司法解释中都作出了明确的规定。1993 年《最高人民法院关于审理名誉权案件若干问题的解答》第六条规定："因新闻报道或其他作品发生的名誉权纠纷，

---

[1] 魏永征 . 新闻传播法教程 [M]. 北京：中国人民大学出版社，2002：122-123.
[2] 黄瑚 . 新闻法规与职业道德教程 [M]. 上海：复旦大学出版社，2003：178.
[3] 曹瑞林 . 新闻法治学初论 [M]. 北京：解放军出版社，1998：204.
[4] 王利明 . 新闻侵权法律词典 [M]. 长春：吉林人民出版社，1994：257.

应根据原告的起诉确定被告。只诉作者的，列作者为被告；只诉新闻出版单位的，列新闻出版单位为被告；对作者和新闻出版单位都提起诉讼的，将作者和新闻出版单位均列为被告，但作者与新闻单位为隶属关系，作品系作者履行职务所形成的，只列单位为被告。”1998年《最高人民法院关于审理名誉权案件若干问题的解释》第七条规定：“因提供材料引起的名誉权纠纷，认定是否构成侵权，应区分以下两种情况：（一）主动提供新闻材料，致使他人名誉受到损害的，应当认定为侵害他人名誉权；（二）因被动采访而提供新闻材料，且未经提供者同意公开，新闻单位擅自发表，致使他人名誉受到损害的，对提供者一般不应当认定为侵害名誉权；虽系被动提供新闻材料，但发表时得到提供者同意或者默许，致使他人名誉受到损害的，应当认定为侵害名誉权。”从这些法律规定当中我们可以看出，新闻侵权的主体包括：新闻作品的作者、新闻作品发表的新闻单位和新闻材料的提供者。

（1）新闻作品的作者

一旦新闻作品构成侵权，该作品的作者可以被列为被告。除了专职的新闻工作者，如记者、编辑、评论员可以向媒体发稿，法律规定任何公民都有向新闻单位投稿发表作品的权利，但如果作品侵权，公民也要承担相应的法律责任。所以，一旦稿件不真实或违反了法律法规的有关规定，该新闻作品的作者就首先成为侵权主体。

新闻媒体对于记者或社会作者的稿件负有审查核实的责任。一般来说，新闻媒体都要求通讯员所在单位或被报道单位审查核实后加盖公章，以确保新闻的真实性。如果所审查的稿件不属实，发表之后构成侵权，审查单位也会成为新闻侵权的主体。

新闻记者如果在自己所任职的媒体发表作品而导致侵权，一般把侵权主体归结为该新闻单位，因为此时新闻记者的采访报道活动属于职务行为。

但是如果记者的新闻作品不是在本媒体发表，而是通过其他媒体发表的，侵权主体就是记者本人和所发表的媒体，和记者所属媒体无关。因为此时该记者已经不是在履行职务行为，而是以“通讯员”或社会作者的身份向媒体投稿。2010年5月，《文汇报》在其鉴赏专刊“争鸣”栏目发表了署名郭庆祥的文章《艺术家还是要凭作品说话》。文章不点名地批评了范曾的“流水线作画”方法，并使用了“才能平平”“逞能”“炫才露己”“虚伪”等词语。著名画家范曾因此以侵犯名誉权向北京市昌平区人民法院提起诉讼，索赔500万元。2011年6月7日，法院作出一审判决：被告郭庆祥的文章造成原告社会评价的降低及精神痛苦，被告行为已构成对原告名誉的侵害。被告曾收藏原告的作品，二人系交易的双方，交易行为之中存在商业利益，故被告郭庆祥称其文章为纯粹的文艺评论的观点，法院不予采信；被告文新集团虽然对刊载的文章未严格审查，存在一定过失，但其行为尚不足以构成对原告的名誉侵权，故对于范曾要求文新集团承担侵权责任的请求，法院不予支持。而这恰好表明新闻作品的侵权，很大程度上还是作者本人要承担侵权责任的。

（2）新闻作品发表的新闻单位

新闻侵权的主要特征是新闻作品通过大众传播媒介公开发表而造成的公民或法人的人格权的损害。因此，无论是本媒体记者、通讯员还是社会作者的作品在该媒介上发表，一旦作品侵权，媒体就要承担未尽审查核实义务的责任，该媒体就会成为新闻侵权的主体。

最高人民法院1988年《关于侵害名誉权案件有关报刊社应否列为被告和如何管辖问

题的批复》就规定："报刊社对要发表的稿件，应负责审查核实。发表后侵害了公民的名誉权，作者和报刊社都有责任，可将报刊社和作者列为共同被告。"而在1993年的《最高人民法院关于审理名誉权案件若干问题的解答》中，则明确规定了新闻出版单位作为新闻侵权主体的被告地位。

（3）新闻材料的提供者

为新闻作者提供资料的公民、法人或社会组织都被称为新闻源。新闻源是否成为侵权主体，1998年《最高人民法院关于审理名誉权案件若干问题的解释》区分了两种情况：一是主动提供新闻材料致使他人合法权益受损的，还有一个是虽然是被动提供新闻材料，但发表时经过提供者同意或默许的，都会成为新闻侵权的主体。同时，最高人民法院在该解释中也对下列情况作出了免责的规定：新闻提供者因为被动采访而提供新闻材料，而且未经本人同意，媒体就擅自公开发表，致使他人合法权益受损的，提供者一般不应认定为侵权。

所以，新闻提供者是否被认定为侵权主体，是以其主观态度来划定的——主动提供还是被动提供，被动提供时有没有同意或默许公开发表。

2. 新闻侵权的客体

公民和法人的人格权是新闻侵权的主要客体。人格权是指人格权主体依法享有的维护独立人格所必备的权利，包括姓名权、名称权、隐私权、荣誉权、名誉权、肖像权等。除此之外，目前遭遇新闻侵害的还有另外一个客体——著作权。

（1）人格权

新闻侵权的客体类型较多，人格权是其中的主要类型。

公民从一出生，法人从一成立，就依法享有了人格权，并且在主体存在期间，人格权是和主体始终不能分离的。即使公民死亡，他在世时存留的人格依然受到法律的保护。

从新闻侵权的特点来看，它对于公民或法人造成的直接损失是一种社会评价的失实，而社会评价是人格权的主要内容。新闻报道对于人格权的侵害一般不会对财产产生直接的破坏力，不会导致直接的财产损失，但可能会造成间接的财产损失。比如对于法人名誉权造成的侵害，可能会造成商品滞销，但这种损失是由法人社会评价降低而引发的，属于新闻侵权的间接结果。

（2）著作权

近些年，以著作权为突出代表的知识产权也渐渐成为新闻侵权的另一主要客体。著作权是指作者根据法律规定，对自己创作的文学、艺术和科学作品所享有的人身权利和财产权利，包括发表权、署名权、修改权、保护作品完整权、使用权和获得报酬权，新闻报道对其中任何一项权利的侵害都会构成对著作权的侵害。新闻侵害著作权主要表现为新闻报道剽窃、抄袭他人作品，在他人作品上署名，以及歪曲篡改他人作品等。

新闻记者的主要工作就是采写新闻，所以经常会利用他人的文字资料，这就有可能造成对他人著作权的侵害。从具体的新闻侵权实践来看，新闻记者侵害著作权的行为是多种多样的，但主要还是以剽窃、抄袭他人作品为主。

三、新闻侵权的构成要件

判断一起新闻官司或新闻纠纷中，新闻作者和新闻单位是否负有侵权责任，1993 年颁布的《最高人民法院关于审理名誉权案件若干问题的解答》第七条明确规定："是否构成侵害名誉权责任，应当根据受害人确有名誉被损害的事实、行为人行为违法、违法行为与损害后果之间有因果关系，行为人主观上有过错来认定。"根据这项规定，我们可以从四个方面分析新闻侵权的构成要件。

1. 损害事实客观存在

新闻侵权的客体是人格权，并不直接构成财产损失，所以不易从表面现象进行把握。杨立新在《如何判断新闻报道是否侵害名誉权》中认为，需要从社会评价、精神伤害和财产损失三个方面来寻找判定侵权的依据。

首先，要看社会评价是否降低。社会评价是社会公众对于特定主体（公民或法人）着眼于品质、才干、声望和信誉等方面的综合评定。虽然社会评价是社会公众的一种主观评价，但因为着眼于特定主体长期以来的言行、处世，依据的是社会生活中普遍认同的道德准则，所以具有客观稳定的特征。如果社会评价因为新闻报道的失当而有所降低，新闻侵权就具有了损害事实。

有些社会评价的降低会及时显现出来，比如特定主体受到了周围人群的冷遇和指责，甚至受到了所在部门的批评、处分，这样的损害结果就容易把握。但更多时候，社会评价是不能够及时显现出来的，认定就比较困难。司法实践中一般认为，除了行为人和受害人之外的第三人知道了行为人实施的侮辱、诽谤等行为，就认定为有名誉损害的事实。

其次，要看受害人遭受的精神损害。新闻报道中如果有诽谤、侮辱、失实、披露隐私等内容，就会对报道对象造成精神损害，并会在心理和行为上有所表现。比如心理上的悲伤、痛苦、气愤、忧郁和行为上的郁郁寡欢、寝食难安、哭泣愤怒、精神恍惚，甚至有的受害人会精神失常、自寻短见。

最后，要看是否造成了财产损失。受害人因为新闻侵权而招致工作单位降职、降级、解聘，受到有关机关的处罚，以及找不到工作、智力成果不能实现，或者因为精神损害而无法正常工作，导致收入减少，或者因为精神损害而入院治疗，发生医疗费用，甚至在求学、就业、晋升、恋爱、家庭等方面受到影响；因为法人名誉受损而导致产品滞销、合同解除、贷款遭拒等，都可被认定为新闻侵权行为客观存在的依据。

2. 行为人实施违法行为

这里所说的"行为人"，是指新闻作品的作者和编辑，而作者又包括本媒体作者和媒体外作者。新闻侵权行为人行为的违法性是构成新闻侵权的必要条件。

第一，违反了宪法和民法典的有关规定。宪法和民法典的有关条款规定，公民和法人的人格权利是一种绝对权利，任何人都要尊重，不得以任何方式侵犯，否则就会构成违法。

第二，违反了相关专门法的有关规定。比如违反国家安全法，在新闻报道中泄露国家机密；违反刑法，在新闻作品中大肆公开侮辱诽谤他人；违反著作权法，抄袭、剽窃、非法转载他人的作品；违反未成年人保护法、妇女权益保障法、老年人权益保障法、残疾人保障法等，对他们的人格权益进行侵害，就会被认定为违法行为。

第三，违反新闻宣传纪律的有关规定。新闻宣传纪律虽然不是法律，但都是规范性条例。我们党和国家历来重视新闻宣传，对此作出了很多规定，包括一些领导人讲话精神，有关部门颁布的新闻宣传条例等。如果违反了这些规定，也往往被认定为违法乱纪。

第四，违反相关司法解释的有关规定。司法解释是法律体系不健全时指导司法实践的有益补充，是对已颁布的正式法律的解释，一般由最高人民法院发布，具有法律效力。新闻传播活动如果违反了这些司法解释，也会被认定为行为违法。

3. 违法行为和损害结果之间有因果关系

行为人的违法行为和客观存在的损害结果之间是否存在必然的因果关系，也是确定新闻侵权与否的一个关键。如果违法行为和损害结果之间的关系是必然的、直接的，那么行为人就应该承担相应的侵权责任，如果他们之间的关系是偶然的、间接的，只是报道或者评论事件、现象，或者泛指某方面的情况，那么对新闻侵权的责任就应该区分开来。侵权报道是否指向特定的受害人是违法行为和损害结果之间是否存在因果关系的关键。

通常新闻报道指向特定受害人共有三种方式：一是指名道姓地损害，侵权报道中使用了受害人的真实姓名、真实工作单位和真实家庭住址等。二是通过笔名、绰号、艺名等进行侵害，比如徐良诉《上海文化艺术报》和作者赵伟昌的名誉侵权案。在赵伟昌所写的报道《索价 3000 元带来的震荡》中，并没有指名道姓提及徐良名字："一位以动人歌声博得群众尊敬爱戴的老山英模参加上海金秋文艺晚会时，这位英模人物开价 3000 元。"而在这次晚会上演唱的老山英模只有徐良一个人，指向性非常明显。三是通过特定的时空环境来指向特定受害人。比如李谷一诉声屏周报社及记者汤声午案，涉讼作品提到李谷一时说的是"十年前以一曲《乡恋》而名噪大陆的某位乐团领导"，生活在当时环境中的人通过这句话也能够很明确地把李谷一指认出来。

4. 行为人主观过错

编辑、记者、通讯员等行为人主观上存在的贬损他人、诽谤侮辱、不遵守法规、不履行义务而造成的对受害人的伤害，也是构成新闻侵权的要件之一。

主观过错指的是行为人在实施侵权行为时的主观心理状态，以及对侵权行为会造成的社会后果的态度。在新闻诉讼中，如果行为人主观上没有过错，就不应该认定为侵权。

构成主观过错一般有以下两个方面：主观故意和主观过失。

第一，主观故意。王利明等在《人格权与新闻侵权》中是这样定义主观故意的："行为人已预见到自己传播的内容可能或肯定造成他人名誉损害，但却希望或放任这种结果的发生。希望后果发生为直接故意，放任结果发生为间接故意。"也就是说，如果媒体和记者能够预见损害结果的发生还依然希望或者放任侵权行为的进行，就应该认定为主观故意过错。

第二，主观过失。主观故意过错是明知不可为而为之，主观过失是无意之中不知情而为之。过失是行为人应当预见自己的行为会发生某种损害而由于疏忽大意没有预见到，或者已经预见到了但是轻信能够避免，最终导致侵权结果的发生。这种过失行为多是一些技术性、操作性的过错，和记者、编辑的知识积累、工作作风有很大关系。

四、新闻侵权的责任承担

在新闻诉讼中，一旦构成侵权，媒体和作者就要承担相应的侵权责任。

新闻诉讼一般属于民法范畴，所以责任承担的方式和其他民事诉讼案一样。根据法律规定，一般来说，新闻侵权民事责任承担方式有停止侵害、公开更正、赔礼道歉、恢复名誉、消除影响和赔偿损失。如果触犯了刑法还要承担刑事责任。

1. 停止侵害

一旦判定侵权，首先要停止侵害。如果具有侮辱、诽谤他人名誉内容的书刊正在发行，节目正在播出，那么应当停止发行和播出，并可以要求进行销毁。当然，如果侵权行为已经终止或者中止，就不必非要作出这样的规定了。

比如叶挺后人起诉“暴走漫画”案。

案例：2018 年 5 月，西安摩摩公司通过其自媒体账号“暴走漫画”，在今日头条上发布了时长 1 分 09 秒的短视频，短视频中含有戏谑侮辱董存瑞烈士和叶挺烈士的内容。叶正光（叶挺之子）等 7 名叶挺将军近亲属以被告西安摩摩公司侵犯叶挺名誉权为由，起诉至雁塔区人民法院，请求判令被告停止侵犯叶挺英雄事迹和精神的行为。5 月 17 日晚间，其 CEO 任剑发文致歉，下线全部视频节目，网站 App 无限期关停整改。[1]

2. 公开更正

更正是处理新闻纠纷的一种常见方式。公开更正声明是在新闻媒体上公开改正已经发表的新闻报道中有关内容和字句上的错误。这么做往往可以消除矛盾、取得谅解，很多更正往往还带有“道歉”声明。

案例：2018 年 5 月 30 日，中国经济网发布了《根据武汉市黄陂区法院判决向葆春蜂王浆公司的道歉声明》。该网站曾刊发新闻《武汉葆春蜂王浆生产环境不合格被责令整改》，报道武汉市葆春蜂王浆有限责任公司因生产环境或产品问题，在 2017 年内先后 3 次被国家、湖北省、武汉市食品药品监督管理部门通报。此篇报道误将通报时间 6 月和 8 月当成了抽检时间（实际抽检时间应该早于这个日期）。最终，法院判决该网站构成名誉侵权，责令其删除报道，并向葆春蜂王浆公司公开道歉。

中国经济网在声明中表示：

由于所述问题均来自原国家食品药品监督管理总局公开发布的警示函，作为新闻单位，我们无权就国务院直属机构的检查警示函内容向被检查人道歉，敬请武汉市葆春蜂王浆有限责任公司和武汉市黄陂区法院谅解。[2]

答辩是指新闻批评或新闻评论有失公正或可能导致歧义，新闻媒体发表针对这种批评或评论的答复，从而陈述理由以正视听。答辩可以是针对新闻媒体自身而言的，也可以针

---

[1] 资料来源：王梦遥《叶挺后人诉“暴走漫画”案宣判：“暴走漫画”所属公司公开道歉并支付精神抚慰金 10 万》，2018 年 9 月 28 日，

http：//www.bjnews.com.cn/news/2018/09/28/508382.html。

[2] 资料来源：《根据武汉市黄陂区法院判决向葆春蜂王浆公司的道歉声明》，2018 年 5 月 30 日，

http：//www.ce.cn/cysc/sp/info/201805/30/t20180530_29279485.shtml。

对被批评者和被评论者，新闻媒体可以发表被批评者或被评论者的文章，表达他们对批评或评论的态度。

3. 赔礼道歉

在新闻侵权的诉讼案件中，为了表示歉意和求得受害人的谅解，新闻侵权人应向受害人承认错误，赔礼道歉。从道歉人态度来说，有主动道歉和被动道歉；从道歉方式来说，有口头道歉和书面道歉。

主动道歉是指新闻侵权人在报道发表后自己认识到了侵权错误，或者受害人以及法院跟新闻侵权人交涉后，新闻侵权人主动向受害人施礼认错，往往容易得到受害人的谅解。被动道歉是指新闻侵权人没有认识到自己的错误，经由法庭判决必须向受害人作出赔礼道歉的行为。被动道歉往往带有法律的强制性。

《最高人民法院关于审理名誉权案件若干问题的解答》第十条第二款规定："恢复名誉、消除影响、赔礼道歉可以书面或者口头的方式进行，内容要经人民法院审查。在审判实践中要注意应以侵权人自愿，受害人同意为前提，只要有一方当事人不自愿，法院就不宜判侵权人采用口头的方式向受害人赔礼道歉。否则难以对侵权人强制执行，达不到保护受害人的目的。如果双方当事人都同意采用口头方式赔礼道歉，可以在法院主持调解程序中，先由侵权人向受害人口头道歉，受害人谅解后再做其他调解工作。"书面道歉可以致书给受害人本人，可以给受害人所在的单位，也可以在媒体上公开赔礼道歉。

4. 恢复名誉、消除影响

用适当的方式消除因侵害他人名誉而在社会上造成的不良影响，力争使受害人的名誉恢复到被侵害前的正常状态，这也是最常见的新闻侵害名誉权的责任承担方式。关于这点，《中华人民共和国民法典》有相关规定。

"恢复名誉、消除影响"实际上包括了要求侵权者对失实内容进行更正，从而达到消除影响的目的。媒体败诉后，法院一般都要判它在曾经刊载侵权内容的媒介的显著位置刊登书面声明，对错误内容进行更正，并向侵害人赔礼道歉。除此之外，新闻侵权受害人，尤其是受害的法人，还可能会要求媒体从积极的角度进行报道以恢复受害人被损害的社会形象。虽然这种方式可能不符合新闻规律，但在解决新闻纠纷方面却是一种良策。

5. 赔偿损失

赔偿损失指行为人用金钱赔偿因新闻侵权而造成的受害人的物质损失和精神损失。相对而言，赔偿直接的物质损失，在法律的衡量上相对要容易一些。这里包括财产的既得利益和可得利益的赔偿，如不能正常工作而导致的收入减少，因侵权损害而入院发生的医疗费用以及法人因名誉受损而导致的合同解除、商品积压等，都可以根据实际情况确定赔偿数额。

精神损失的赔偿是对受害人的一种变通的补救措施，确定起来相对复杂得多。杨立新等专家认为，在确定精神损失赔偿数额时，人民法院应该考虑以下几个因素：受害人精神损害程度；侵权人的主观态度；侵权影响范围的大小；侵权行为人的赔偿能力。

2001 年 3 月 10 日起施行的《最高人民法院关于确定民事侵权精神损害赔偿责任若干问题的解释》第五条规定："精神损害的赔偿数额根据以下因素确定：（一）侵权人的过错程度，但是法律另有规定的除外；（二）侵害行为的目的、方式、场合等具体情节；（三）侵权行为所造成的后果；（四）侵权人的获利情况；（五）侵权人承担责任的经济能力；（六）受理诉讼法院所在地的平均生活水平。"

在世界上大多数国家，精神损害赔偿包括两个部分，一个是精神利益的损失赔偿，另一个是精神损害的抚慰金。

五、新闻侵权的预防

新闻侵权的预防可以从宏观和微观两个层面进行分析。

1. 宏观预防

宏观层面上，新闻侵权的预防主要包括对已经走上新闻工作岗位的从业人员的业务素质和法律知识的培训，和对新闻院系在校大学生的预防新闻侵权知识的教育。

（1）对从业人员的业务素质和法律知识的培训

新闻媒体本身只是一种信息的载体，媒体的品位和素质由本媒体从业人员的层次来决定。所以，新闻记者实际上是新闻媒体赖以生存和发展的基础，因此必须全面提高他们的综合素质，从思想素质和业务要求上对他们进行教育和提高。

（2）对在校大学生的预防新闻侵权的知识教育

新闻院系的在校大学生是新闻单位主要的后备人才队伍，他们素质的高低将会对我国未来新闻事业产生直接影响。目前我国创办新闻专业的院校为数众多，教育质量参差不齐，很多学校并未开设相关课程，预防新闻侵权的知识对于有些在校学生来说几乎是个空白。加强在校大学生预防侵权知识的教育，对于预防未来新闻侵权行为的发生具有举足轻重的意义。

2. 微观层面

具体到新闻传播活动的微观层面，加强预防侵权的教育主要从以下几方面入手。

（1）深入采访、严谨写作

新闻记者一定要严肃采访作风，不能只满足于大致了解，而要深入第一新闻现场，细致观察、详细记录新闻事件的发生发展过程，以获取第一手资料。在写作的过程中，一定要注意到新闻作品不同于文学作品，新闻最大的特点就是真实，越真实的新闻越不容易侵权。虽然我国相关的司法解释只要求新闻作品基本真实就可以，但作为第一线记者，还是需要坚持严谨扎实的作风，从细节真实入手，尽量做到完全真实。

（2）公正评论、善意引导

公正评论是对一切新闻从业人员的法律义务性要求，任何人都无权对某人某事随心所欲地妄加评论。新闻报道只要陈述事实就可以了，受众根据新闻信息可以作出合乎事实本来面目的判断，而妄加裁决，就很可能会导致侵权。

但是新闻工作又必须针对有些新闻事件提供意见，这就要求评论员站在客观的角度公正评论，对社会生活和社会舆论加以善意的引导，但千万注意不要进行媒体审判。

（3）严格审稿、兼听则明

每个媒体都有一整套完善而严密的审稿制度。审稿制度是防止新闻侵权的最后一道关口，一定要把好这道关。另外，在可能的情况下，媒体在采访和审稿的过程中要力争多方听取意见，以保证新闻作品在最大程度上实现客观和公允。

六、新闻侵权的常见形式

新闻侵权随时都可能发生，而且情况五花八门，需要谨慎对待。

1. 新闻侵害名誉权

（1）名誉和名誉权

名誉是关于公民或法人品德、才能、信用等的一种社会评价。公民的名誉一直代表着公民的人格尊严和在社会生活中受尊敬的程度。法人的名誉更多是和它在市场中的份额及财富的多少有密切的关系。

名誉具有社会评价的特征。名誉不是一个人对另一个人的评价，也不是一个人自己对自己的评价，而是公众对特定人的评价，而且这种评价是积极的。这种积极的社会评价来源于公民或法人在相当长的一段时期内的所作所为产生的社会影响。

名誉具有客观性特征。名誉虽然是一种主观概念，但它却客观地存在于名誉主体的身边世界，不会因为名誉主体主观态度的变化而变化。另外，这种评价的依据是一种客观的社会标准。在一个相对稳定的社会环境中，大家对于同一种行为的评价基本是一致的。

名誉具有人格价值评价特征。名誉评价着眼的是公民或法人的人格价值，比如对一个人的道德素质、生活作风的评价，或者是对一个法人信用的评价等，都着眼于人格价值范畴。

名誉权一直是我国法学工作者非常关注的一个重要概念。比较一致的认识是，名誉权是指公民或法人对自己在社会生活中所获得的名誉享有的不可侵犯的权利。

名誉权的主体应该包含四类：自然人、法人、非法人组织和死者。

人格权始于出生，终于死亡，所以，自然人死后应该不再享有名誉权了。如果新闻报道真的侮辱、诽谤了死者，致使死者名誉受到非法侵害，会使他的亲属遭受精神痛苦，甚至会造成利益损害。不管是新闻媒体人还是网络自媒体都不得侵犯逝者名誉权。但博客、微信、微博等自媒体的兴起让各种信息鱼龙混杂、泥沙俱下。其中不乏侮辱逝者的文章在网络上流传。

（2）新闻侵害名誉权的构成要件

第一，行为人实施了侮辱、诽谤等侵权行为。

侮辱是指行为人以暴力、语言和文字等形式贬低他人名誉、毁损他人人格的行为。新闻侵权一般不涉及暴力侮辱，更多的是文字侮辱。比如在报道中含有毁损名誉的不实之词，或者含有不真实的话，同样会构成对他人名誉的侵害。

诽谤是指故意捏造或散布虚假事实以毁损他人的名誉。诽谤主要有两种形式，一个是语言诽谤，另一个是文字诽谤。学界一般认为，诽谤要素主要包括三个方面：行为人实施了传播有损他人名誉的内容的行为，所传播的内容具有特定的指向，传播的内容具有诽谤性。

案例：2013年2月26日，《每日经济新闻》及其网站用包含头版在内的五个整版刊登《360黑匣子之谜》等一系列质疑360公司及其产品的报道，引起了轰动。

随后，北京奇虎科技有限公司、奇智软件（北京）有限公司将《每日经济新闻》起诉至上海市徐汇区人民法院，并向国家新闻出版总署广播电视部进行了实名举报。

2014年9月19日，徐汇法院一审判决认为，纵观涉案报道，无论是大、小标题还是"'癌'性基因""肆无忌惮地破坏""'一枝黄花'式地疯狂成长""通过偷梁换柱的方式掩盖其恶行""一对并蒂的'恶之花'"等语句，均明显超出了新闻媒体在从事正常的批评性报道时应把握的限度。涉案报道多处引用匿名网络人士及360竞争对手的观点、评论，却对奇虎公司曾就相关软件安全性问题所作的说明以及生效判决的相关认定只字不提，并在此基础上发布带有明显倾向性、定论性的评述。即使不考虑上述评论所依据的内容是否真实，该评论也有违新闻媒体在从事舆论监督时应有的客观中立立场，这些言论必然对两原告的商业信誉和产品声誉造成不良影响。

基于以上认定，徐汇法院判决《每日经济新闻》停止销售当期报纸，删除其网站上的涉案报道及转载链接，赔偿360公司150万元，并公开赔礼道歉，消除影响。

对此，《每日经济新闻》方面表示不服，提出上诉。经过两次公开开庭审理，6月8日，上海一中院二审宣判，《每日经济新闻》的上诉事由缺乏必要的事实和法律依据，不予采信。而150万元的赔偿金额，兼顾惩罚和补偿，具有合理性。原审判决认定事实清楚，适用法律正确，应予维持。[1]

新闻侵害名誉权案件，和一般的民事诽谤相比，新闻侵权除了行为人主观上的故意，还非常强调过失的诽谤。

再有，新闻侵权还特别强调新闻作品的发表，只有作品发表了，才能构成新闻侵权，否则就只是一般的民事侵权行为。

第二，指向特定的受害人。

名誉权具有特定性，只能由特定人享有。因而侵害名誉权只能针对特定的人实施。而在新闻侵害名誉权案件中，受众阅读了相关的作品、收听观看了相关的节目，就应当知道新闻中贬损的是谁的名誉。新闻作品中常常会出现一些不特定的批评对象，这种批评有时候可能是失实的，但是由于缺乏可以被指认的对象，所以就不构成侵权。

而指向特定的受害人又可以分为两类：一是指名道姓地贬低他人的名誉；二是通过特定的新闻要素可以指认被侵害者。特别是网络媒体时代，在利用信息网络侵害他人名誉权等人身权益的案件中，侵权信息往往具有"含沙射影""指桑骂槐"的特征，并不明确指明被侵权人，尤其是在针对公众人物的情况下，要从信息接收者的角度判断。

案例：2012年，香港《苹果日报》刊登了一篇未经证实的关于内地影星章子怡的负面报道。毕成功随后转发并发表评论，表示前述负面报道是"Miss F"组织实施的。其后，易赛德公司主办的黔讯网刊登了《编剧曝章子怡被黑内幕，主谋范冰冰已无戏可拍》一文。文章及微博被广泛转发、转载，网络上出现了大量对范冰冰的侮辱、攻击性言论及评价。范冰冰提起诉讼，请求易赛德公司和毕成功停止侵权、删除微博信息、公开赔礼道歉并赔

---

[1] 资料来源：赵刚《〈每经〉5个整版炮轰360被判赔偿150万》，2016年6月16日，http：//rmfyb.chinacourt.org/paper/html/2015-06/16/content_99065.htm?div=-1。

偿精神抚慰金。

法院认为，毁损性陈述有可能隐含在表面陈述中（即影射），并不要求指名道姓，只要原告证明在特定情况下，具有特定知识背景的人有理由相信该陈述针对的对象是原告即可。从毕成功该微博下的评论、《内幕》一文以及后续大量网友的评论和相关报道来看，多数人认为“Miss F”所指即范冰冰。《内幕》一文由易赛德公司主动编辑、发布，事前未经审查、核实，故由此所产生的责任理应由易赛德公司自行承担。判决毕成功和易赛德公司应分别承担赔礼道歉、赔偿精神抚慰金 3 万元和 2 万元。[1]

第三，损害事实客观存在。

新闻作品发表之后是否对相关当事人造成了名誉权的侵害，不是以当事人的主观认识作为依据的，而是以客观的标准来衡量的。这个客观的标准就是社会主流的评价标准。新闻侵害名誉权的损害事实主要有以下表现形式。

首先，名誉贬损。一个人的名誉是否受到贬损，有时是有一些外在的表现形式的，比如别人的指责、嘲笑，但有的时候是没有直接的外在的表现形式的，而是表现为新闻受众内心对于受害人的鄙视。法学家王利明认为，只要有第三人知道就可以认定侵权：“除行为人和受害人之外的第三人知道行为人所实施的侮辱和诽谤等行为，是认定名誉受损的标准。因为第三人也是社会公众的一员，只要第三人知道就足以影响社会对受害人的评价。”这个观点得到了学界和业界很多人的赞同。其实，对于新闻侵权来说，只要新闻一发布，侵权行为就完全成立了。反之，如果没有第三人知道，那么就不能够构成侵权。

其次，精神损害。新闻侵权往往会导致受害人精神上的痛苦、悲伤、怨恨、失望等，使受害人的精神利益受到损失。人活着总有一个目标，无论你的目标有多具体，心境的良好平和与身体的结实健康总是必不可少的。而新闻侵权就很容易使受害人的这个目标无法实现。当然，因为每个人的知识、学识、修养和心理承受能力不同，新闻侵害名誉权给受害人心理上造成的伤害可能是不同的，表现形式也各有特色。法庭对于这些外在的表现形式无法拿出一个统一的标准来，于是制定了一个原则，就是只要受害人对侵害行为有所反应，提起诉讼，那么就可以认定为侵权。需要说明的是，精神损害只是新闻侵权案件常见的损害后果，但不是必要条件。因为痛苦实在是一种太主观的心理感受，无法具体衡量。所以，只要社会评价降低这个客观标准成立，就可以认定为新闻侵权。

再次，财产损失。名誉权本身不具有财产权内容。但是，名誉权和财产权又有着太大的关联性。一个人的名誉遭到贬损，很可能也会直接导致他财产的损失。但是名誉权毕竟是一种精神权利而不是财产权利，所以名誉权的受损和财产的损失之间的关系有时并不表现为正相关关系，也就是说，名誉受损可能不一定带来财产的损失。可能存在的原因有这么几方面：一是受害人及时采取了补救措施，使损失没有出现；二是出于目前社会上的某种群体逆反心理，人们普遍有同情弱者的心理；三是社会上还有对许多东西都充满好奇的受众存在。所以，财产受损并不是构成新闻侵害名誉权的必要条件。

最后，行为人主观上的过错。相关人士从新闻工作的复杂性和舆论监督的重要性出发，主张过失不能构成新闻侵权。不过这种观点并没有得到大多数人的认可。所以现在，在司

---

[1] 资料来源：徐砼、罗沙《网络侵权知多少？——典型案例教你了解“网络侵权”官司》，2014 年 10 月 9 日，http：//www.xinhuanet.com//zgjx/2014-10/10/c_133704321_2.html。

法实践中，无论是故意还是过失，都会构成新闻侵权，都要承担相应的法律责任。新闻过失侵害名誉权大多是因为采访不深入、文风欠踏实导致的，作者主观上并没有希望或放任这种结果出现，所以，法院在审理此类案件时，一般会从轻处理。

2. 新闻侵害隐私权

（1）隐私和隐私权

隐私权是指个人有依照法律规定保护自己的隐私不受侵害的权利，包括公民对于自己与社会公共生活无关的私人事项，有权要求他人不打听、不搜集、不传播，也有权要求新闻媒介不报道、不评论以及不非法获得；公民对于自己与社会公共生活无关的私生活，有权要求他人不得干扰，包括身体不受搜查，住宅和其他私生活区域不受侵入、窥探，只有负有特殊职务的国家机关，如公安、审判、检察机关，可以依照法律规定的程序介入、调查。

隐私权的主体只能是自然人，死者的隐私权也受法律保护。法人的商业秘密、技术秘密等有其他法律另行保护，不属隐私权范畴。

（2）新闻侵害隐私权的构成要件

第一，行为人实施了披露他人隐私的侵权行为。

记者采写的新闻报道中有侵害他人隐私的内容，并且报道已经公开发表。

当面对与“性”有关的话题、涉及未成年人不良行为的内容以及别人婚恋情况和信件、电话等隐私资料时，记者一定要格外小心，不要任意披露、报道。

第二，受害人可以被指认。

有关隐私权的内容被披露之后，只有受害人能够被指认出来，才算真正构成了侵害隐私权。所以，记者在进行报道时，千万注意隐去报道对象的真实姓名、真实工作单位和真实家庭住址等可辨识资料。不过，这种做法又给某些新闻作者制造假新闻提供了可乘之机，很多产生消极影响的假新闻都是通过这种方式传播出来的。所以，如何避免侵害公民隐私权，同时又维护新闻的真实性，实在是每一个新闻从业人员需要认真关注的大问题。

第三，导致了损害结果的出现。

侵权作品发表之后，肯定会导致受害人的精神损害，有时还会出现财产损失。

当前社会生活中有一种特别的现象：隐私主体“自曝隐私”。尤其是一些文化名人，他们更希望通过这种方式实现自己的某种目的。受此影响，很多普通人也开始接触媒体，披露隐私，希望得到社会的理解和认同。因为是隐私主体主动放弃自己的隐私，所以这样的报道和广播电视节目即使公开传播，隐私主体也不会感受到精神痛苦，也就不会受到侵害。

和侵害名誉权一样，隐私权受到侵害和财产受损之间也没有必然联系。

财产损失分直接财产损失和间接财产损失两部分。在一定情况下，隐私权被侵害会导致公民的间接财产损失，比如因为披露隐私导致公民失去工作、失去生意机会，或致病住院等。需要注意的是财产损失应该和新闻侵权行为之间有着直接的、必然的因果关系，也就是说，侵权人只负责赔偿受害人必然的收益和直接的损失。

第四，行为人主观过错。

新闻侵害隐私权的主观过错同样分故意和过失两种。

绝大多数情况下，新闻工作人员披露隐私属于主观过失。他们并不认为自己的报道涉及了当事人的隐私，所以没有征得他们同意，甚至很多时候新闻工作人员是出于良好的愿望才进行报道的，没想到侵害了当事人的隐私权。但是即使是过失侵权，也要承担相应的法律责任。

主观恶意侵害他人隐私权的现象比较少见，但是一旦发生，量刑会更为严重。

3. 其他新闻侵权形式

（1）新闻侵害姓名权

姓名是每个公民参与民事活动、设定权利和义务的特定标志。姓名权是指公民依法享有的决定、使用或改变自己姓名的权利。

公民根据法律规定，可以决定自己的姓名，但由于公民刚出生时不具备行使此项权利的能力，所以一般由公民的法定代理人代为行使。公民还可以依法更改自己的姓名，但是一定要依法到户籍登记机关办理相关手续。公民姓名权的中心权利是对姓名的使用权，在具有法律效力的文件上签字的时候，公民应该使用自己的正式姓名，而在一些非正式场合，公民可以不使用自己的正式姓名。公民还可以允许他人使用自己的姓名。

根据法律规定，作者在新闻报道中实施了干涉、盗用、假冒受害人姓名的行为，就会构成侵权。干涉指的是行为人采取某种主动行为干涉受害人正常使用自己的姓名。盗用指的是未经受害人许可，擅自使用其姓名，并实施了有害于社会和他人的行为。假冒指的是冒充他人姓名，为自己谋取个人的非法利益。

在新闻实践中，新闻侵害姓名权的案件比较少见。一旦新闻报道侵权，我们首先要确定的是这篇报道到底侵害的是受害人的哪种权利。很多时候虽然侵权人在新闻报道中改变了受害人的姓名，比如改称受害人为“笨蛋”“猪”等，这时候，侵权人侵害的是受害人的名誉权而非姓名权。

最后要考虑侵权人的主观过错。在新闻侵害姓名权的案件中，主观过错一般不会表现为主观过失，而只能表现为主观故意。如果涉讼报道的作者能够提供证据证明自己是出于主观过失，那么就不应认定他为侵权。

（2）新闻侵害肖像权

肖像是指自然人的外在形象通过特定的客观载体得以再现的视觉形象。[1] 肖像权是指公民对自己的肖像享有的使用或许可他人使用的权利。作为一项专有权利，肖像权具体包括制作权、使用权和维护权。

新闻活动经常会和肖像发生关系，学界一般认为，肖像在一定条件下是可以被合理使用的。比如：有新闻价值的人物的肖像，如政府官员、演艺明星、社会知名人士等，为了报道他们的活动和事迹，而使用他们的肖像，不构成侵权；使用参加集会、游行、仪式、庆典或其他公共活动的人的肖像；国家机关为执行公务而使用公民的肖像，如公安机关为识别、辨认和通缉犯罪分子而使用他的肖像；司法机关在诉讼中作为证据使用当事人的肖像；为了公民本人的利益而使用公民的肖像；为了实行正当的舆论监督而使用他人肖像，如破坏公物、翻越护栏、随地吐痰等；为了科学、文化、教育、卫生、体育等公益事业的

---

[1] 顾理平. 新闻侵权与法律责任 [M]. 北京：中国广播电视出版社，2001：308–309.

需要而有限度地使用公民肖像，如医学的临床教学病例或发表学术文章时必须使用的照片；基于肖像作品著作权的使用。[1]

在司法实践中，新闻侵害肖像权的认定需要符合下列几个构成要件：

首先，未经本人同意非法拍摄并使用其肖像。一般情况下，新闻记者可以拍摄并由媒体使用相关肖像，这既是记者的职业要求，也是由媒体传播信息的功能决定的。但是，有些不宜进入大众传播渠道的肖像，还是不要进行报道、披露。比如通过秘密采访的方式获得的别人家庭中的私生活镜头，或一些涉及公民隐私的不做公开审理的案件，这些都不能够通过图片或影像的方式加以报道。在新闻侵害肖像权的案件中，未经许可非法使用他人肖像是最为重要的侵权要件，也是肖像权侵权的高发地带。

其次，歪曲使用他人肖像。一般情况下，新闻报道可以不经肖像权人同意就使用他们的肖像，这是一种合理使用的行为。但是这种使用必须以不歪曲、不丑化、不侮辱作为界限，否则即使出于新闻报道的目的，也属于侵权范畴。这种歪曲使用肖像的行为，即使在征得肖像权人同意的情况下，也属于侵权。

最后，与新闻宣传无关而使用他人肖像。这里针对的是披着新闻外衣的广告宣传。表面上看是新闻报道，实际上却是希望收到广告的宣传效果，因为市场效果告诉我们，新闻的宣传效果要远远好于广告效果。这种现象和纯粹的演员做广告不一样，因为后者需要双方订立使用合同，那样就不会侵权。现在类似的争论很多，很多媒体在广告和新闻之间打“擦边球”，这样会使得法院左右为难，很难评判。

七、抗辩事由

抗辩事由是指在侵权案件中，被告针对原告提出的指控和请求，提出有关免除或者减轻其民事责任的主张。新闻侵权的抗辩事由指的是新闻媒体或新闻记者在新闻侵权诉讼中，在承认损害事实的情况下，针对原告的诉讼请求成立的某种相应的事实主张。

新闻侵权诉讼中能够使用到的抗辩事由有以下几种。

1. 证据表明

如果有充足的证据表明新闻报道的主要内容基本真实，符合客观实际，那么就可以使用这个抗辩事由。证据表明新闻报道真实，并不意味着一切枝节都正确无误，而是指主要内容和情节真实。我国 1993 年《最高人民法院关于审理名誉权案件若干问题的解答》第八条规定：“文章反映的问题基本真实，没有侮辱他人人格的内容，不应认定为侵害他人名誉权。”这里强调的也是“基本真实”。当然具体到什么程度才算是“基本真实”，这需要根据案件的实际情况细加区分。

除了强调内容基本真实，还强调了一条“没有侮辱他人人格的内容”，这两者缺一不可。

从 1993 年到 1998 年，两个司法解释都把内容“基本真实”“基本属实”作为不承担侵权责任的条件，可见，“内容真实”是最重要的抗辩事由，对于处理新闻官司具有重要

[1] 王利明 . 人格权与新闻侵权 [M]. 北京：中国方正出版社，1999：680–681.

意义。1998 年《最高人民法院关于审理名誉权案件若干问题的解释》第九条也规定："新闻单位对生产者、经营者、销售者的产品质量和服务质量进行批评、评论，内容基本属实，没有侮辱内容的，不应当认定为侵害其名誉权；主要内容失实，损害其名誉权，应当认定为侵害名誉权。"所以，新闻记者在采访写作的过程中一定要注意恪守真实原则，并注意保存相关事实证据。

2. 公正评论

新闻媒体除了传递事实，还要传播意见信息以引导社会生活，意见信息主要通过新闻评论表达出来。在新闻记者和媒体传递意见和看法的过程中，难免会带有一些好恶倾向，只要这种评论倾向是出于公心，评论内容出于善意，行文没有侮辱言辞，评论由头确凿无误，公正评论就可以成为有效的抗辩事由。

1993 年《最高人民法院关于审理名誉权案件若干问题的解答》第八条规定："因撰写、发表批评文章引起的名誉权纠纷，人民法院应根据不同情况处理：文章反映的问题基本属实，没有侮辱他人人格的内容，不能认定为侵害他人名誉权。"1998 年《最高人民法院关于审理名誉权案件若干问题的解释》也规定："消费者对生产者、经营者、销售者的产品质量或者服务质量进行批评、评论，不应当认定为侵害他人名誉权。但借此诽谤、诋毁、损害其名誉的，应当认定为侵害名誉权。"根据这些法律规定，虽然评论文章立足公正，还是有可能对评论对象造成不利影响，不过无须承担法律责任。

3. 权威来源

权威来源指的是新闻报道的内容来自权威的职能部门，如果客观报道，即使出现损害性后果，也可以免责。这个抗辩事由在西方国家被称为"新闻特许权"。

我们经常在新闻媒体上看到有关国家重要活动、法院判决书、执行书或行政机关的处罚决定书等内容的报道，只要报道能够做到和国家机关公开的文书内容完全一致就可以了，即使这些内容和客观事实不符，责任也只会由国家机关承担，和新闻媒体无关。但是新闻机构援引的依据必须是国家机关公开的职权行为，或正式有效的公开文书。

关于这一点，1998 年《最高人民法院关于审理名誉权案件若干问题的解释》第六条也作出明确的规定："新闻单位根据国家机关依据职权制作的公开的文书和实施的公开的职权行为所作的报道，其报道客观准确的，不应当认定为侵害他人名誉权；其报道失实，致使他人名誉受到损害的，应当认定为侵害他人的名誉权。"所以，一旦职能部门文书变更或者行为纠正，新闻媒体也必须跟进报道，否则也会构成侵权。

4. 当事人同意

新闻法学专家张新宝认为，"当事人同意"构成抗辩事由应该同时具备四个条件：第一，当事人事先同意，最好是明示，如果符合法律要求和民事习惯的默示也可以得到认可，但当事人的明示或默示必须是真实的，通过欺诈、胁迫或重大误解作出的"同意"表示不能认定为受害人同意；第二，行为人主观上的善意。行为人主观上的善意应该是他获得当事人同意的保证，否则他的"当事人同意"的证明很有可能是通过其他不合理手段获得的；

第三，不超过同意的范围和限度。如果新闻报道超出了当事人同意的范围和限度，那么侵权人还要承担超出部分的侵权责任；第四，受害人同意不违反法律和社会公德。

5. 正当的舆论监督

如果评论涉及公共利益，那么就可以考虑这个抗辩事由了。

媒体承担着十分重要的舆论监督功能，而舆论监督对于维护整个社会的正常运行具有非常重要的作用，所以必须加以维护。同时，由于新闻采写过程的特殊性、时效性原因，我们无法保证新闻作品的绝对真实，对此应该从维护公众知情权和公共利益的要求出发加以保护。

案例：2006 年 8 月娱乐信报社在《北京娱乐信报》及其网站上刊载了文章《浙江叫停液体安全套》后，“液体安全套”的生产厂家长江生物药业（樟树）有限公司认为该报道严重失实，将该报社告上了法庭。同年 12 月，北京市丰台区人民法院一审认定报社构成名誉侵权，判令其删除网站上的侵权文章，在该报及其网站上与侵权文章相同版面持续一周刊登道歉公告，并一次性赔偿长江药业公司名誉权侵权赔偿金 10 万元。

一审判决生效后，检察机关提出抗诉，认为原审法院酌定娱乐信报社一次性支付长江药业公司名誉侵权赔偿金 10 万元，缺乏事实和法律依据。再审法院经审理认为，娱乐信报社根据浙江省疾病预防控制中心出具的调查意见和建议刊载批评性文章，没有侮辱性言辞，且内容基本属实。

娱乐信报社有正当理由相信报道内容真实，其行为属于正常舆论监督的范畴。[1]

6. 已经更正或承诺改正

新闻媒体和新闻作者一旦发现自己侵权，马上进行更正，或作出声明，承诺在第一时间进行改正，也会取得受害人的谅解，从而成为法官定罪量刑时的一个重要标准，并最终减轻法律责任。

思考题

1. 舆论监督和新闻监督的区别是什么？
2. 舆论监督的主体和客体是什么？
3. 如何依法开展有效的舆论监督？
4. 什么是新闻侵权？
5. 新闻侵权的主体和客体是什么？
6. 新闻侵害名誉权的构成要件是什么？
7. 新闻侵害隐私权的构成要件是什么？
8. 新闻侵权的抗辩事由有哪些？

[1] 北京市高级人民法院 . 北京法院指导案例（第六辑）[M]. 北京：知识产权出版社，2011.

阅读书目

1. 顾理平 . 新闻法学 [M]. 北京：中国广播电视出版社，1999.
2. 魏永征 . 新闻传播法教程 [M]. 北京：中国人民大学出版社，2002.
3. 黄瑚 . 新闻法规与职业道德 [M]. 北京：复旦大学出版社，2003.
4. 陈绚 . 新闻法规与道德 [M]. 北京：中国大百科全书出版社，2005.

第二编
新闻伦理与职业道德

社会对参与者的规范主要有两种类型，一种是以法的方式，借助国家强制力量来对社会进行调控，学术上把这种调控称之为硬调控或曰刚性调控；另一种调控则是借助社会舆论和公民的自身素养来进行的，是社会约定俗成内化为公民自觉行为的结果，学术上把它称之为软调控或曰柔性调控，这就是伦理道德。在新闻行业，无论是东方还是西方，都会借助新闻伦理和职业道德来对新闻媒体、新闻从业者和新闻活动进行调控。

第八章
新闻伦理概述

本章要点

第一节　新闻伦理与新闻道德

第二节　新闻伦理的特点及其内容

第三节　新闻伦理的社会功能

第四节　新闻伦理与新闻法治

我们党历来不仅高度重视依法治国，而且高度重视以德治国。而通过新闻伦理与新闻职业道德来对一切新闻活动进行调控，也是我国新闻管理的重要特色之一。

第一节 新闻伦理与新闻道德

一般而言，新闻伦理与新闻道德，就是关于新闻传播活动的道德和伦理，所以，在对新闻伦理与新闻道德进行具体界定之前，我们有必要对伦理和道德的一般概念进行认识。

一、伦理和道德的一般概念

1. 伦理就是道德原则

在很多场合中，“伦理”和“道德”常常通用；但从另外的层面看，“伦理”和“道德”又被有区别地使用着。

从词源上来讲，“道德”和“伦理”是有区别的。“伦”在汉语中本意为“辈”（人伦，伦常），后引申为“类”（不伦不类）、“序”（条理）等。《孟子·滕文公上》载：“圣人有忧之，使契为司徒，教以人伦：父子有亲，君臣有义，夫妇有别，长幼有序，朋友有信。”在此，“伦”指辈分，即指“人伦”被当作规范不同人际关系的原则。“理”本意为“纹理”，引申为“条理”“道理”等意。“伦理”连用，最早见于《礼记·乐记》：“乐者，通伦理者也。”在这里，“伦理”指人际关系规范的原则。在中国古代典籍中，“道”表示事物运动的规律，而“德”则表示对“道”的认识。东汉刘熙对“德”的解释为：“德者，得也，得事宜也。”许慎在《说文解字》中说，“德，外得于人，内得于己也”，意思为所谓“德”，就是把人与人之间的关系处理得恰到好处，使自己和他人都有所得。“道德”一词连用，始见于春秋时《管子》《荀子》等书。《荀子》说：“学至乎礼而止矣，夫是之谓道德之极。”在这里，荀况赋予了“道德”较为明确的含义，即道德是指人们在社会生活中所形成的道德品质、道德境界以及调整人与人之间关系的道德原则和规范。

在西方，“伦理”（ethics）一词源于古希腊语。最早在荷马史诗《伊里亚特》中就已经出现了 eth ŏ s。最初的含义只是表示一群人所共同居住的地方，后又扩展为一群人的性格、气质及其所共有的风俗习惯。公元前 4 世纪，亚里士多德把 eth ŏ s 意义加以扩大，构建了形容词 ē thicos（伦理的），以后又构建了一个新的学科 ē thika, 即伦理学，并且成为古希腊哲学的重要组成部分。

“道德”一词来源于拉丁文 morality，mos 为名词，moralis 为形容词，意为一种方式、一种习惯。与希腊语中的“伦理”一词有着接近的含义。

虽然从词源上来讲，“道德”和“伦理”各有独自的出处，但是，从其内涵而言，都是指人们处理人际交往关系中所要遵循的规范或者规范的总和。所以，“伦理”与“道德”的连用甚至通用也就不足为奇了。

我国伦理学家罗国杰在其编著的《伦理学教程》中曾经这样解释：“不论是在中国，

还是在国外，‘伦理’和‘道德’两个概念，在一定的词源含义上，可以视为同义异词，指的是社会道德现象。但它们又有所不同，道德较多地指人们之间的实际道德关系，伦理则较多地指有关这种关系的道理。所以，随着人类文化的发展，‘伦理’或者‘伦理学’这个概念，一般就是用以表示道德伦理，而‘道德’这个概念，则一般用以表示实际生活中的道德现象。”[1]据此，我们可以对“道德”与“伦理”这两个概念进行界定。

“道德”指一定时期内调整人和人之间关系，并且依靠社会成员的内心信念和社会舆论来维护和发生作用的行为规范的总和。

“伦理”的含义要依靠对“道德”的认识进行界定。所谓伦理，指的是一定时期内相关道德规范的体系，是关于道德的原则。

2. 伦理和道德的特点

社会的存在和发展产生了秩序的要求，而秩序的形成和维护是需要社会控制与社会调节的，社会控制与社会调节的手段便是社会规范。社会结构的复杂性使得社会规范体现在社会的各个层面，不同层面的社会规范又具有不同的作用方式。较为普遍的社会规范有风俗、道德、法律、政策等，这些规范根据其形成的经济基础，具体的方式是不一样的。比如，法律、政策更多强调他律性，而习俗、习惯则体现为自律性。

伦理和道德的特点是：

（1）自律性

不同的社会规范都有各自发生作用的方式。一般而言，这些发生作用的方式可以划分为他律和自律两种。他律就是通过外部的力量迫使社会遵守，进而起到对社会秩序的维护作用；自律则要求社会成员自觉自愿地遵守相应的规范。法律是典型的他律性社会规范，要求社会成员必须遵守，其维护机制是强制性的国家机器；而道德则是典型的自律性社会规范，其维护机制是社会舆论。

当然，道德的自律性特点并不是绝对的。由于道德的内容和标准具有一定的公共性，所以，社会成员在社会交往中，往往会感受到来自社会的强大压力，在一定程度上迫使社会成员产生自律行为。

（2）实践性

道德虽然属于社会意识的范畴，但是，就道德内容的形成、道德规律的发展来看，无时无刻不与现实社会实践有着密切的关系。道德不是一个抽象的概念，而是有着现实的实践性和指向性。道德是一定时期内一定社会所认可的调整社会成员关系的规范，它的形成来自实践，同时又对现实的社会秩序起着有效的维护作用。

（3）评价性

从道德规范的自律性来看，并没有强有力的约束机制来要求社会成员必须遵守道德规范。但是，在现实社会实践中，道德依然起着非常重要的作用。道德的作用机制来源于且依赖于社会舆论。人们往往用社会公认的道德标准，对社会成员的行为进行一定的评价，进而对社会成员的行为产生一定的约束作用。

---

[1] 罗国杰．伦理学教程 [M]. 北京：中国人民大学出版社，1985：4.

（4）价值性

很多学者都认为，“价值”是一个很难界定的概念，“即使就全部概念来说，也几乎没有像价值概念这样难以界定的”[1]。但“利益”无疑是价值中一个不容忽视的因素。在对价值的理解中，利益具体表现为主体和客体之间需求的满足和提供之间的关系。所以，“价值是客体的事实属性对主体需要——及其经过意识的各种转化形态——的效用，简言之，价值即客体对主体需要的效用”[2]。道德学科是一个价值学科，伦理原则体现着鲜明的价值特性，“价值”是伦理学的开端范畴。“应当”与“善”都是价值的具体体认和表征。

二、新闻伦理与新闻道德

1. 新闻职业的产生

随着社会的发展，社会成员对社会的需求逐渐多样化，各种社会分工也就逐渐细密化，由此产生了不同的职业群体。新闻职业便是其中之一。

虽然信息传播是社会成员交往最基本的行为之一，是与人类社会发展密切相关的活动，但是作为一种专门的行业，新闻传播活动无疑是伴随着现代资本主义的发展而诞生的。所以，新闻职业具有以下特点：

（1）专门化

随着资本主义经济的发展，应运而生的新闻行业是专门的信息传播活动，是新闻职业出现的物质基础。

（2）商业化

和其他因社会分工而诞生的职业群体一样，新闻职业是为了满足资本主义社会经济发展的需要而产生的，所以，它具有明确的商业目的性。

（3）承担着维护社会秩序的责任

社会分工形成了不同的社会职业领域，这些不同的领域共同发挥着维护社会秩序的作用。新闻职业领域对于社会秩序的作用主要体现在信息传播、公共教育、文化传承等方面。

2. 新闻职业道德与新闻伦理

恩格斯说过，在社会生活中，实际上，每一个阶级，甚至每一个行业，都有各自的道德。从事某种特定职业的人们，由于有着共同的劳动方式，经受着共同的职业训练，因而往往具有共同的职业兴趣、爱好、习惯和心理传统，形成特殊的业缘关系。“道德体系通常是群体的事务，只有群体通过权威对其加以保护的情况方可运转……既然社会作为一个整体，对职业伦理没有什么兴趣，那么社会中就必然还有各种专业群体，他们饱含着这些道德，而他们的使命就在于保证人们遵守这些道德。这些群体唯有通过把具有同一职业的

[1] POJMAN L. Ethical theory: classical and contemporary readings[M]. California: Wadsworth Publishing Company USA, 1995: 145.

[2] 王海明．伦理学原理[M]. 北京：北京大学出版社，2005：24.

个体或群体结合起来，才能得以形成。”[1] 职业道德就是同人们的职业活动紧密相连的、具有自身职业特点的道德准则、规范的总和。

新闻道德，亦即新闻职业道德，是指在一定社会条件下，人们在长期的新闻传播活动中逐渐形成的调整人们之间关系的行为规范的总和。

新闻伦理，则是关于新闻职业道德的规范体系，或者关于新闻职业道德的原则。新闻伦理既要体现新闻传播活动的特点，同时又要体现社会伦理道德的一般原则。

在本书中，一般情况下，我们在讲到伦理的时候，包含了道德；在讲到道德的时候，也包含了伦理。只是为了阐述的方便和顺应习惯说法，才会在个别情况下将其分述。

三、新闻伦理与新闻道德案例

在新闻伦理和新闻道德的现实博弈中，出现了不少违背新闻伦理与道德的媒体事件。比如，新闻集团因窃听丑闻关闭《世界新闻报》事件、西方媒体歪曲报道叙利亚国内局势、中国之声记者报道山西老陈醋勾兑事件、媒体采访拷问杨武受辱事件、“小悦悦事件”施救阿婆遭辞退报道被指不实，等等。这些新闻报道事件违反了新闻伦理和新闻职业道德，削减了新闻媒体的社会公信力，值得业界和学界深思。

案例：2011 年 7 月 4 日，英国《卫报》爆料，《世界新闻报》在 2002 年非法窃听失踪少女米莉·道勒及其家人的电话，扰乱警方破案。英国议会针对该报的窃听丑闻立案调查，随后，《世界新闻报》窃听丑闻如洪水般涌出。2011 年 7 月 10 日，英国销量最高的周末小报《世界新闻报》的最后一期出版（见图 8-1）。该报 168 年的历史至此画上了一个句号。由于《世界新闻报》被曝出其雇员非法窃取、窃听私人电话信息的丑闻，拥有该报的媒体

图 8-1　2011 年 7 月 10 日最后一期《世界新闻报》

图 8-2　1843 年 10 月 1 日首期《世界新闻报》

[1] 涂尔干 . 社会分工论 [M]. 渠东，译 . 北京：生活 · 读书 · 新知三联书店，2005：4.

巨头默多克的新闻国际公司 (News International) 宣布将其关闭。《世界新闻报》于 1843 年 10 月 1 日在伦敦首次发行（见图 8–2）。目前据称每周销量超过 280 万份。但最后一期的英国《世界新闻报》印刷了 500 万份以满足需求。最后一期报纸的销售收入将全部捐给 4 家慈善机构。“窃听事件”后，公众对媒体和政客间的“暧昧”关系产生不满情绪。英国利兹大学传播学院院长格雷·荣斯利告诉《中国经济周刊》，窃听丑闻曝光了一种关系网，一头是默多克的传媒帝国，另一头则在警察和政治家手中，这位媒体大亨与工党和保守党政府都建立起关系，并利用其支持或反对的力量，推动自己的政治议程。《世界新闻报》窃听事件引发的丑闻目前不断升级，新闻集团连遭四重打击。[1]

第二节　新闻伦理的特点及其内容

一、新闻伦理的一般特点

1. 公共性

作为规范社会成员行为的道德，其标准具有一定的社会性。也就是说，作为判断行为善、恶，正当、不正当的标准，不是依个人的好恶来确定的，而是要依照一定社会阶段所认可的社会标准来衡量的。作为职业道德，新闻伦理的公共性体现为一是要依照社会对于社会成员的普遍要求的标准进行衡量，二是要依照新闻传播活动所应该遵循的道德标准来审视。

2. 规范性

新闻伦理的规范性指对社会成员行为的规范、对合乎伦理的社会成员的行为的保障、对违反道德规范的社会成员的行为的限制等，它更多是通过诉诸社会舆论的形式与作用来完成的。

3. 自律性

法律与道德，两者都是对社会成员行为的保障或者制约。但是，法律是对社会成员行为的最基本要求，而道德则是对社会成员行为的最高要求。所以，从产生作用的形式上来看，法律体现出他律的强制性，而道德则具有一定的自律性，是他律与自律的统一。他律体现的是道德所具有的社会客观性，与其他规范相比，道德体现出的他律性，以自律的形式出现。新闻伦理对新闻传播活动的制约，主要通过新闻传媒界自身的自律来实现。这种自律分为两个层面：一是新闻传媒界的行业自律；二是新闻传媒从业者自己的道德自律。

---

[2] 佚名 . 默多克新闻集团陷窃听丑闻 [EB/OL].（2011–08–05）[2019–11–14].
http：//roll.news.sina.com.cn/s_newsoftheworld_all/index.shtml.

4. 选择性

作为伦理的主体，新闻工作者应当以社会的普遍道德和新闻职业道德作为自己行为的规范。另外，新闻机构也制定了一些行业自律准则。就道德的自律性特点而言，社会成员对其具有一定的选择性。人们会依据自己对于道德的理解或者对于实践价值的判断，作出相应的行为选择。

二、新闻伦理的内容

1. 真实

“真实”是新闻的本质特点，揭示的是事物的实在性和可证伪性。受众对于新闻的理解，首先是从真实、实在、确确实实存在或者发生的角度来接受的，所以真实也就成了新闻伦理的一个重要内容。刊播“真实”的信息，是新闻传媒最基本的义务，也是对于受众的忠诚。“真实”的反面就是“虚假”，如果新闻传媒刊播的消息是虚假的，就是对受众的亵渎，也就意味着是对受众的欺骗。所以，“真实”是新闻伦理的最首要的内容。

2. 公正

公正，即为公平、正义，是指一个社会所具有的平衡性程度。从伦理学角度而言，公正在“本质上依赖于如何分配基本的权利和义务，依赖于社会不同阶层中存在着的经济机会和社会条件”。[1]社会的发展不是绝对平衡的，所以，总是存在着“快”和“慢”、“强”和“弱”等问题。新闻传媒作为大众化的社会机构，在新闻实践中，应当多方面、多层次地反映社会发展的客观现状，成为大众表达意见的公共平台，成为公众分享智慧、讨论公共事务的公共领域，而不可沦为“强势群体”的传声筒。

3. 人道主义

人道主义强调以人为本。其具体体现就是同情心。亚当·斯密认为，同情心是人类本性中最基本、最广泛的道德感情。罗素说他一生有三个追求：爱情、知识、关心人类苦难。“关心人类苦难”便是同情心。这是对新闻传媒的人性化的要求，也是新闻传媒所要达到的传播效果之一。新闻的真实、客观往往成为一些媒体从业者忽视人性的借口。其实，这两者是不矛盾的，无论是何种社会结构，最终都是为人服务的，同情心应该成为新闻传媒新闻实践的动力。

4. 社区意识

新闻伦理是新闻道德规范的原则，抽象、一般便成为其形式上的特征。但是，任何新闻机构都是针对具体的目标人群进行信息传播的，所以，新闻传媒又必须分析受众的文化背景、地域特征、社会心理特点等，考虑到所界定的目标群体对于所传递信息的心理承受能力。所以，新闻伦理又是具体的，必须考虑到相关的社区需求。

---

[1] 罗尔斯．正义论 [M]. 何怀宏，等译．北京：中国社会科学出版社，1997：5.

第三节　新闻伦理的社会功能

一、认识功能

新闻伦理的认识功能是指其可以反映社会现实的功能。新闻伦理反映的是新闻传播活动主体间的利益关系，所以，对新闻伦理的认识功能可以从以下两个方面来理解：1. 新闻伦理有助于新闻从业人员厘清职业界限，认识到新闻传播者所应该承担的社会责任，进一步明确新闻伦理属性；2. 有助于受众进一步理解和认识新闻传播业的特点，培养其科学、理性的媒介素养。

二、控制功能

新闻伦理作为新闻道德的规范体系，对新闻传播活动起着一定的规范和控制作用。从社会调节的角度和范围上看，道德是从利益的角度调整社会个体与社会整体、社会个体与社会个体之间的关系，是从应当的角度作为调节标准的。道德所要求的应当，侧重于引导当事人履行与其身份匹配或符合的社会义务。道德的调节手段主要是社会舆论，依靠其进行沟通疏导、教育感化。新闻伦理的社会调节作用表现在两个方面。

1. 对社会成员权利的保护

作为社会规范之一，道德是从社会成员所具有的权利和义务的角度发挥社会调节作用的，也就是说对社会成员权利的维护成为社会成员遵守一定职业道德的保障。进一步来说，当新闻传媒机构或者新闻从业者，依据一定的道德规范进行新闻传播活动的时候，社会舆论一定要给予其高度的评价。这是来自社会对于社会成员正当行为的奖励。只有如此，才能够为社会树立标准，才能够使社会成员的行为选择有一个公认的准则。如果一个遵守道德规范的社会成员的行为不能得到社会公正的评价，而一个不遵守道德规范的社会成员反而能获得一定的利益，那么这个社会就会出现更多的失范行为，将会呈现道德混乱。

2. 对社会成员违反规范行为的制约

新闻伦理另一个重要的功能就是对违反新闻道德标准的行为进行一定的制约。与政策、法律等规范不同的是，新闻道德所具有的规范作用主要是通过社会舆论体现出来的。“社会置身于舆论的氛围里，而所有的舆论又都是一种集体的形式，都是集体产生的结果。”[1]在现代社会中，社会高度媒介化，新闻传媒成为社会舆论聚合和发散的主要平台，对社会起着一定的监视作用。同时，随着受众传媒素养的提高，新闻传媒本身也被纳入社会舆论的评价体系中，新闻传媒是否尽到了其应有的社会责任、新闻传媒人的行为是否符合一定的社会道德标准等，已经逐渐成为全社会关注的热点。

---

[1] 涂尔干 . 社会分工论 [M]. 渠东，译 . 北京：生活 · 读书 · 新知三联书店，2005：17.

第四节　新闻伦理与新闻法治

在新闻传播领域，新闻伦理与新闻法治两者既有区别又有密切的联系，对于包括新闻传播秩序在内的整个社会秩序的形成和维护各自扮演着不可或缺的角色。

一、新闻伦理与新闻法治的区别

虽然新闻伦理与新闻法治都属于上层建筑范畴，都是调节新闻机构、新闻工作者、新闻采访活动及新闻与其他社会门类关系的社会机制，但两者却有着鲜明的不同。

1. 两者形成的方式不同

伦理与道德是在一定社会风俗习惯的基础之上所形成的以“善”“恶”为标准进行衡量的社会规范，伦理的形成是自发和自觉的统一，是内在的社会规范。作为与新闻传播领域相关的新闻伦理，可以分为两个层面：一个层面是针对行业本身的，是以制度性的行业自律形式出现的条例或者守则；另一个层面是针对新闻传媒从业人员而言的，强调的是作为社会成员所要遵守的社会认可的道德规范或者伦理原则。新闻伦理的形成虽然具有客观的社会的要求，但最终还是体现为社会主体自身的选择。

法治体现的是一个国家统治阶级的意志，是由国家立法机关遵循一定的立法程序而制定的法律条文的总称及其实施，是一种外在的社会规范力量。新闻法治是针对新闻传播领域而制定的法律并依靠国家力量施行，是国家法治体系的一个重要组成部分。

2. 两者作用的方式不同

由于新闻伦理与新闻法治两者形成的方式不同，其作用的方式也就存在着差异。伦理体现的是社会成员的自觉意识，社会舆论和个体自觉构成了伦理的作用机制。“如果在偏离它时，在可以标明的一定范围内的人当中，会遇到某种（比较）普遍的和在实际上可以感受得到的指责，在外在方面，它的适用有这种机会保证的话。”[1] 法治体现的是社会对于其成员个体的他律性，其必须依靠国家的强制力来保证实施。“如果在外在方面，它的适用能通过（有形的和心理的）强制机会保证的话，即通过一个专门为此而设立的人的班子采取强制遵守，或者在违反时加以惩罚，实现这种强制。”[2]

新闻伦理的作用方式便是通过新闻行业形成的制度性的行业自律以及新闻传媒从业者对于一定伦理原则的理解来完成的，形式上表现为社会成员对于相关规范和道德标准的认识而进行的行为选择。新闻法治对于新闻传媒业而言，其作用机制也是国家的强制力。新闻法治是从政府或者国家的角度，产生的对新闻传媒界的规范作用，并不一定以新闻界自身的主体性为前提。

---

[1] 韦伯．经济与社会 [M]. 林远荣，译．北京：商务印书馆，1998：64.

[2] 韦伯．经济与社会 [M]. 林远荣，译．北京：商务印书馆，1998：64.

二、新闻伦理与新闻法治的共同性

尽管新闻伦理与新闻法治有诸多不同，但也有很多相通之处，具有不少的共同性。

1. 两者具有共同的渊源

无论是伦理还是法规（法治的物质形态），都源于最基本的社会风俗习惯。新闻伦理与新闻法规（新闻法治的物质形态）也是如此，只不过由于一定社会秩序对于规范要求的强度不同而使两者有所区别。

2. 两者都属于社会的意识形态

马克思主义认为，社会的物质资料生产方式构成了社会的经济基础，是建立在经济基础之上的属于社会的上层建筑。社会的上层建筑分为实体的上层建筑和观念的上层建筑。新闻伦理与新闻法治都产生于具体的社会环境中，同属于社会的上层建筑，并且都是以观念形态存在的社会意识形态的特殊形式，与其他形式的意识形态一起维护着社会秩序的稳定。

3. 两者具有共同的目的

虽然新闻伦理与新闻法治在形成方式、作用机制上有很大的差别，但是社会的新闻伦理与新闻法治具有共同的目的，即以不同的形式共同维护着社会秩序的稳定。新闻法治是对社会成员在新闻活动中的最基本的规范要求，而新闻伦理则体现了对社会成员在新闻活动中较高的规范要求，两者从不同的层面共同维护着既定的新闻传播秩序。

三、新闻伦理与新闻法治的相互作用

新闻伦理与新闻法治不仅有不同之处和相同之处，它们还具有相互作用的特点。

1. 新闻伦理和新闻法治相互补充

两者在共同维护社会秩序方面起着一定的互补作用。新闻法治是国家法治体系的一部分，对社会具有强制性和权威性，体现了对社会成员的最基本的要求，是对社会成员参与新闻活动的刚性调节，所以，其作用的范围具有一定的局限性；而新闻伦理所涉及的范围更为广泛，具有柔性调节的特征，在新闻法治所不能触及的或者还没有形成规范的地方，新闻伦理都可以依靠行业自律或者社会舆论进行调整。

2. 新闻伦理为新闻法治提供价值基础

伦理体现的价值具有一定的公共性。法治虽然是统治阶级的意志体现，但是，从本质上来讲，法治依然是对社会共同认同的价值标准的维护。“固守已经成为习惯的东西是所有行为中——因而是所有社会行动——极其重要的因素，以至于当法律性强制将习俗转化为法律义务时，它常常在事实上未增加任何有效性；而当它与习俗相对立时，其影响实际行为的努力往往会以失败告终。”[1]新闻伦理与新闻法治的关系也是如此，新闻法治如果要保证其实施的有效性，必须最大限度地适应一个社会的新闻伦理。所以，新闻法治无论是从其制定到其目的的实现，都是以一定的新闻伦理为基础的。

3. 新闻法治为新闻伦理的实现提供现实保障

外在的法治往往是在内在的伦理运作失效时才发挥作用的。新闻伦理的实现也是在自身内在机制失去作用，无法有效调节新闻活动的各种关系时，才必须依靠新闻法治来加以实现。新闻法治往往成为解决一个社会新闻活动的各种关系、处理所有媒介事件的最后手段。

思考题

1. 什么是新闻伦理？
2. 新闻伦理的一般特点是什么？
3. 如何理解新闻伦理与新闻法治的关系。
4. 如何理解新闻伦理的社会功能。

阅读书目

1. 罗国杰 . 伦理学教程 [M]. 北京：中国人民大学出版社，1985.

2. POJMAN L. Ethical theory：classical and contemporary readings[M].Califormia: Wadsworth Publishing Company USA, 1995.

3. 王海明 . 伦理学原理 [M]. 北京：北京大学出版社，2005.

4. 罗尔斯 . 正义论 [M]. 何怀宏，等译 . 北京：中国社会科学出版社，1997.

5. 涂尔干 . 社会分工论 [M]. 渠东，译 . 北京：生活・读书・新知三联书店，2005

6. 韦伯 . 经济与社会 [M]. 林远荣，译 . 北京：商务印书馆，1998.

[1] 韦伯 . 经济、诸社会领域及权力 [M]. 李强，译 . 上海：三联书店，1998：15.

第九章
新闻伦理的发展与新闻伦理原则

本章要点

第一节　我国新闻伦理的发展过程

第二节　新闻伦理的原则

新闻伦理是伴随着新闻传媒业的发展而逐渐形成和发展的。在新闻传媒业发展的各个不同阶段，新闻伦理的形式和内容也有所不同。

第一节　我国新闻伦理的发展过程

一、我国近现代新闻伦理的发展

我国近代新闻传媒诞生于封建社会末期。与西方媒体产生的背景不同的是，当时，西方资本主义的发展已经从最基本的原始积累阶段进入了海外扩张阶段。而中国就成了各个列强争夺的目标。在西方国家的坚船利炮大规模到来之前，他们首先开始了文化的侵略和渗透，文化成为他们开疆拓土的先锋。一些西方传教士纷纷来到中国各地，传教布道。我国的第一份报纸《察世俗每月统记传》就是由外国的传教士所创办。随着中国国门的被迫打开，在西方国家不断进行蚕食和经济压迫下，客观上也促使了一些有识之士开始对我国的现状进行反思。在新闻传媒领域，国人自办报纸数量逐渐增多。

基于上述背景，我国新闻传媒是在西方资本主义列强和国内封建势力余孽的双重压力下艰难地发展起来的，所以，体现在新闻传媒实践中也是鱼龙混杂，泥沙俱下。但是，一些有识之士善于学习西方先进的新闻传播理念，对我国的新闻传媒实践进行反思，提出了一些很有意义的思想与观点，迄今仍有强烈的现实意义。具体来讲，这些思想可以从对新闻传媒从业人员和新闻传媒业两个层面来认识。

1. 作为新闻传媒从业人员的道德规范和伦理准则

做事先做人，这是中国传统文化对于每一个社会成员的基本要求。所谓做人，其实就是对其行为的道德评价。所以，我国近现代新闻传媒的伦理思想，首先就体现在对于其从业人员的做人要求上，也就是品行的要求上。早在 1859 年，太平天国的干王洪仁玕就在其《资政新篇》中提出，新闻官必须是“性品诚实不可阿者”。著名报人邵飘萍也认为，报人的“品性为第一要素，所谓品性者，乃包含人格、操守、侠义、勇敢、诚实、勤勉、忍耐及种种新闻记者应守之道德”。所以，品性就成为对一个报人的最基本、最起码的要求。

王韬是我国近代史上最著名的报人之一，他创办的《循环日报》成为我国第一份以政论为主的报纸，而王韬也被誉为我国第一位报刊政论家。在其办报理念中，对报业人员的素质就有较高的要求。在《论日报渐行于中土》一文中，他提出：“顾秉笔之人，不可不慎加遴选。其间或非通才，未免识小而失大，然犹其细焉者也。”王韬认为，新闻工作者不仅要具备良好的专业素养，避免“识小而失大”，更要有良好的职业道德，不能“挟私讦人，自快其忿”，否则便是“品其计下矣，士君子当摈之而不齿”。以及“采访失实，纪载多夸，此亦近时日报之通弊，或并有之，均不得勉”等。针对这种现象，王韬认为：“惟所冀者，始终持之以慎而已。”[1]

改良主义者郑观应虽然没有亲自主办过报纸，但是却对报人的职业道德提出了明确的

---

[1] 复旦大学新闻系新闻史教研室 . 中国新闻史文集 [M]. 上海：上海人民出版社，1987：14.

要求："执笔者尤须毫无私曲，暗托者则婉谢之，纳贿者则峻拒之，胸中不染一尘，惟澄观天下之得失是非，自抒伟论。倘有徇私受贿，颠倒是非，呈坚白异同之辩，乱斯民之视听者，则援例告官惩治。"[1]

著名报人邹韬奋在为其主办的《生活》周刊招聘工作人员时，提出了四个条件："（一）大公无私；（二）思想深入；（三）文笔畅达；（四）至少精通一门外国文。"[2]

在这些关于品性的论述中，公正不阿又成为首要的品德。这是基于当时的报人对于报纸社会责任的理解。所以，可以说，我国近代新闻传媒很早就具有了社会责任论的思想。

2. 体现作为专门社会机构的新闻传媒的伦理思想

我国近代的报刊，是在剧烈的社会运动中诞生和发展的，所以，从新闻传媒的社会作用出发，特别强调新闻的公信力，这一点，是通过对新闻的真实性的要求而体现出来的。郑观应明确指出："盖秉笔者有主持清议之权，据实直书，实事求是，而曲直自分，是非自见，必无枉言谰语、子虚乌有之谈参错其间，然后民信不疑。"1902 年由英华（敛之）在天津创办的以"忘己之为大，无私之为公"的《大公报》，体现了当时的报人对于报纸社会责任的理解。1904 年《〈时报〉发刊例》中，列出了二十四条准则，其中"第一本报论说，以公为主；不偏徇一党之意见。非好为模棱，实鉴乎挟党以论国事，比将有辟于亲好辟于贱恶，非惟自蔽，抑其言亦不足取重于社会也，故免避之""第四本报论说，以适为主。虽有高尚之学理，恢奇之言论，苟其不适于中国之社会制度，则其岩壁无力而反以滋病，故同人相勗，比度可行者乃言之""第七本报纪事，以确为主。凡风闻影响之事，概不登录。若有访函一时失实者，必更正之""第八本报纪事，以直为主。凡事关大局者，必忠实报闻，无所隐讳""第九本报纪事，以正为主。凡攻讦他人隐私，或轻薄排挤，借端报复之言，概严屏绝，以全报馆之德义"等五条分别强调了报纸应该以"公"为主，在进行新闻报道时一定要适度、准确、直接和正义，表达了《时报》的新闻伦理观。[3]

五四运动以后，西方的新闻道德的自律信条通过不同的渠道传入我国，对当时的报刊界的伦理原则也起到了一定的促进和丰富作用。其中，来自美国的《记者守则》几经翻译，广为传播，充分体现了当时的新闻界对于该守则的重视程度。1921 年 12 月，美国密苏里大学的新闻学院院长威廉博士到中国访问，带来了他的《记者守则》。此前，该守则的译文已经在上海《字林西报》上刊登过。1932 年燕京大学新闻系编的《新闻学研究》，刊登了汪英宾的重译文。新闻学家任白涛 1941 年出版的《综合新闻学》一书专章论述《新闻事业道德》时，又进行了重译，1942 年，重庆《大公报》刊登了新译文。此外，1923 年美国报纸主编人协会制定的《报业信条》也很早就传入了中国。1930 年出版的日本后藤武男著的《新闻纸研究》中译本，曾以《伦理法则》之名做过介绍，任白涛后来又把它翻译为《新闻道德规律》，在他的《综合新闻学》中也做过介绍。1945 年，美国报纸主编人协会三位代表访华，为表示欢迎之意，时任国民党中央宣传部新闻事业处处长的马星

---

[1] 复旦大学新闻系新闻史教研室 . 中国新闻史文集 [M]. 上海：上海人民出版社，1987：19.
[2] 复旦大学新闻系新闻史教研室 . 中国新闻史文集 [M]. 上海：上海人民出版社，1987：154.
[3] 复旦大学新闻系新闻史教研室 . 中国新闻史文集 [M]. 上海：上海人民出版社，1987：66–67.

野，再次翻译了该协会1923年制定的《报业信条》。渐进的西风掀起了一波新闻自律的信条“涌动的春水”，这对于当时我国新闻业界道德行业自律的形成的确起到了一定的借鉴和参考作用。

二、新中国新闻伦理思想发展

早在1942年，毛泽东在中共中央宣传部召开的一次干部会议上，做了《反对党八股》的讲演，对当时我党在宣传工作中所出现的不良风气进行了深刻剖析和批评。1947年，针对当时解放区的报纸在新闻报道中存在的虚假报道现象，又展开了对“客里空”[1]现象的批判。这些都可以看作我党对当时的新闻传媒提出了伦理道德的要求。

新中国成立后，范长江1950年在华东新闻讲习班开学典礼讲话中清晰地提出了“人民新闻工作者的四个信条”，分别是：消息要绝对真实、思想要正确、建立群众观点、建立自我批评。这四个信条，一方面体现了新中国的新闻传媒所应该坚守的鲜明的党性原则，另一方面也要求新闻工作者要坚持新闻的真实性原则。但遗憾的是，该原则并没有在我国新中国成立时的新闻界中推行开来。

1978年改革开放之后，为了适应新形势下新闻传媒实践活动的发展，新闻界将自身的道德建设提上了议事日程。从1981年至今，我国新闻界的伦理建设经历了三个发展阶段。

第一阶段：改革开放伊始，我国百废待兴。当时新闻伦理建设的重心是如何维护新闻真实性原则，反对新闻失实。1981年，中共中央宣传部新闻局与中央新闻单位商拟了一个《记者守则（试行草案）》，在各新闻单位内部试行。《记者守则（试行草案）》共10条，它的工作重心主要是围绕着新闻的真实性原则展开，从不同的方面对新闻工作者的职业道德进行了规范，为后来正式制定《中国新闻工作者职业道德准则》奠定了基础。

第二阶段：1985年前后，由于我国新闻传媒机制发生了变化，新闻界开始实行“事业单位，企业化管理”模式，新闻传媒业在实践中出现社会效益和经济效益的失衡，引发了社会对于新闻传媒功能的质疑。所以，这一阶段新闻伦理建设的重心落在了如何反对行业不正之风、反对有偿新闻上，从而使我国新闻伦理道德的建设进入了一个新的高潮。1987年《中国新闻工作者职业道德准则》草案出台，先在中央和地方的一些新闻单位征求意见，1991年1月中华全国新闻工作者协会第四届一次理事会正式通过了《中国新闻工作者职业道德准则》，后又根据“准则”实行的具体情况和会员意见，经1994年、1997年、2009年、2019年4次修订。经过修订的“准则”，其要点为：（1）全心全意为人民服务；（2）坚持正确的舆论导向；（3）坚持新闻真实性原则；（4）发扬优良作风；（5）坚持改进创新；（6）遵守法律法纪；（7）对外展示良好形象。“准则”的制定和修订，成为我国新闻事业发展史上的一件大事。同时，中央宣传部、国家新闻出版署等部门相继发出通知，要求进一步规范我国新闻传播活动。

第三个阶段：进入21世纪以来，我国新闻伦理的发展呈现新的态势。一方面，以互

---

[1] “客里空”是苏联剧本《前线》中一个惯于弄虚作假、吹牛拍马的战地特派记者。1947年6月15日，解放区《晋绥日报》介绍了这个人物，6月25、26日，发表长篇文章，公开检查当时新闻报道中的“客里空”现象。同年8月28日和9月1日，新华总社先后发表编辑部文章和社论，号召解放区新闻界学习《晋绥日报》的自我批判精神，开展反对“客里空”运动。

联网为代表的新媒体的出现，使新闻传媒生态环境更加复杂化；另一方面，随着我国市场经济体制的逐步确立，人们的价值观念和思想意识也更加多元化，使得我国新闻传媒实践面临新的挑战。也使我国新闻伦理建设进入了一个新阶段：新闻传媒不仅要尽继续加强履行自身行业伦理道德建设的义务，同时又承担着更为重要的对于我国公民的主流价值观念、正确道德意识的形成和提高的社会责任，为我国社会主义道德建设做出贡献。

第二节　新闻伦理的原则

一、休谟法则与波特图式

休谟在《人性论》中谈道，突然之间，他大吃一惊地发现，他所遇到的命题中不再是通常的“是”与“不是”等系动词，而是“应该”与“不应该”这样的词。这个变化虽是不知不觉的，却是有极其重大的关系的。因为这个“应该”与“不应该”既然表示一种新的关系或肯定，所以就必须加以论述和说明；同时对于这种似乎完全不可思议的事情，即这个新关系如何能由完全不同的另外的关系推出来，也应该指出理由并加以说明。

这就是伦理学中著名的“休谟难题”或者叫作“休谟法则”，即应该能否由是（事实）产生和推导出来？能否从“是”“事实”“事实如何”推导出“应该”“价值”“应该如何”？

“应该”其实是伦理学的核心范畴，“善”“公正”范畴只是“应该”的具体体现或者结果评价。休谟法则为我们提供了道德价值推导公式。[1]

前提 1：行为事实如何

前提 2：道德目的如何

结论：行为应该如何

按照这个公式，每个社会成员都是基于对一定事实的认识和自身对于行为道德目的的理解做出自己的行为选择的。

美国哈佛神学院教授拉尔夫·波特博士也设计了一种道德的推理模式——波特图式(见图 9-1)，波特图式将道德分析的四个方面纳入其中，可以看作休谟法则的具体运用。

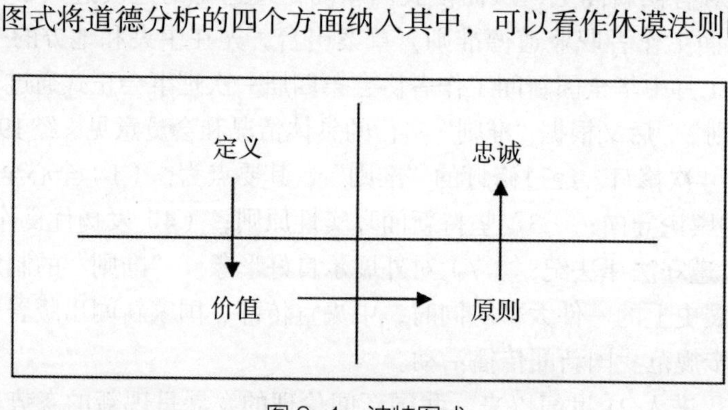

图 9-1　波特图式

在这个经过改进的表中，定义是指对具体情景的描述和界定；价值是指一定社会的不

[1] 王海明 . 伦理学原理 [M]. 北京：北京大学出版社，2005：5.

同价值观念；原则是指各种伦理原则；忠诚则是指对所界定的目标群体的忠诚。

表中的价值、原则等要素，并不是唯一的，一定社会阶段的各种价值观念和林林总总的伦理原则，使得社会成员在认同上形成不同的态势，进而在对具体新闻事件的认识和分析上，在各自所拥有的伦理观念上，会形成不同的选择，最后体现出了不同的忠诚性。

无论是休谟法则还是波特图式，都可以帮助我们认识新闻伦理中的选择性特点。作为自律性社会规范的新闻伦理，在对社会成员行为的具体作用方面就体现为个体的选择性。社会个体通过所能认识到或者可接受的伦理观念来指导自己的行动。

链接阅读：

中国最美女记者——曹爱文

（2006 年）7 月 10 日下午，13 岁的女孩王孟珂不慎落入黄河中。后来王孟珂被乡亲打捞上岸。在 120 急救车抵达现场之前，闻讯赶来的河南电视台都市频道 23 岁女记者曹爱文，在现场无人懂得急救知识的情况下，放弃报道，对小女孩实施急救，但终因没能挽回女孩生命，而为此流下眼泪。现场被网友拍下她现场施救的图片发布到网上，被众多热情的网友赞为“中国最美的女记者”。有关她的事迹的帖子最初出现在大河网大河论坛“网闻天下”栏目，这篇《河南电视台都市频道女记者曹爱文流泪伤心的模样》的帖子，图文并茂地讲述了曹爱文救助落水女孩的全过程。大河网迅速以焦点图的形式在网站首页发出新闻，在全国网络媒体中首家对此事进行报道。人民网、新华网、新浪网、搜狐网、网易、腾讯、TOM 等国内知名网站迅速转发，成为全国网友讨论的焦点，但她放弃报道而救人的做法也引发了争议。

积极救助他人是任何一个社会必须大力弘扬的人性之美，舍弃最根本最直接的人性，置身于一侧当事件的记录者，这种理解是对新闻职业要求的断章取义。曹爱文那看似平常的举动，却打破了一些人脑海里的固有观念，报道中把社会责任放到了首位，让生命重新回到了社会尊重的顶点，让人们看到了社会的人性之光，而不是一种唯职业要求的冷漠。

伦理原则的本质体现的就是一定的社会价值观。新闻伦理的本质就是一定的新闻价值观念的道德体现。在伦理学的发展历程中，道德原则也是多种多样的。在此谨介绍一些最基本的道德原则。

二、中庸之道原则

对于熟悉中国传统文化的人来讲，中庸之道是个熟稔于心的概念。中庸之道是孔子思想的最重要方法论，中庸也是孔子思想体系中最重的范畴之一，也是我国传统哲学的重要思想。在《论语·雍也》中，有“中庸之为德也，其至矣乎！民鲜久矣。”但更多的中庸思想，被认为是孔子的孙子子思所编著的《中庸》的具体体现。何谓“中庸”？“中者，天下之正道。庸者，天下之定理。喜、怒、哀、乐之未发，谓之中。发而皆中节，谓之和。中也者，天下之大本也。和也者，天下之达道也。”宋代程朱理学将之概括为“不偏之谓中；不易之谓庸”，概言之，中庸即为适中。

古希腊的亚里士多德也提出了中庸的思想。在亚里士多德的思想中，中道就是在两个极端之间选择的一个准则或尺度。他认为，所谓有德的选择是与中道一致的选择。亚里士多德用一些例子来说明合乎道德的选择。比如，勇敢是美德，但是这个美德是取两种缺点的中间，即鲁莽（过度）与懦弱（不足）。在有关勇敢的例子中，懦夫是指一个人过多地屈服于危险引起的冲动；鲁莽是指一个人过少地屈服于危险引起的冲动。亚里士多德把德性界定为合乎中道。在确定德性之前，首先要具体确定两个极端的开始。

对于中庸思想，一直有着不同的观点。有人认为，所谓中庸思想，就是调和，强调折中。其实，这是一种对中庸思想的比较绝对的理解。无论是孔子、还是亚里士多德，中庸都是有条件的，“不偏不倚（易）”或者“中道”是指在一定社会所认可的道德标准之下的适中，而不是绝对的折中。

在新闻传媒实践活动中，一定程度上这种中庸的原则就是“客观”。这是新闻的一个重要的属性。“中庸”作为一个伦理原则，在信息传播过程中，就是要保持传播者立场的中立性，使所传递的信息尽量客观，这样才能使新闻具有较高的可信性，进而使相关媒体具有较高的公信力。

三、康德的绝对命令原则

在伦理思想的发展史上，德国哲学家康德的绝对命令成为令人瞩目的道德原则。康德曾说：为我上者，灿烂星空；道德律令，在我心中。由此可见道德原则在康德哲学中的重要地位。康德把道德原则搬到主观的道德意识中去，认为道德只是一种先天的不依赖于经验的道德意识，即“实践理性”。这种实践理性所制定的原则不具有社会的性质，也不从社会功利出发。他认为，只有“善良意志”才是无条件的善，而其他的善，比如智力、勇敢、权势、财富、荣誉、健康等，都是有条件的。而道德规律，就是康德所谓的绝对命令，是无条件的，不计较功利得失的准则。康德提出了三个绝对命令。

绝对命令一：我一定要这样行动，使得我能够立定意志要我行动的标准成为普遍规律。

绝对命令二：你必须要这样行动，做到无论是你自己或别的什么人，你始终把人当作目的，总不把他只当作工具。因为只有每个人都把别人当作目的，而不是工具，每个人才是主人。

绝对命令三：每个有理性者的意志都是颁布普遍规律的意志。

康德把道德分为“自律的道德”和“他律的道德”。“自律的道德”是指每个人都按照自己的道德规律行事，其动机只可求之于道德规律本身，而不应当考虑到其他的因素，比如“快乐”“幸福”等。在这种自律的道德下，每个人都有自己的目的，于是每个人都有自己的尊严，人与人之间也就有了平等。每个人都按照自己的实践理性办事，不接受外来的控制，因而每个人都得到自由而全面的发展。这就是康德的“意志自由”，也谓“个性自由”。而那种考虑到快乐和幸福以至对神的意志服从的道德，则是“他律的道德”。虽然，康德的伦理思想中有着不能忽视的先验主义色彩，但却包含了强烈的社会责任意识。所以，康德的伦理学又被称为“责任伦理学”。康德在很大程度上把道德还原为一种社会责任感。

链接阅读

心理学家柯尔伯格设计了这样一道两难的道德命题：一个名叫海因茨的人，需要一种昂贵的特效药来挽救生命垂危的妻子。他向发明并控制这种药的药剂师提出先付一半的钱，另一半以后再付，却遭到药剂师的拒绝。海因茨为挽救妻子，到底该怎么办？若偷取药品就违背了社会“不许偷盗”的规则；而若遵守社会规则，就会使妻子白白等死。

四、罗尔斯的“无知之幕”

美国当代著名哲学家罗尔斯从道德的角度研究社会的基本结构。他在《正义论》中提出了两个正义原则，第一个原则是平等自由的原则，第二个原则是机会的公正平等原则和差别原则的结合。其中，第一个原则优先于第二个原则，而第二个原则中的机会公正平等原则又优先于差别原则。这两个原则的要义是平等地分配各种基本权利和义务，同时尽量平等地分配社会合作所产生的利益和负担，坚持各种职务和地位平等地向所有人开放。他认为，这两个原则是以契约的方式来确定的，“契约”的目标并非选择建立一种特殊的制度，而是选择确立一种指导社会基本结构设计的根本道德原则即正义原则。罗尔斯认为，订立契约的原初状态纯粹是一个假设的状态，我们可以合理地设置原初状态的条件，使每一个人在任何时候都能进入这种状态，模拟各方进行合理的推理而做出对正义原则的选择。

这种假设的原初状态就是罗尔斯所说的“无知之幕”。罗尔斯认为，原初状态的观念旨在建立一种公平的程序，以使任何被一致同意的原则都将是正义的。其目的在于用纯粹程序正义的概念作为一个理论基础……因而，为达到此目的，可以假定各方是处在一种无知之幕的背后。他们不知道各种选择对象将如何影响他们自己的特殊情况，他们不得不仅仅在一般考虑的基础上对原则进行评价。

罗尔斯认为，在原初状态中将被各方选择的是两个正义原则的内容。这两个正义原则是一个更一般的正义观的一个专门方面。这个一般的正义观为：

所有的社会基本价值（或者说基本善）——自由和机会、收入和财富、自尊的基础——都要平等地分配，除非对其中一种或所有价值的一种不平等分配合乎每一个人的利益。

相应的两个原则则是：一，每个人对其他人所拥有的最广泛的基本自由体系相容的类似自由体系都应有一种平等的权利。二，社会和经济的不平等应该这样安排，使他们被合理地期望适合于每一个人的利益；并且依系于地位和职务向所有人开放。

这两个原则暗示着社会基本结构的两大部分，一是有关公民的政治权利部分，一是有关社会和经济利益部分。[1] 理想社会应该是社会制度的设计要合乎最少受惠者的最大利益。

要解释清楚“合乎最少受惠者的最大利益”，需要继续关注两个问题，这就是：（1）怎样鉴定最少受惠者的地位？（2）怎样衡量人们的合法期望的水平？对于前者，罗尔斯认为，每个人都占据两种地位，一是平等公民的地位，二是在收入和财富分配中的地位。这样，确定最少受惠者可通过选择某一特定社会地位（如非熟练工人）按达不到中等收入水平的一半的标准来进行。虽然有人批评罗尔斯的两个正义原则透露出一种平等乃至平均主义的倾向，但罗尔斯坚信，这两个原则绝不会导致一个英才统治的社会，不会导致一个

---

[1] 罗尔斯．正义论 [M]. 何怀宏等译．北京：中国社会科学出版社，1997：56.

差别很大的社会，他甚至不无天真地表现出这样一种预期："倘若始终遵循这两个原则的话，未来社会的人不仅将在制度形式上保证平等，而且能够接近事实上的平等。"罗尔斯关于正义的无知之幕、两个原则尽管存在着一种理想化的缺陷，但对于我们理解现代社会的正义以及如何才能做到正义有着实践方面的启示，对我们做好新闻报道有着重要的启示性意义。

五、功利主义原则

功利主义的代表人物是边沁和穆勒。边沁认为，可用于指导行为的唯一合乎理性的和一致的标准，就是评估具体行为所带来的快乐和痛苦的后果，而评价词的意义只有在这种逻辑关联中才可理解。因而，这至少有以下两种原因。

首先，那些以对自然法或自然权利的信念为基础的理论，其意义和参照性与任何具体语境下的使用完全无关。

其次，在此基础上，边沁认为，任何形而上学的道德理论，在逻辑上都是不可能的，由此边沁提出了功利主义原则，即最大多数人的最大幸福原则，而这个原则的基础在于人的心理。"人被构造得如此，以致被置于'两个至上的主人'——快乐和痛苦的控制之下。"边沁给出了58个关于快乐的关联词，不同来源的快乐就其感觉的强度和持续的时间来说，是可以测量和比较的。在进行选择时，快乐的量是唯一的标准："快乐的量是相等的，儿童的游戏和诗歌一样好。"

边沁认为，个人的最大幸福等同于追求最大多数人的最大幸福时所获得的幸福。服从社会生活所必需的法则的唯一动机，是在服从中所得到的快乐或者由于不服从而导致的痛苦。

穆勒放弃了边沁对于快乐的量的测量的标准，在对"快乐"的理解上，他引入了"质"的概念，进而将快乐区分为"高级快乐和低级快乐"。

当然，功利主义也有无法克服的缺陷，无论是边沁还是穆勒，都把道德的标准还原到了现实的人的生活，把道德的"善"还原为人对于幸福的现实追求及其所能得到的满足，并且，在他们的理论中，也隐含了这样的理论：最大的幸福在于多数人的幸福，幸福和快乐也有高低之分。但是，在多数情况下，当无法判断究竟什么行为能够产生使大多数人得到幸福时，穆勒也只能说：如果能评估行为的后果，就应当以功利与准则为标准。

思考题

1. 简述我国新闻伦理的发展过程。

2. 如何理解中庸之道的新闻伦理原则？

3. 案例分析题：下面是一张获得普利策新闻奖的图片，也是一张充满争议的图片，更是一张浸透悲情的图片。请结合本章所学知识进行分析，并对凯文·卡特做出评价。

1993年，南非自由记者凯文·卡特和西尔瓦一起赶到北部边界去拍摄遍地饿殍的苏丹叛乱活动。一天，他看到这样一幅令人震惊的场景：他听到了一声微弱的哭泣，一个小女孩正艰难地向食品发放中心爬行。正当他蹲下来拍照瘦得皮包骨头的苏丹小女孩在前往食物救济中心的路上的照片时，发现她已经再也走不动了，趴倒在地上。而就在不远处，蹲着一只硕大的秃鹰，正贪婪地盯着地上那个黑乎乎、奄奄一息的瘦小生命，等待着即将到口的“美餐”。

卡特小心翼翼地选好角度,尽可能不让那只鹰受惊。他在那儿等了20分钟,希望那只鹰能展开翅膀。拍完照片后，卡特赶走了大鹰。注视着小女孩继续蹒跚而行。然后坐在树下，点起一支烟，念着上帝的名字放声恸哭。1993 年 3 月 26 日，该图片被美国著名权威大报《纽约时报》首家刊登，并获得了 1994 年 4 月普利策新闻奖“特写性新闻摄影”。然而，与此同时，更多地指责也纷至沓来，他们谴责卡特在此情景下的冷漠。获奖 3 个月后，1994 年 7 月 27 日夜里，凯文·卡特被发现在自己家中用一氧化碳自杀身亡。

阅读书目

1. 复旦大学新闻系新闻史教研室 . 中国新闻史文集 [M]. 上海：上海人民出版社，1987.
2. 魏永征等 . 西方传媒的法制、管理和自律 [M]. 北京：中国人民大学出版社，2003.
3. 蓝鸿文 . 新闻伦理学简明教程 [M]. 北京：中国人民大学出版社，2002.
4. 李良荣等 . 当代西方新闻媒体 [M]. 上海：复旦大学出版社，2003.
5. 王海明 . 伦理学原理 [M]. 北京：北京大学出版社，2005.

第十章
新闻伦理的原则与规范

本章要点

第一节　社会道德规范与新闻伦理

第二节　新闻伦理的基本原则

第三节　新闻伦理的本质

第四节　新闻伦理与记者作风

第五节　新闻伦理与职业竞争

多少年来，人们在长期的新闻传播实践中，逐渐形成了规范自己传播行为的各种观念、习惯和信条，具体表现为某些条款化的新闻伦理的基本原则和基本规范。新闻伦理在理论和实践的结合处走了一条不平坦的路，但很多相关书籍中并没有将其与人们日常工作、学习和生活中遇到的问题联系起来。在新闻传播实践当中，在面对各种各样新出现的问题时，作为新闻从业人员，必须做出符合新闻伦理的决定。也就是说，人们习惯于思考：该如何反应、做出怎样的选择，才会得到社会公众的赞许、肯定，抑或是鄙视和不屑。

第一节　社会道德规范与新闻伦理

日常生活中的道德现象易于理解，无非是如何处理人与人之间的关系、人与社会之间的关系，通常用社会道德规范对其加以约束和调整。不管是通过社会公共道德、各行各业的职业道德，还是利用家庭美德和个人思想品德来衡量，人们往往形成了一定的认知标准，用众所周知的价值观念和道德体系对其加以维系。就新闻传播业来说，新闻媒介和新闻从业人员的道德责任除了担负对社会与公众的道德宣传和道德教育以外，还负有加强自身伦理道德修养，严格自律，努力在社会上树立起良好的新闻职业形象的义务。因此，新闻媒介和新闻从业人员要牢记自己的职责，既要坚守社会道德规范，也要时刻谨守新闻伦理底线，靠自己的实际行动赢得社会公众的信任和认可，为树立行业新风做出表率。

一、从野蛮走向理性——道德的产生

马克思主义认为，道德是一种社会意识，属于上层建筑和意识形态的范畴，是由人们之间的经济关系决定的，并对经济基础有极大的反作用。人类从蛮荒愚昧走向发达文明，历经数千年坎坷起伏的发展历程。随着社会的发展、人口的增长、文明的进步，人与自然之间的矛盾日趋激烈和尖锐。在战胜自然、改造自然的过程里，远古人类面临着今天的人们无法想象的困境。与此同时，对资源的掠取和争夺，也加剧了人们之间的矛盾。

在人类社会的发展史上，从茹毛饮血到兴旺发达的现代文明，中间经历了几千年的进化历程，形成了关于道德的理念。道德并不神秘，它无非是处理人和人之间、人与社会之间各种关系的行为准则与社会规范。从原始社会、奴隶社会、封建社会一直发展到今天，道德引导人类在不断地学习和生活中完善自己，逐渐形成了依靠社会舆论、传统习俗和良心感化去评定社会行为的善恶标准。

在古代，道德一词常分别论述，如“朝闻道，夕死可矣”（《管子》）；“巧言令德”（《荀子》）。至于孔子在《论语》中关于道德的言论，更是不胜枚举。“道听途说，德之弃也”（《论语·阳货篇》）；“巧言乱德”（《论语·卫灵公篇》）。应该指出的是，古代典籍文献中对道德的论述，既是强调做人的品德，也是文人、史家所大力推崇的“文以载道”、秉笔直书的风格和气节。

二、约定俗成与共同遵守——道德的基本属性

道德是人类理性的结晶，是人类社会所特有的依靠社会舆论、传统习俗和人们的内心信条来维系，对人的行为进行善恶评价的社会意识、原则规范和行为活动的总和。道德是人之所以为人、区别于其他动物的一种标识。道德一旦成为社会公众普遍认同的善恶标准，往往被理解为理所当然、天经地义的事。当然，就道德本身而言，也有着内在的基本属性。

1. 道德具有一定的独立性

一般情况下，某种道德一旦形成，就可能成为不易改变的“约定俗成”，绝大多数的社会公众会把它奉为“人生信条”顶礼膜拜，珍爱并尽力遵守。而在社会发展的进程当中，原有的道德观念不会随着旧制度的灭亡而消失，而是随着新制度的出现和日益强盛，一部分会顺应时代的发展和要求得以完善和更新，继续发挥作用，比如“尊老爱幼”“爱国爱家”等等；另外一部分可能会因无法适应时代的需要，成为人们思想和行为方面的桎梏，于是逐渐地退出历史舞台，从而让位于新型的社会道德。旧有的“男女授受不亲”“从一而终”“饿死事小，失节事大”“人不为己，天诛地灭”“女子无才便是德”等等，今天已经为人们所抛弃。

2. 道德具有阶级性

马克思主义认为，在阶级社会中，道德具有阶级性，不同的阶级会有不同的道德标准。不管是奴隶社会中的奴隶主和奴隶，封建社会中的地主和农民，还是资本主义社会中的资本家和工人，由于阶级立场和阶级利益的对立，会奉行截然不同的道德标准。即便是在社会主义社会之中，虽然人们之间的普遍利益和目标是一致的，但是由于看待问题的角度和在社会中所处的地位不同，往往也会导致对道德的多义理解，有时还会出现道德观念模糊，甚至偏差的情况。比如给老弱病残孕让座，这是非常浅显的社会公德。可是在当今社会，有的人会觉得让座吃亏，而置道德观念于不顾。归其原因，还是道德观念的淡漠和模糊。

3. 道德还具有继承性

一个民族的形成与发展，以及长期的文化积淀，总有一些道德精华，并不因时间的流逝而被淡忘。传统美德不但不会消失，而且是应该继承并发扬光大，这是毋庸置疑的。比如“国而忘家，公而忘私”（贾谊《治安策》）、“先天下之忧而忧，后天下之乐而乐”（范仲淹《岳阳楼记》）、“天下兴亡，匹夫有责”（顾炎武《日知录》卷十三）等等，表达了强烈的保家爱国的献身精神。当然，从另外一个角度来说，并非所有的道德信条都被后世全盘吸收和继承，对有违社会发展和进步的封建道德观念，不但不能继承，还应该严厉批判。比如封建道德中的“不孝有三，无后为大”，就是落后的观念，就应该大力反对，从而树立“生男生女都一样”的崭新观念。

三、责任、自律与精神追求——非权力规范特征

道德的调节是非强制性的，带有非权力规范的特征，这一点与法律有着本质的区别。它是通过人内在的道德需要和外在的行为自律实现的。人内在的道德需要主要通过社会舆论、传统习俗、榜样感化和思想教育等手段，使人们形成内心的善恶标准、道德情感和道德观念，从而自愿地按照社会整体利益的原则规范去行动，去调整人们之间的相互关系。虽然社会上也有这样或那样的公民道德，但是多靠人们自觉维系，而不是由国家强制机关——警察、法院或行业管理机构来解决，实质上起的是号召和宣教的作用。换句话说，道德规范更多的是告诉人们“应该”这样做；而法律更加强调人们“必须”这样做。“应该”的效用性是指行为的能够实现其目的的属性。行为的这种善或善性，便是所谓的“应该”。反之，恶行为的恶或恶性，则是行为所具有的不能够达到目的、满足需要的效用性，也就是行为的不能够实现其目的的属性。行为的这种恶性，便是所谓的“不应该”。从本质上看，新闻伦理或新闻道德最根本的问题就是新闻传播媒介和从业人员“应该”怎样或“应当”如何去做的问题。“应该”是道德的最重要属性，却不是其特有属性。

道德的实现除了内在的道德需要外，外在行为的自律也是不可或缺的，它更加强调人们的自知自觉、自愿遵守，正如马克思所言，“道德的基础在于人类精神的自律”。自律是在社会规范和人的需要同时存在的情况下人们驾驭自己行为的机制——行为的自我约束、控制和调节，它强调行为的自律。道德自律的水平，既取决于人的道德水平，即对社会道德规范的学习、认识和理解，还取决于自我认识。因此，提高自律水平，一方面必须提高道德水平，积极参加社会活动，积极与人交往，通过对社会公允的道德规范的学习和对他人的道德规范的了解，加深对道德的认识，提高道德水平。另一方面，应加深对自我的认识。这要求个人应对自己经常性的自我反省，对自己的道德结构、优缺点有较深的认识，及时地修正自律的方向。总之，道德自律，就社会而言，是实现融洽的人与人、人与社会之间关系的方式，维护社会和集体的稳定与团结，同时给个人提供最大的自由。对个人而言，它是实现其道德理想，塑造个人在社会中的道德形象，实现人生价值的主要和有效的方式。

四、社会道德在新闻领域的体现——新闻伦理

社会道德是多方面的，相对而言，由于社会分工和行业内部分工的关系，职业道德往往在特定的范围之内，具有一定的普遍意义。事实上，很多新闻媒介可以看作具有现代工业、公共服务业和政治组织这三种特征的集合体，假如新闻媒介的自由是绝对的，不受任何限制，就有可能为了谋利而出卖自己甚至社会公众的利益。新闻媒介的终极目的，不能仅仅是为了赚钱，也不仅仅是为了实现其所谓的“新闻自由”，它更应该为全体社会公众提供更多更好的服务。因此，在新闻传播领域，同样需要讲求本行业的职业道德，也就是新闻伦理。新闻媒介也要自觉自愿地按照社会整体利益的原则规范自身的行为。

在提到新闻媒介的职业道德规范时，传媒业界曾经要么沉默轻视，要么愤怒反驳。不过，现在越来越多的新闻从业人员意识到新闻伦理的重要性，对媒介的相关行为规范兴趣渐浓，各种探讨媒介新闻伦理方面的文章、研讨会纷纷涌现，原因其实很简单，恰恰是媒

介面临的激烈竞争让从业人员意识到加强新闻伦理的必要性和紧迫性。假新闻的泛滥、夸大其词的各类广告、媒介的权威性和可信度受到威胁、个别从业人员违反职业道德带来的连锁反应、媒介放任暴力和色情内容的蔓延等等，无一不彰显新闻媒介面临的道德危机。国际互联网等新兴媒介的兴起，加剧了新闻媒介在职业道德层面的缺失，由此引发的严重后果是无法估量的。因此，当人们被新闻媒介每天发布的海量信息“狂轰滥炸”之下，对诚实的值得信赖的有责任感的媒介和从业人员的需求与日俱增，他们在关注自身发展的同时，更多地希望从新闻媒介的报道中分辨是非，进而做出正确的判断和明智的选择。然而一些媒介的不良表现，往往让社会公众大失所望。

目前，在新闻传播领域，新闻伦理处于一个相对尴尬的境地。普通民众希望媒介“洁身自好”“安守本分”；而媒介和从业人员对伦理道德常常讳莫如深，环顾左右而言他，缺乏对新闻伦理的正确认识和深入了解。

第二节　新闻伦理的基本原则

新闻伦理的基本原则是指新闻媒介和新闻从业人员在新闻传播活动中所应遵循的基本规则和标准，体现着新闻传播工作的政治方向和行为准则，也是新闻从业人员在新闻实践中必须遵守的具体要求。新闻伦理的相关规范都是从这些基本原则中派生出来的，是对新闻伦理基本原则的展开、具体化和实际应用。

社会主义新闻事业是党和国家的事业，作为党、政府和人民的舆论工具和耳目喉舌，应该服从于为人民服务、为社会主义服务的宗旨，服务于为全党和全国工作大局的目标和方向。我国社会主义新闻事业的新闻伦理原则主要有以下几点：服务人民大众、坚持诚信为本、追求崇高和维护正义。

一、服务人民大众

《中国新闻工作者职业道德规范》（2019 年修订版）第一条明确提出，“全心全意为人民服务。忠于党、忠于祖国、忠于人民、把体现党的主张与反映人民心声统一起来”，服务人民大众的涵义就是全心全意为人民大众服务，体现了社会主义道德的实质。社会主义道德建设不能忽视广大人民群众的根本利益，所以服务人民大众也是社会主义道德建设的出发点和根本目的。

历史和实践证明，无论是在战争年代还是和平建设时期，全心全意为人民服务始终都是中国共产党坚定不移的根本宗旨。中国共产党领导下的社会主义新闻事业，是党和国家的事业，是人民大众的事业。实践证明，新闻媒介的舆论监督是实现社会监督的重要形式，是反映人民心声的重要渠道。近代著名报人、新闻教育家徐宝璜在《新闻学》一书中写道，新闻应该“言他人之所言而不善言者，言他人之所言而不敢言者”。因此，服务人民大众不仅体现于对社会正义的讴歌，对社会美好行为的赞颂；也同样体现于对不良社会行为的批评，对社会丑恶现象的揭露。

随着改革开放的深入和社会主义市场经济的发展，社会价值观念发生了深刻的变化，人们的价值观念趋向多样化，价值标准呈现多层次。许多原来被认为是不正当、不合理、不光彩的，现在被认为是正当的、合理的、光彩的；而许多过去被认为是天经地义的，现在却被认为是过时的。从总体上说，社会价值观念的变化是历史的进步，人们被禁锢的思想得到解放，许多陈腐的旧观念受到猛烈冲击，许多与社会主义市场经济相适应的新观念逐步确立。同时也要看到，错误的价值观念也在蔓延，拜金主义、享乐主义、极端个人主义在社会上和新闻媒体内部一部分人思想上滋长蔓延。为此，牢固树立全心全意为人民服务的观念，就成为我们面临的紧迫任务，一方面需要继续解放思想，更新观念；另一方面，必须坚决抑制腐朽思想的侵蚀和滋长。

那么，怎样才能做到服务人民大众呢？从新闻伦理道德的角度来说，首先要处理好新闻媒介对人民大众的态度问题和感情问题。

服务人民大众，首先必须尊重人民大众，虚心向人民群众学习，这就是个态度问题。从思想上要真正认识到人民群众是社会的主人，新闻媒介和从业人员则是人民群众的服务者，是人民群众的公仆。所以，新闻媒介和从业人员必须坚持马列主义的群众路线：一切为了群众，一切依靠群众。从群众中来，到群众中去。作为党和人民群众的耳目喉舌，要积极发挥桥梁和纽带作用，想群众之所想，急群众之所急。新闻媒介和从业人员必须认识到，如果他在人民群众面前趾高气扬、自命不凡，与人民群众格格不入，甚至轻视、疏远人民群众，自然会受到人民群众的唾弃。而人民群众的支持和信任，是新闻媒介赖以生存和发展的源泉和必要条件。

与此同时，作为新闻媒介和从业人员，对待人民群众的感情应该是真诚的，深厚的。毛泽东同志曾经说过："全心全意地为人民服务，一刻也不脱离群众；一切从人民利益出发，而不是从个人或小集团的利益出发；向人民负责和向党的领导机关负责的一致性，这些就是我们的出发点。"[1] 人民群众是新闻媒介的衣食父母，也是媒介产品的主要服务对象和消费群体。因此，新闻媒介和从业人员要服务热情周到，满足大众需要。服务热情周到，也就是新闻媒介和新闻从业人员对服务对象报以主动、热情、耐心的态度，把群众当作自己的亲人，服务细致周到，勤勤恳恳，兢兢业业。满足大众需要，就是要求新闻媒介和从业人员努力为群众提供各种方便，在关键时刻，要敢于挺身而出，仗义执言，不惜牺牲个人的一切，积极去维护人民群众的利益。新闻从业人员要经常深入人民群众中去，关心群众疾苦，体察社会民情，听取大众的意见，反映大众的呼声，主动为大众释疑解惑、排忧解难。从而使自己做的每一件事情都是在方便群众，真正成为人民大众的益友和知音。

其次，坚持"三贴近"原则，密切联系群众，做好群众工作，是实现服务社会大众的具体体现和重要环节。

"三贴近"原则即贴近实际、贴近生活、贴近群众，这三点是一个相互联系的有机整体。实际，是社会生活的实际，是人民群众的生活实际；生活，是丰富多彩的实际生活，人民群众的实际生活；群众，是社会实践中的群众，实际生活中的群众。实际是根基，生活是源泉，群众是出发点和落脚点。因此，在新闻媒介的日常工作中就要注重以下几个方面的工作。一是把回答和解决实践提出的重大课题作为中心任务，使新闻舆论工作更好地

[1] 毛泽东 . 毛泽东选集（第 3 卷）[M]. 北京：人民出版社，1953：1094–1095.

体现时代性和创造性。善于把握群众脉搏，了解群众愿望，关注生活中的重大问题，反映生活本质。二是重视群众来访、来信、来电，认真对待群众提出的重要问题和有价值的意见，让人民群众能够直接出面讲话，为群众提供言论自由的平台。对于一些不适合公开讨论的问题和意见，也要认真调查，协调、促进问题的圆满解决。三是要经常开展各种方便群众的服务性活动，提供各种与人民群众生活、工作、学习有关的服务性信息，举办各种展览会、知识竞赛、时事论坛和热线咨询活动，帮助人民群众解决实际困难。

二、坚持诚信为本

诚信，从字面意义看，诚，指内心真实无伪，纯正无私或真实无欺；信为人言，怎样说就怎样去做，信守承诺、信用、信誉之意。《中庸》说："诚者，天之道，诚之者，人之道也。诚者，不勉而中，不思而得，从容中道，圣人也。诚之者，择善而固执之者。"又说："诚者，天地之道也。"把诚信放在"天地之道"的地位上，也就是说，真正做到不勉强，不假思索就能诚实无欺者，也许就称得上"圣人"了。诚信是儒家伦理的基本规范，即五常——"仁、义、礼、智、信"之一。诚信是指诚实守信，一是忠诚老实，二是信守诺言，这是为人处事的基本原则，也是新闻媒介和新闻从业人员必须坚守的新闻伦理道德。《中国新闻工作者职业道德准则》第三条明确规定："坚持新闻真实性原则。把真实作为新闻的生命，努力到第一线、到现场采访核实，坚持深入调查研究，报道做到真实、准确、全面、客观。"

中国是一个有着五千年历史的文明古国，诚信一向是中国人引以为自豪的传统美德，"人无信不立""货真价实、童叟无欺"的思想熏陶了我们一代又一代人。事实已经反复证明，诚信才是做人之本。古人有言："诚信者，天下之结也。"当今社会，讲究诚信与发展市场经济、建设社会主义社会的要求是一致的。一个缺乏诚信的社会是非常可怕的，也是会混乱不堪的。新闻媒介和从业人员必须坚持实事求是，按照事物的本来面目反映事物，严守新闻真实性原则。诚实，就是忠诚老实，不讲假话。也就是平时所说的"说老实话，办老实事，做老实人"。

守信，就是信守诺言，说话算数，讲信誉，重信用，履行自己应承担的义务和责任。也就是孔子所说的"言必信，行必果"。个人处世要讲诚信，企业经营要讲诚信，政府官员要讲诚信，新闻媒介和从业人员更要讲诚信。总之，诚信的重要意义不言而喻。当今社会飞速发展，科技日新月异，人才竞争激烈，诚信已经成为社会乃至个人不可或缺的需要，更是时代的要求。诚实守信不仅是做人的准则，也是做事的原则，更是树立行业形象的根本。在新闻实践中，故意或过失的新闻失实现象一直屡禁不止，成为新闻事业发展的顽疾，也败坏了新闻媒介的形象。追根寻源，无一不与新闻从业人员缺乏良好的新闻伦理道德品质有关。坚守诚信为本，才是解决这一顽疾最行之有效的办法。

新闻媒介要想在优胜劣汰的市场竞争中生存，首先应当把讲诚信作为一种必须履行的神圣义务。只有履行了这种义务，才会享受到发展的成果，才会得到人民群众的信任和青睐，才能在竞争激烈的市场经济中占据一席之地。其次要把诚信为本落到实处，新闻从业人员要牢固树立诚信观念，忠诚老实，言而有信。对工作认真负责，精益求精，避免报道失实。如有失实，主动承担责任，勇于改正错误。美国赫赫有名的老牌大报《纽约时报》

曾经出了一个特大丑闻：该报旗下的记者布莱尔编造假新闻被媒体曝光，一时间舆论哗然。[1]要知道，创办于1851年的《纽约时报》一贯被认为是美国新闻媒体“客观、公正、独立”的代表。直到现在，每天出版的《纽约时报》的报眼位置上，仍然醒目地印着这样一句话：“刊登一切适合刊登的新闻”。“布莱尔事件”发生以后，无异于给《纽约时报》抽了一个响亮的耳光。为了挽回影响，《纽约时报》不得不辞去布莱尔的职务，并在5月11日头版显著位置刊登长达7,500字的文章，揭露布莱尔大肆编造独家新闻的老底。在布莱尔的假新闻丑闻曝光后，《纽约时报》召开了600多人的编辑部员工大会，就此进行反思。报社还成立了一个特别委员会，负责检讨内部的编采政策。

“假新闻”是新闻报道的“毒瘤”，对新闻媒体的权威性和可信度危害极大，给社会带来的负面影响也很严重。然而，媒体上的“假新闻”却形同“顽症”屡见不鲜。2016年2月14日，一篇名为《春节纪事：一个病情加重的东北村庄》的文章在《财经》杂志微信公众号发表。作者在文章开头写道：“我要写的故乡杂记却显得些许残酷和悲戚，可惜这并非杜撰虚构，而是真实的写照。”“我的故乡如此沦陷的方式，以及这首难唱曲的哀婉程度，都显得荒诞不经。”文中描绘的东北农村种种现象让人触目惊心，甚至“在家里的老人们生不如死、正遭活罪之时，几个农家妇人在密谋着一场向外省远征的组团‘约炮’”。文章一出，光明网、中国青年网、中国网等媒体纷纷转载，引起网友们的热议。2月25日，新华社发文《哪来“礼崩乐坏”的东北村庄？——一则虚构报道的背后》，文中称：记者深入事件发生地调查，发现“返乡日记”并非“返乡之作”，文中描绘的礼崩乐坏的“时间、人物、地点都是虚构的”。2月26日，《财经》杂志微信公众号发文，对该文做出说明与致歉：这篇文章系春节期间系列随笔文章中的一篇，作者只是根据过往返乡见闻和当年春节电话采访而成，对于随笔中所述家乡的部分故事，在时间、地点、人物名称等细节方面，作者也进行了加工，文字表述多有失当之处。4月22日，国家新闻出版广电总局公开通报《财经》杂志微信公众号等15家媒体发布虚假失实报道的查办情况，依法吊销涉事记者的新闻记者证，并将其列入新闻采编不良从业行为记录，对发布该虚假新闻的《财经》杂志和未经核实转载该虚假新闻的网站分别做出警告、罚款的行政处罚。

“假新闻”的出现不是偶然的，有着非常复杂的主客观方面原因。不过，《纽约时报》之后的善后工作却值得我们反思和借鉴。为了消除“布莱尔事件”带来的负面影响，《纽约时报》一方面在报纸头版刊登启事，向公众公开道歉；另一方面，负有失察责任的总编辑和执行总编辑事后引咎辞职。这样的举动虽然并不能完全消除此次事件造成的严重后果，但起码给了公众一个交代，表明《纽约时报》改过的诚意和决心。这是一种负责任的态度。

新闻媒介的职责是真实、客观、全面、公正地报道新闻，代表社会公众行使舆论监督的功能。如果新闻媒体连自己都无法监督，毫无诚信可言，又怎么能指望它对社会进行真正有效的舆论监督呢？事实上，我国新闻界每年也都会出现不同程度的假新闻事件，《新闻记者》杂志每年年末都要把当年影响较大的十条假新闻进行总结，至今已十年有余。诸如纸馅包子事件、华南虎事件等，已经为人所共知。

为何假新闻屡禁不绝，确实值得每一位新闻从业人员深思。反思“布莱尔事件”，无

---

[1]《纽约时报》记者布莱尔从2002年10月到2003年4月间所写的76篇报道中有36篇错误百出，且杜撰、剽窃他人作品。5月1日布莱尔被迫辞职，“布莱尔事件”几乎已经成为《纽约时报》创刊152周年以来爆出的重大丑闻。

疑它是我们的一面镜子。我们的媒体应该从中看到自己不足和差距，汲取其中的经验和教训。就如孔子所云："吾日三省吾身。" 新闻媒介的权威性和可信度从何而来？更多的是来源自身坚守诚信为本的理念，"正人先正己"，才能获得社会公众的认可和支持。

三、追求崇高

追求崇高是古今有识之士共同的人生目标。"养天地正气，法古今完人"，是炎黄子孙修身立德的座右铭。陶渊明不为五斗米折腰，海瑞刚正不阿与权臣斗法，文天祥用生命谱写大义凛然的《正气歌》，都是古人追求崇高的优秀代表。时代发展到了今天，作为党和人民的耳目喉舌，作为担负着桥梁和纽带作用的新闻媒介和从业人员，虽然所处时代与以往不同，所处位置有高有低，但是追求崇高的理想信念、大公无私的精神境界，却是亘古不变、一脉相承的。在媒介产业迅猛发展的今天，新闻工作者的追求崇高应该包含以下几个方面。

1. 坚持发扬清正廉洁的作风，自觉抵制拜金主义

在新的历史阶段，如何保持清醒的头脑，经受住各种诱惑和市场竞争的严峻考验，始终保持新闻媒介清正廉洁的作风，是每一位新闻从业人员都要面临的重大考验。2003 年 9 月 15 日，新华社发布了一则令人震惊的消息：11 名新闻记者（其中有 4 名新华社记者）在采访山西繁峙县煤矿矿难过程中，收受当地有关负责人及非法矿主赠送的现金和金元宝，拿人封口费手短的新闻记者上演了一出"集体沉默"的丑剧。2008 年山西霍宝干河矿难事故发生后两天内共有 23 家"媒体"的 28 人以记者名义前往该矿，领取矿方以各种名义发放的"封口费"。这些不良现象严重损害了媒体形象和媒体公信力。另外在当下部分媒体比较常见的"有偿新闻"，把新闻活动变成交易，根据"需求"发稿等都严重破坏了新闻的真实性、客观性和公正性原则。因此，作为担负着传播公共信息、维护公平正义历史使命和社会责任的新闻从业人员，应始终牢记社会主义新闻事业的宗旨和原则，坚定理想和信念，加强自身伦理道德修养，不为物质金钱所迷惑；始终坚持勤俭节约、清正廉洁、无私奉献，不断追求崇高的精神境界，自觉抵制拜金主义、享乐主义、个人主义的侵蚀，坚持廉洁自律，树立行业新风。不利用职务或工作之便谋取私利，恪尽职守，努力成为一个高尚的人、纯粹的人、脱离了低级趣味的人、有益于人民的人。

2. 坚持道德底线，不低俗，不恶意炒作

在价值取向多元化的今天，新闻媒介和从业人员要在纷繁复杂的社会变革中正确区分崇高与低俗，不盲目跟风，不恶意炒作，坚守自己的道德底线。目前新闻娱乐化的风气日盛已成为一个不争的事实，娱乐是受众的天性和本能需求，伴随着市场化步伐的加快，产业性质日益凸显，新闻娱乐化的操作方式让媒体尝到了甜头。毋庸置疑，新闻娱乐化的传播方式打破了传统新闻的呆板形式，更具故事性、趣味性，令人耳目一新。但常言道：过犹不及。媒体报道亦是如此。例如，媒体对"杨丽娟事件"的报道便是一个典型案例。一个需要心理治疗的追星者，被无限放大在媒体的聚光灯下，对这个家庭来说，已是一种残忍。而最后，这出悲剧演变成"媒体的盛宴"，甚至媒体出资让其再度赴港，使得公众对

媒体产生了“唯恐天下不乱”的印象。对于新闻从业人员来说，追求崇高不仅要有正确的价值取向，还要耐得住寂寞，不从众，不浮躁，并持之以恒。其实，从“性本善”的角度来说，任何一个人都可能一时一事有一些崇高的行为，但是要坚持一生一世却很难，非有矢志不渝的决心不可。新闻从业人员要有献身党的新闻事业的精神，不怕苦，不怕累，不怕困难，不怕危险。“富贵不能淫，贫贱不能移，威武不能屈。”（《孟子·滕文公下》）诚如毛泽东同志所说的那样，一个人做一件好事不难，难的是要一辈子做好事，不做坏事，艰苦奋斗几十年如一日才行。

3. 坚持社会责任，以人文本，做社会发展中的瞭望者和守护者

作为新闻从业人员，应该首先明白自己是一个人，生活在大千世界中，也会有自己的情感和思想；其次是一个职业新闻工作者，认识到自己担负着社会责任，在任何新闻事件的报道中，都要以人为本，尊重被访者。目前传媒界存在一种“失衡”“失德”现象，尤其是对“灾难性新闻”和弱势群体的报道尤为明显。灾难性场景的确吸引人的眼球，虽然原景展示灾难现场也符合新闻的真实性、客观性原则，但记者往往只选择“什么可以报”而忘却了“什么不能报”。这样一种处理，虽然考虑到新闻的社会价值、新闻价值，却忽视了人道主义的考量。比较典型的是在灾难事故报道当中，记者最熟悉的报道框架是“救援框架”。河南某县 KTV 发生火灾，11 人死亡。当地政府网站发表的有关这次火灾的新闻报道有 126 个字，74 个字都是在报道当地领导如何高度重视，亲自到现场指挥的文字，一场悲剧被记者当成“政绩”来报道，甚至是歌功颂德，举杯邀赏。这种灾难报道八股文几乎天天可以看到：领导高度重视、启动应急预案、成立危机应对小组，不惜代价救治……最后还不忘加上一句“目前遇难者家属情绪稳定，社会秩序良好”。这样的新闻报道违反了新闻伦理，也与人道理念背道而驰。这些官方习惯的话语体系在新媒体时代的今天很可能引发二次舆情，说“官话”不说“人话”严重损害了政府和媒体的公信力。同样对于弱势群体的报道也存在一些问题。关注弱势群体的命运和遭遇，体现了媒体的社会责任和关怀，但实际上在处理这个问题上，媒体往往表现出目标和手段的不协调，没有表现出真正的关心、爱护与尊重，相反存在“消费”弱势群体之嫌。因此在报道弱势群体时，媒体的姿态应该降低一点，和弱势群体保持平等，而不是居高临下甚至潜意识里存有歧视。总之，不能忽视一个弱者的心理感受和精神尊严。新闻作品，应该是有人情味的，有人文关怀意识的新闻，才具有撼动人心的力量，才能赢得社会的尊重。

四、维护正义

清·梁绍壬《两般秋雨庵随笔·蔡木龛》：“疾恶如仇，有所白眼者，出一语必刺入骨。”强调的是人要有正义感，对社会丑恶拒绝宽容，敢于斗争。不管是对于挑拨是非、两面三刀、落井下石、陷人于罪、背信弃义的宵小，还是对于违法乱纪、胡作非为、兴风作浪、不思悔改的恶人，都不宜讲什么宽容。对于一般人可能有的弱点，如好出风头、抬高自己、维护私利乃至趣味与境界不高等，不妨宽容一点，旁敲侧击、适当提醒也就够了。不过对于损害国家和人民利益的行为则应该是疾恶如仇、无情揭露、维护正义。因为新闻媒介担负着舆论监督的职责和使命，对于社会上的丑恶现象和黑暗弊端，要从维护国家利

益和最广大人民群众的根本利益出发，深入调查研究，大力开展舆论监督。对此无论是领导还是群众，无论是媒介的老总还是普通的新闻从业人员都要有清醒的认识。对有利于社会主义建设事业的，要积极主动地去弘扬、去歌颂；不利于社会发展的，就要旗帜鲜明地去批评、去揭露。在方法上，既可以运用公开报道的手段，也可以运用内参反映的形式。总之，新闻从业人员要出于公心，应该具有不怕牺牲的精神，坚持同祸国殃民的坏人坏事做斗争，要具有不畏艰险，坚持到底的精神，有时甚至不惜冒着生命的危险。

批判揭露邪恶，新闻从业人员要怀着一身正气，要有勇气和决心，不受利诱，不怕报复，敢于仗义执言，为民请命。当然，面对社会上有时无比强大的邪恶势力，单靠过硬的新闻采访能力还是不够的。如果缺乏对新闻事业的高度责任感和为民立言的神圣使命感，缺乏认准目标勇往直前的胆识和魄力，是很难胜任新闻媒介这一重要工作的。社会上总有这样一些人，敢冒天下之大不韪，与党和国家的方针大计，与神圣的法律制度公然对抗，根本原因在于利益的驱动。有了物质利益的驱使，一些人铤而走险，甚至运用种种手段编织一张张“保护网”，赚取大量的不义之财。新闻媒介和新闻从业人员揭露社会不良现象，遇到的阻力和压力之大是显而易见的。为了阻止被“曝光”，被揭露者往往会无所不用其极。因此，新闻从业人员要敢于疾恶如仇，“铁肩棘手”，就要有非凡的胆识和超常的勇气，不怕威胁，心无杂念，不为利诱，坚持原则，既不怕钢铁子弹，也不畏惧“糖衣炮弹”。因此，一个具有高尚道德情操和使命感的从业人员，要敢于投身到新闻舆论监督的滚滚大潮中去，鞭挞假恶丑，扶正祛邪，伸张正义。曾经轰动全国的赖昌星事件、孙志刚事件等，对这些复杂案件的报道和调查都不是一件容易的事情。在这些事件调查过程中，既涉及不法的官员，也涉及某些不够勇敢的新闻工作者。对于这类事件，新闻工作者如果能把自己的专业精神放在首位，就不会偏离方向。所以对于新闻工作者来说，在日常的采访中，一定要有敏锐的观察力，在众多的事件中，挑选有价值的新闻线索，对于正义的行为要热情讴歌，对于邪恶的事情，要鼓足勇气，揭露事实真相。在这方面，我国部分媒体还是做出了表率作用的。如《中国青年报》“冰点”周刊、央视《新闻调查》《焦点访谈》栏目等。

当然，无论是批评还是揭露，都不是最终目的，所以新闻媒介也要明确舆论监督的实质意义所在。批评或是揭露，要带有一定的建设性，着眼于化解矛盾、解决实际问题、改进工作，而不能意气用事，只满足于揪辫子、揭伤疤，逞一时之快。开展舆论监督的时候，虽然强调“疾恶如仇”，但往往要注意应该出于公心，而不是私心，出于理性，而不是宣泄情绪，是抱着对党对人民群众负责的态度开展舆论监督，这样才有利于党和人民群众的根本利益。

第三节　新闻伦理的本质

新闻伦理同其他伦理道德一样，是由社会存在决定的社会意识形态，是由经济基础决定的上层建筑，因而它的内容和形式取决于社会存在，取决于社会的物质生活条件。新闻伦理较之其他伦理道德具有更为鲜明的阶级属性和更为强烈的政治色彩，这是由新闻事业的本质特征决定的。新闻伦理是新闻传播活动领域的一种特殊的调节规范体系，与新闻法规不同的是，新闻伦理是一种非权力性社会规范。

一、新闻伦理是手段不是目的

新闻伦理植根于人们的社会经济关系而直接决定于新闻事业的性质，并在新闻传播活动中不断发展变化。它是一种主要依靠新闻工作者的内心信念、社会舆论和传统习俗进行善恶评价的调节，是对新闻传播关系和新闻传播行为的一种社会行为规范，包括新闻工作理想、新闻工作责任、新闻业务技能、新闻工作良心和新闻工作荣誉等等。简而言之，新闻伦理是人们在自身发展需要推动下创造出来的一种特殊的行为规范，用以调节新闻传播领域的种种行为。

在人与新闻伦理的关系中，人是第一位的，新闻伦理是第二位的。新闻伦理是因人而出现、设立的，人才是新闻伦理的主体，新闻伦理只不过是为了实现人类美好目标而服务的工具。明确了新闻伦理的工具属性后，才能正确把握人与新闻伦理之间的关系。因此可以这样说，新闻伦理不是最终目的，只是达到某种特定目的的手段而已。如果一味地强调新闻伦理的理想化，新闻伦理不但无助于新闻事业的健康发展，甚至会成为人们从事新闻传播活动的压力和障碍，成为人们思想和行为方面的一种困扰。

在新闻实践活动中，经过对新闻伦理的不断修正和重建，人们已不再把新闻伦理与日常的新闻传播活动对立起来，从而使得人们在理性的引导下，正确分析种种利益关系的实质，让新闻伦理不再是空洞生硬的说教，也不再显得高不可攀。倡导新闻伦理道德观念，是为了更好地规范新闻传播活动的良好秩序，让人们自觉自愿地服从共同的要求和约束。

二、道德只在群体生活领域内发生作用

有关群体道德与个人道德之分，尼布尔在其《道德的人与不道德的社会》中有详尽的叙述，得出了“群体实际总是比个人更自私”的结论。但我们在道德上与其强调这一点，不如强调对群体或制度的道德要求是与对个人尤其是对自我的道德要求不一样的。个人可以向更高的道德境界做无限的飞升、跨越，而群体则只需脚踏实地来保证最基本的道德要求。换句话说，道德固然是人类理性的结晶，但人的理性任何时候都是有限的。在某些时候，人们会基于错误的判断和不正确的认识制定出错误的道德规范，从而影响人们的价值观念和善恶标准。

从道德的本义来说，伦理是调节人与人之间、人与社会之间各种关系的行为规范的总和，因此道德观念需要由社会公众共同来维系和遵守。也就是说，道德更多的时候是在群体生活领域才产生作用，人们之间会相互监督、相互提醒，形成大体一致的规范和信条。只有在一个人或一个群体的权益与另外的人或群体的权益发生直接的冲突时，道德观念才会对某些人有利而排斥另一些人。这样的情况在对立的阶级矛盾当中体现得尤为明显。

三、道德必须服从人类的生存与发展需要

道德本身是一种社会意识，是由人们的社会经济关系决定的，是生产关系的反映，并对经济基础起反作用。道德发展的历史表明，不同历史时期，不同社会，都会有居于

支配地位的道德。人们会根据自身生存和发展的需要，形成不同的道德规范，只是这些道德标准在不同时代和地区的表现不同，或者是人们对相关事实的认识不同。有的学者指出："任何时代，任何社会创造道德的目的无疑是完全相同的：都是保障社会存在，增进每个人利益、实现每个人幸福。"[1]不管这些规范如何不同甚至对立，但道德的终极目标是完全相同的，也就是必须服从人类生存和发展的需要。

人类生存发展的需要，是一切社会领域存在的理由，道德也不例外。人类生存需要物质条件，也需要精神文明，道德的出现和发展就是为了满足人类生存的物质需要和精神需要。

道德的直接作用表现在人际关系的处理上，与物质利益相关时表现出来的是人们之间的物质利益关系，在处理物质利益时符合物质发展需要的标准普遍被认为是按劳分配原则。没有劳动生产物质财富，也没有人类的生存，所以确定道德规范在调整分配原则时，不可避免地要求按劳分配。这一点毋庸置疑。

前文我们提过，道德与人类之间的关系当中，人是占据主导地位的，是第一位的。那么当人类在制定相应的道德规范时，不可避免地选择趋利避害，让道德规范服从服务于人类自身生存和发展的需要。

第四节　新闻伦理与记者作风

研究显示：新闻从业人员的新闻伦理道德主要是受家庭成长环境、交往过的老新闻工作者以及专业领导、同事、同行等的影响，教育部门包括中学和大学的老师的影响明显居于次要地位，这说明采编人员的新闻伦理道德主要是受自己的生活和工作环境决定的，学校的教育传授显然不是形成他们专业伦理道德的主要因素。[2]比较中西方新闻教育，我们发现西方的新闻教育侧重培养学生的能力，主要目的是为了让学生能成为一名合格的记者；而中国的新闻教育侧重传授专业知识，主要目的是为新闻媒体培养复合型的新闻宣传人才。这两种新闻教育模式都没有将塑造学生的专业伦理道德放在突出的位置，这也许是因为专业的伦理道德本身难以通过书本描述和教师的课堂讲授使得学生深刻领会，新闻伦理道德作为一种高层次的心理状态，需要在大量的实践交往中通过采编人员不断的内省才能够逐渐形成。

一、维护新闻真实性是新闻道德的核心

新闻真实性是一个恒久不衰的话题。新闻必须真实，是新闻的特性决定的，是新闻传播活动内在的重要规律，也是新闻接受者对新闻的基本要求。世界各国的新闻职业道德规范，都有维护新闻真实性原则这一条，《中国新闻工作者职业道德准则》里也强调了新闻真实性的问题，"真实是新闻的生命"。

马克思主义新闻观认为，无产阶级、社会主义新闻事业，要维护新闻的真实性，要正

[1] 王海明 . 伦理学原理 [M]. 北京：北京大学出版社，2001：88.
[2] 吴飞，吴风 . 新闻专业主义理念的建构 [J. 中国人民大学学报，2004（6）.

确地认识、反映、影响世界，必须坚持辩证唯物主义和历史唯物主义的世界观、方法论，也就是坚持实事求是，一切从事实出发，在工作中加强调查研究。毛泽东同志也明确指出：新闻要讲真话，要如实报道战果、成绩和灾情。1958 年 10 月、11 月间，针对“大跃进”中头脑发热、报道浮夸等严重问题，毛泽东一再强调：新闻宣传要头脑清醒，实事求是。他特别提醒当时新华社、《人民日报》的负责同志：办报的、做记者的，凡事要有分析，要采取实事求是的正确态度。他还说，做新闻宣传工作的记者编辑，看问题要全面。要看到正面，又要看到侧面。要看到主要方面，又要看到次要方面。要看到成绩，又要看到缺点。这叫作辩证法、两点论。下去采访，不要人家说什么，你就报道什么。要自己动脑筋想想，是否真实，是否有理。新闻报道不是作诗写小说，不能凭想象虚构，不能搞浪漫主义。[1]

按照唯物论的认识论，事实是第一性的，新闻是第二性的，先有事实，后有新闻，事实是新闻的本源，是决定新闻存在的基础。基于这一认识，确保新闻的真实、准确是对新闻报道的基本要求，也是新闻道德的核心。新闻真实性的具体要求包括以下几个方面。

一是新闻报道中的基本要素，包括时间、地点、人物、过程、原因、结果等基本事实必须准确无误，可以通过电话、图表、文字记载进行核查；二是新闻报道中引用的各种资料，包括背景材料、引语、数据、典故等，也必须准确可靠，不能弄虚作假，必须认真核对；三是新闻报道必须清楚地标明消息来源和出处，尽可能向受众交代提供信息的人或机构的名称。只有在特殊情况下，为了保护消息来源，可以使用含糊的套话。比如“据权威人士透露”“一位不愿透露姓名的人士介绍”等等；四是新闻报道要力求全面地看问题，从事实的整体和联系上反映事物的内在规律，绝不能道听途说，“合理想象”，防止报道片面性、主观性和绝对化。

新闻之所以能赢得广大读者、听众和观众的青睐，能被他们所欢迎、所接受，并成为他们认识世界和改造世界的精神向导和鼓舞力量，关键在于它的真实性，在于它的可信度和权威性。真实是新闻的生命，维护新闻的真实性是新闻从业人员职业道德的核心和基本要求。虚假新闻损害媒体的公信力，损害新闻队伍的形象，是新闻界的大敌。新闻必须真实，是新闻工作的一条基本原则。新闻报道要真实，观点要正确，是新闻工作者的职业道德准则。新闻工作者要坚持实事求是的思想路线，深入实际、深入群众，注重调查研究，不得弄虚作假，不得拔高夸大，不得歪曲事实真相。新闻事业对于全社会起着引导舆论、指导生活的作用，是影响广大人民群众的事业，是极其严肃的事业。因此作为新闻从业人员，必须对工作精益求精，防止出现差错，避免酿成严重的后果。

二、坚持实事求是，是实践新闻伦理的唯一正确途径

维护新闻的真实性，最重要的一点就是坚持实事求是的思想路线，加强调查研究。所谓实事求是，毛泽东同志做过最科学的解释，“实事”就是客观存在的事物，“是”就是事物的客观规律，“求”就是让人们研究发现。顾名思义就是在客观事实的前提和条件下求索真理，也就是具体的问题具体对待。

在具体的新闻实践活动中，坚持实事求是的思想路线，需要具备调查研究的能力和水

[1] 吴冷西．忆毛主席 [M]. 北京：新华出版社，1995：95–96，106–110.

平，才能深入实际、深入基层、深入群众。从某种意义上来说，新闻从业人员要具备“侦探”的素质，善于从纷繁复杂的事务当中发现新闻素材，提炼有价值的新闻主题。如果一个记者轻视或者不善于进行调查研究，就很难保证新闻报道的质量。不深入实际、不深入群众进行认真细致的调查研究，就可能导致失责、失德。对于一些记者“主题先行”“先入为主”“带着观点找材料”来印证的做法，既不符合马克思主义认识论，也违背了新闻职业道德，自然也很难写出真实的报道。著名记者穆青有一句名言：“只有深入实际，深入群众，才有思想，才有力量，才有主题，才有文章。”即便是在他担任了新华社社长的职务后，仍然坚持年年跑农村，进工厂，下基层，准确把握社会发展的方向和时代的脉搏。“只有在生活的激流中，才能写出时代的篇章”，这是老一辈新闻工作者长期从事新闻实践得出的切身体会。

坚持实事求是，加强调查研究，还需要新闻从业人员对工作认真负责，精益求精，勇于承认错误、及时改正错误。新闻报道真实与否，首先取决于记者的工作态度是否严谨，对掌握的大量第一手材料和背景资料，要认真核对，做到准确无误。当然，在实际的工作当中，即便是一个经验丰富的记者，工作稍有马虎，也可能出错并带来严重的后果。因此，这就要求新闻从业人员在自己的业务范围内，精益求精，严格要求，努力提高新闻业务水平。如果出现失实报道，应该主动承担责任，及时采取更正、道歉、答复等补救措施。

事实上，新闻报道出错在所难免，关键是要从过往的错误中吸取教训，避免在以后发生类似的错误，做到“不贰过”。对新闻媒介来说，要敢于承认错误，改正是新闻媒介承认错误、纠正错误从而获得社会谅解的必要的补救措施；而更正则是新闻媒介在发现错误后及时刊登做出纠正的文字，恢复事实的本来面目，消除错误在受众中造成的不良影响。现在很多报纸都专门开辟了“实事求是”“声明道歉”或“说明订正”之类的小专栏，及时修正新闻报道中的错误和纰漏，目的无非就是恢复事实的本来面貌，求得受众的谅解和认可，进而继续赢得受众的勉励和支持。

三、坚持客观公正，避免主观性和片面性

真实和客观公正是相互联系的，要做到新闻真实，新闻媒介和从业人员就必须客观公正地反映和报道事物。客观，即无主观倾向；公正，即不偏不倚。事实上，绝对的客观公正是做不到的，能够做到的只能是相对客观、公正而已。尽管如此，客观公正原则还是在世界范围内获得了广泛的认同，无论其意识形态还是社会制度如何。在很多国家，客观公正原则都成为新闻职业道德的规范之一。

在新闻报道中，新闻媒介和新闻从业人员要力争把客观和公正结合起来，坚决排除个人利益和小团体利益的影响，全面公正地报道事物。特别是对那些涉及矛盾双方甚至多方的问题，不能出于私心有意偏袒和庇护一方，排斥和压制另一方，尽可能做到一碗水端平，力求客观公正，反映各方意见和态度，特别是对处于舆论中相对弱势的一方，更应该高度重视，给予必要的反映。在新闻传播活动中，充满了各种影响客观公正的因素。比如来自政治或领导方面的压力、不同利益集团施加的经济压力，以及各种所谓人情、裙带关系等等。在这些影响中，有的是积极合理的，也有很多是消极无理的，这就要求新闻从业人员要具有坚持真理和正义的勇气，扶正祛邪，惩恶扬善，抵制与排斥各种不良影响。

现在多数新闻媒介在报道新闻时，都能保持清醒的头脑，不在新闻报道中添加个人的意见，不发表个人的评论，不把个人的好恶和感情带进新闻报道。在新闻实践中将事实与观点严格分开，避免主观倾向，目的就是让受众明确哪些是新闻事实，哪些是由此引发的观点和意见，从而得出自己的分析和判断，避免对受众加以误导。在发表言论时，应照顾到各方的观点，给不同看法的各方以平等的权利，允许各方发表自己的意见或做出辩解，保持报道的平衡。在一些报纸的时评版中，就专门开设了“街谈巷议”“来信摘编”“读者观点”之类的小栏目，对一些有争议性的事件或社会现象，把不同的意见和看法公开展示，形成热闹的谈论或争论场面，在充分的讨论之中摆事实、讲道理，避免主观性和片面性。

四、把探求事实真相作为记者工作的最高境界

探求事实真相是人们的普遍愿望，也是记者工作追求的最高境界。一般认为，记者采访工作的目的就在于获得新闻。实际上这个说法有失偏颇，这只是对记者采访工作的最低要求。因为新闻报道中涉及的事实很多，有真有假，如果报道的新闻中出现了虚假臆造的事实，好像记者的工作任务也完成了，但仅仅做到这一点是远远不够的，而且与记者工作的本质要求背道而驰。准确地说，新闻采访的目的只有一个，就是探求事实的真相，当你了解了事实的真实原貌之后，才有可能写出一篇符合客观实际的真实报道，这个结果完全取决于你采访所了解的事实真相是什么、有多少。

记者工作就是要把事实真相告诉给广大受众。如果仅把写稿当成采访的目的，往往会认为自己的调查已经到位了、掌握的材料已经够用了，就不再追求深入、细致地了解更多的事实真相，这样写出的稿件难免就会有漏洞，就容易出现新闻的失实，容易造成观点的偏颇，或者让人看了新闻后摸不着头脑、一脸迷惑。新闻不但起不到释疑解惑的作用，还有可能给受众带来更大的怀疑。

探求事实的真相，作为新闻记者来说，一定要有强烈的好奇心，对任何事情要善于刨根问底，要时刻想到受众的要求。这样写受众是否清楚？真相是否大白于天下？你自己不好奇，被采访对象一般不会主动告诉你，因为你不问他也不知道记者是否已经掌握，还会以为你早就知道。另外，新闻记者还要有一种怀疑精神，不管什么人讲的，不论讲了什么话，介绍了什么情况，脑子里都不要盲目相信。因为被采访对象提供的事实当中，难免会有主观的倾向，甚至会刻意隐瞒。新闻记者要以高度负责的态度，对采访到的材料要逐一进行核对，认真调查落实，听取多方面的意见，力求找到事实的真相所在。在这方面，中央电视台的《新闻调查》栏目做得较为突出。它以记者的调查行为为表现手段、以探寻事实真相为基本内容、以做真正的调查性报道为追求目标，崇尚理性、平衡和深入的精神气质。这里请看其中一期《透视运城渗灌工程》节目中精彩的现场采访片段，从中可看出真相是如何被揭开的。

为了落实运城地区芮城县张乡有多少渗灌池用过，记者王利芬请任干军乡长一起来到学张乡建有渗灌池的公路边，先看了四个渗灌池，乡长说这四个有三个都用过，最后记者来到离乡政府最近的一个渗灌池旁边，这是村民杜秀英的地。

记者采访乡长：“这个渗灌（池）用过了吗？乡长。”

任千军："用过。"

记者："下水管在哪儿呢？"

任千军："那不是？"

记者转头采访站在边上的村民杜秀英："这地里有没有埋管子？"

杜秀英："没有埋管子。"

在记者的追问声中，站在一旁的乡长再也沉不住气了。他态度蛮横地插话说："她一个老太婆，又不整天在地里，她怎么能知道。"

杜秀英："我老在地里。"

任千军："你一个一个落实，你要是这样，非落实好不行，谁胡说了我马上就收拾他。

记者继续问杜秀英：你肯定那个渗灌（池）从来没有用过吗？"

杜秀英："没有。"

此时的任千军已没有了退路，气急败坏地说："谁胡说了我马上就收拾他，你哪能这样跟我搞？咱们实事求是，就叫住家来，你如果再这样说，我不管你，你随便上哪儿去就上哪儿去。"

记者王利芬此时双手支撑着渗灌池的边沿一跃而入，拔起池中虚设的输水管道，一个无可辩驳的铁证跃然画面。[1]

第五节　新闻伦理与职业竞争

新闻事业的双重属性，新闻产品的商品属性，决定了新闻职业竞争也是一个客观存在的现实。新闻职业竞争，有助于促进新闻事业的进一步发展。当然，职业竞争行为也属于道德行为的范畴，虽然竞争会异常激烈，仍然需要强调新闻伦理在职业竞争中的重要作用，也就是竞争各方要开展平等的、有序的、正当的职业竞争。在新闻职业竞争中，要顾全大局，发挥各自的优势，努力发掘独家新闻。形成自己的特色，但是不应采取打击别人、抬高自己的损人利己的做法。

一、坚持积极的新闻伦理观

社会主义新闻事业的诸多媒介当中，不存在根本利益的冲突，因此新闻媒介及其从业人员要坚持积极的新闻伦理观，不能在新闻竞争的口号下做出违背新闻伦理道德的事情，把社会主义的职业竞争等同于资本主义的职业竞争，尤其不能不择手段、故意给同行制造困难、败坏同行声誉。归根结底，也就是提倡公平的新闻竞争，避免与同行之间的不正当竞争。2011 年 7 月 10 日，世界上发行量最大的英语报纸，拥有 168 年历史的英国《世界新闻报》被迫停刊，起因是其长期靠窃听手段来获得新闻信息被曝光，受害人多达 4,000 多位。同时英国首相卡梅伦前新闻主管安迪·库尔森也因这起窃听丑闻而被捕。这是一起

[1] 中央电视台新闻评论部 . 正在发生的历史 [M]. 北京：光明日报出版社，1999：429.

典型的违背新闻伦理，靠不择手段获得短暂辉煌的案例。

新闻从业人员不允许无组织、无纪律、不择手段地获取新闻，也不能搞“互相留一手，背后踩一脚”的事情。涉及国家和社会重大利益的新闻，需要规定统一发表的时间，不能违反规定抢先发表。当然，新闻媒介与新闻媒介之间、新闻记者与新闻记者之间、新闻记者与新闻编辑之间、新闻记者与通讯员之间也要避免“庸俗”的合作，名为互相配合，实为互相利用，在用稿和发稿上做交易，搞低级庸俗的关系网。

坚持积极的新闻伦理观，开展正当的新闻竞争，就要找准媒介自身的受众定位，办出自己的特色，提高自身的整体质量和水平。在具体的新闻实践中，要讲究新闻伦理道德，遵守宪法，执行法律和纪律的相关规定，始终坚持把社会效益放在第一位，在争取经济效益的同时也要注意取得良好的社会效益。近年来很多媒介花大力气提高自身的社会影响力，得到了广大受众的一致好评，同时也取得了很好的经济回报。不过，一些媒介和从业人员，也出现了片面追求收视（听）率、发行量和广告收入的苗头，炒作、跟风、“克隆”，甚至试图垄断新闻来源、贬损和败坏同业单位、擅自使用他人专有的智力成果，“暗箱操作”，欺瞒广告客户等行为，以排挤和打压竞争对手，用不正当手段获取利益，这些是非常不可取的。

二、用作品说话

改革开放以来，我国的社会主义新闻事业得到了突飞猛进的发展，各家媒体各展身手，各显其能，为人民群众提供了丰富多样的精神食粮。“有竞争才有发展”，正是职业竞争促进了我国新闻事业的蓬勃发展，也带来了新闻媒介前所未有的繁荣。不过，职业竞争比拼的是各个新闻媒介的内力，考量的是新闻从业人员的素质和水平。具体体现为要用产品说话。报纸要靠自己的稿件、图片和编排技巧；广播台电视台要拿自己的节目和编辑、记者和主持人的表现一争高下；网络媒体、移动电视、手机电视、手机报纸等新兴媒介，在展现技术优势的同时，更重要的是要有吸引受众关注的内容和方式，是要拿出满足受众兴趣、需要的作品。

虽然说新闻竞争可以分解为报道时机的竞争、发掘信息资源的竞争以及开发自身潜力的竞争，但从根本上来看，新闻媒介的竞争仍然是作品的竞争。也许有人会说，新闻竞争应该主要体现在提高发行量或收视（听）率的竞争以及广告收入方面。这种提法也并非完全没有道理，因为发行量或收视（听）率是检验报刊或广播电视节目的质量和水平的直接标准。报刊或广播电台、电视台节目是否受到受众的认可与欢迎，就要看他们的发行量或收视（听）率如何。虽然最近有人提出了“收视率乃万恶之源”的说法，无非是强调新闻媒介在注重经济效益的同时，不能忽视电视节目的社会效益和影响。但是，如果不强调发行量或收视（听）率，报刊没多少人看，广播电视节目没多少人去关注和欣赏，恐怕也起不到影响作用。因为，大家都懂得，“没有读者的报纸是无效的报纸”。但是，最终要靠作品吸引人。

在社会主义新闻事业当中，新闻伦理道德规范下的竞争肯定的是一种新型的竞争，归根结底就是作品的竞争，用自己生产的精神产品来说话，来赢得广大受众，并且取得相应的社会效益和经济效益。因此，各家媒介之间的竞争，就需要在最根本的作品方面使出浑身解数，大胆探索、推陈出新，努力提高自身产品的竞争力，增强自身产品的吸引力。中央电视台《焦点访谈》节目的口号是“用事实说话”，那么新闻媒介之间的竞争就是“用作品说话”，必须充分发挥和利用自身的特长与优势投入市场竞争。

三、要有抢新闻的意识

职业竞争是市场经济固有的现象，只要存在市场经济，不论其社会形态如何，都必然存在职业竞争。前面我们已经讲过，新闻媒介之间的职业竞争其中一项就是报道时机的竞争。所谓“报道时机”，可以分为报道的时效性和时宜性两个方面，不过一般人们更加强调前者，也就是平常所说的“抢新闻”。

新闻贵在“新”，新闻的特性决定了它是“易碎品”，新近发生或正在发生的事实如果不及时报道，就可能成为明日黄花，毫无价值可言。西方国家对于抢新闻有着异乎寻常的兴趣和要求，如果一个媒介的记者在抓取重大新闻的时候漏掉了有价值的报道，或者在时效方面落在了其他媒介的后边，都被视为不可容忍和不可饶恕的过错。记者有可能会因此受到责难，甚至被开除。1980年创立的美国有线电视新闻网（CNN），能够在短时间之内异军突起，和传统的美国三大电视公司分庭抗礼，就是在抢夺新闻时效方面几次站在了其他媒体的前面。1991年爆发的海湾战争，最先就是由CNN派驻巴格达的记者向全世界发布的，从而一举奠定了CNN在国际新闻报道方面的地位。

在社会主义新闻事业中，虽然职业竞争与资本主义新闻竞争有着本质的不同，在具体的新闻实践当中，还是有着一定的共同之处。社会主义新闻媒介为了吸引受众的注意力，也要力求在新闻竞争中增强竞争实力、占据竞争优势。因此很多媒介为了抢到独家新闻、最快新闻，纷纷设立了卫星直播、热线电话、建立24小时新闻值班制度、加强新闻通信网络建设、改善通信条件等具体措施。2003年中央电视台国际新闻频道在伊拉克战争打响的短时间内，迅速对战争发展的最新进展进行现场直播，把新鲜、热辣的新闻及时进行同步报道，不仅提高了报道的时效性，更是为自己赢得了广大电视观众的青睐和肯定，同时也打破了西方媒介在新闻报道领域一枝独秀的垄断地位。而更具传播典范的事件当属2008年的四川大地震。2008年“5·12”汶川地震发生后，中国的新闻媒体在第一时间做出了反应。仅仅在地震发生17分钟后，也就是14:45分，新华社向全世界发出了第一条英文快讯。这条快讯领先于所有外电，比法新社早6分钟，比美联社早8分钟，两分钟后又发出了简明消息。与此同时，中央电视台新闻中心也是一片忙碌。很快，工作人员经多方求证，确定了震级、震中等关键信息，15:00，一条关于汶川地震的口播新闻传遍全国各地。因此，在“5·12”地震事件中，媒体在事件的开端就把握了舆论主导权，多年形成的应急预案及各级新闻部门的默契使得新闻媒体终于走出了关键的一步，其积极迅速的反应在事后赢得了中外舆论的一致好评。

思考题

1. 新闻伦理与社会伦理是什么关系？
2. 新闻伦理的出现有什么意义？
3. 新闻伦理有什么基本属性？

4. 新闻伦理依靠什么力量来调节？
5. 新闻伦理的基本原则有哪些？
6. 较之其他伦理道德，新闻伦理具有什么样的特点？
7. 为什么说维护新闻真实性是新闻道德的核心？
8. 为什么记者要把探求事实真相当作践行新闻伦理的最高境界？

阅读书目

1. 贝特朗 . 媒体职业道德规范与责任体系 [M]. 北京：商务印书馆，2006.
2. 克里斯蒂安等 . 媒体伦理学 [M] 5 版 . 北京：华夏出版社，2000.
3. 史密斯 . 新闻道德评价 [M]. 北京：新华出版社，2001.
4. 蓝鸿文，郑保卫 . 新闻伦理学简明教程 [M]. 北京：中国人民大学出版社，2001.
5. 黄瑚 . 新闻法规与新闻职业道德教程 [M]. 上海：复旦大学出版社，2003.

第十一章
新闻伦理与职业道德

本章要点

第一节　新闻职业道德的本质特征
第二节　新闻职业道德追求
第三节　新闻职业道德境界
第四节　新闻职业道德评价
第五节　新闻职业道德教育

伦理和道德的含义基本相同，都与人们的行为准则有关，但也有一些细微的差别。伦理主要指客观的道德法则，具有社会性和客观性；而道德是客观见之于主观的法，主要指个人的道德修养及实际生活中的道德现象。伦理学者罗国杰在《伦理学教程》中做了这样的解释："不论是在中国还是在外国，伦理和道德两个概念，在一定的词源含义上，可以视为同义异词，指的是社会道德现象，但它们又有所不同，道德是指人们之间的实际道德关系，伦理则指有关这种关系的道理。"[1]

伦理和道德之间的异同可以表述为四个方面。（1）伦理强调关系，道德强调个体。伦理的侧重点是人们在社会生活中客观存在的各种社会关系，而道德的侧重点则是社会个体的行为和评价标准。（2）伦理的义务是双向的，道德的义务是单向的。（3）伦理是客观法，道德是主观法；伦理是他律的，道德是自律的。（4）伦理是对人们行为应当理由的说明，道德是对人们行为应当境界的表达。不过，在实际应用中，伦理和道德往往是连在一起使用的，并未做清晰的区分。广大新闻从业人员肩负着光荣而艰巨的历史使命，在新的历史时期，要更好地完成为人民服务、为社会主义服务和以正确的舆论引导人民的任务，就必须进一步打牢思想政治基础，提高职业道德修养，进一步认清新闻伦理和职业道德在实际工作中发挥的作用，加强自身伦理道德建设，以维护新闻媒体和记者编辑的良好形象。

当前，在新闻报道和相关活动中，违背新闻伦理和新闻职业道德的问题一直存在，有偿新闻、有偿不闻、虚假报道、不良广告等现象严重影响了新闻媒体的公信力，损害了新闻界的声誉，所以提倡遵循新闻伦理、加强新闻职业道德建设显得尤为迫切。新闻从业人员作为社会主义先进文化的建设者和传播者，特别要身体力行，加强自身伦理道德建设，以维护新闻媒体的良好形象。

第一节　新闻职业道德的本质特征

新闻职业道德是指新闻从业人员在新闻传播活动中应该遵循的道德准则，涵盖了新闻从业人员与广大受众、新闻从业人员与新闻媒介、不同新闻媒介之间的各种道德关系。这个道德准则是一定社会或阶级从自己的根本利益和要求出发，根据新闻事业的性质、任务所确定的，它体现的是新闻工作的政治方向和行为准则。

新闻职业道德本质上是新闻从业人员在道德上所进行的自我约束，其目的是对国家和社会负责，调整新闻媒介当中的各种关系。新闻职业的出现，必然产生对新闻从业人员的规范性要求，因此必须认识到新闻职业道德虽然是在特定的职业行为中产生的，但它绝不是离开阶级道德或社会道德而独立存在的。迄今为止，相当多的职业，甚至一些古老的职业，并没有成文的职业道德规范，更多是通过从业人员口耳相传，而新闻职业道德却是例外。由于新闻传播活动的特殊性，社会对新闻从业人员的道德要求甚高。

[1] 罗国杰．伦理学教程 [M]. 北京：中国人民大学出版社，1985：4.

由于新闻传播工作在社会上的突出作用和社会影响力，新闻职业道德除了具有一般职业道德的共性特征，还具有不同于其他职业道德的个性特征。

首先，新闻职业道德同普遍的道德现象一样，是一种由经济基础决定的上层建筑，由社会存在决定的社会意识形态，因而它的内容和形式最终都取决于社会存在，取决于社会的物质生产方式。

其次，新闻职业道德较之其他职业道德，具有更为鲜明的阶级性和更为强烈的政治性。新闻事业在传播和发布新闻信息时所显示的社会教化功能和舆论导向功能，决定了它在社会生活中所处的特殊地位。

最后，新闻职业道德是对新闻传播活动的一种特殊的调节规范体系。它反映了人们对新闻事业的健康发展及其对社会产生积极影响的殷切期望。

从个性方面来说，新闻职业道德作为职业道德的其中一种，它形成于人类长期的新闻传播实践过程当中，带有鲜明的职业特征，是建立在新闻事业基本特征之上的。

一、民族性与普遍性的统一

新闻职业道德的民族性，是指新闻职业道德在调节新闻传播关系中体现的不同民族或国家的特殊利益。道德是以利益为基础的，在人类社会形成不同的民族或国家以后，各个民族或国家都会有不同的特殊利益，它们会把自己本民族、本国的特殊要求诉诸道德规范，因而带有鲜明的民族性和国家烙印，其对于新闻职业道德的理解和表述以及具体的要求都会有所不同。现代新闻事业自产生以来，由于其自身特征以及不可替代的社会功能，它不可避免地要为不同的民族或国家的利益服务，成为维护本民族或国家利益的工具。因此，新闻职业道德作为新闻事业中一种独特的社会控制手段，必然呈现出鲜明的国家特色和民族色彩。资本主义国家如此，社会主义国家也不例外。

新闻职业道德，就是新闻媒介及其从业人员在其从事的职业中，所应遵循的一种具有普遍性意义的新闻行为规范。它是对从事这个职业的所有人员的一个普遍性要求。我们强调新闻职业道德的民族性，并不讳言新闻职业道德同时具有普遍性。新闻职业道德是人类普遍道德精神在新闻传播领域中的具体运用，除了民族或国家利益，还存在超乎于民族或国家利益的共同的道德需求。新闻工作者在新闻实践中，不可能不遇到一些直接与新闻职业道德相关的问题。究竟应该如何去做，其心中要有一个正确的、大致相同的新闻职业道德观念。

在人类的新闻传播实践中，新闻职业道德具有某些不依赖于民族或国家利益的因素。20 世纪 70 年代末，世界上大约有 60 多个国家有新闻工作者的职业道德守则。如果我们把目前世界各国、各新闻媒介制定的新闻职业道德规范做一些比较，就不难发现其主要精神是相近的，大部分内容是相同或类似的，比如对新闻真实性的要求。事实上，其他民族或国家的新闻职业道德同样反映了新闻传播职业特点和普遍规律的要求，是人类道德精神的重要组成部分，我们如果忽视了新闻职业道德的普适性，无疑会使社会主义新闻职业道德建设显得苍白和有所欠缺，也不符合新闻职业道德固有的内在精神。

二、职业性与大众性的统一

我们所说的职业性，是指全行业都必须遵守的职业道德，无人可以例外。我们这里所说的大众性，是指新闻职业道德作为职业道德的一种所具有的共性特征。新闻职业道德形成于人类的新闻传播实践活动当中，带有鲜明的职业特征，有着特定的调节对象和调节范围。但是，新闻传播与教育、医疗、法律等有所不同，在现代社会中，这些工作基本上都是由专业人士从事的，形成了不同的专业团体。与之相反，尽管社会上存在专业化的新闻机构和从业人员，但是其他的信息传播活动仍然在社会上发挥着积极有效的作用。比如人际传播、群体传播等，这些不同的传播方式并没有因为大众新闻传播媒介的兴起而消失，在当今社会，它们仍然对人类的生活起着不可忽视的作用，因此也要遵守相关的职业道德规定。

我们无意将大众新闻传播和人际新闻传播、群体新闻传播混为一谈，但从新闻传播的本质而言，会发现其中有着相当一致的共性，社会主义新闻事业是高度开放的、发达的，新闻媒介一般会通过多种途径、采用各种办法吸引广大受众积极参与，因此新闻媒介的传播活动离不开大众的参与。报纸上有报料热线、读者来信、自由投稿；电台、电视台有热线电话节目；而新兴的网络媒体的大众参与度更加广泛和灵活，“人人都是信息的传播者，也是信息的接收者”，人人都有了自媒体。因此参与新闻媒介传播活动对很多普通受众而言，已经司空见惯。可以这样说，社会上的每一个人都在从事着各种形式的新闻传播活动，因此每个人一旦进入新闻传播过程中，就要自觉遵守相应的职业道德准则。

不过，应该看到，特殊专业的职业道德与普通大众之间存在着明显的界限，教师职业道德、医生职业道德等可能与社会大众的道德规范有着明显的差别，更何况新闻这个与各行各业都密切相关、又相对超脱于其他部门的特殊职业呢。从另一个角度来说，这些职业道德中的有些要求可能并不适用于社会普通大众，也就是其职业性更强。而新闻职业道德尽管也带有本行业的专业色彩，很多道德规范也不适用于社会大众，但是由于各类新闻传播方式的相似性，新闻职业道德与社会大众普遍的道德规范又有很多地方是共通的，它们之间相互影响、相互作用，密不可分。一方面新闻职业道德对于参与新闻传播活动的社会大众有着同样的约束力，另一方面，社会普遍的道德规范也会对新闻从业人员的职业行为产生影响。因此新闻从业人员也应该认识到，从事新闻职业也不能脱离社会道德规范的约束。

三、群体追求与个人追求的统一

在新闻传播实践中，新闻职业道德的责任主体是所有新闻从业人员，他们对于道德的认识和渴求间接体现着这个行业总体的形象。每一个从业人员都应该努力提高自己对道德的个人追求，严格遵守新闻职业道德规范，恪守新闻从业者的职业操守和道德信条，以更多优秀的个体展现更加完美的整体。在我国，每一个新闻从业人员都隶属于某一个群体，强烈的集体荣誉感和彼此之间的分工合作，构成了新闻媒介整体性的传播行为；同样，新闻媒介也离不开单个的新闻从业人员，它承担着个体无法承担的集体性的群体责任，也就是有着超乎于新闻媒介个体从业人员的群体道德追求。

事实上，新闻媒介的群体追求与新闻从业人员的个人追求有着强烈的一致性，群体追求比个人追求更能代表新闻媒介的形象与职责。我们强调新闻媒介的群体追求，并不意味着降低新闻从业人员在新闻传播活动中的个人道德追求。每一位新闻从业人员同样肩负有崇高的道德使命，承担着义不容辞的道德责任与追求。一个真正的新闻从业人员不会放松自己，无论其所在媒介机构是否履行应有的社会责任和道德追求。当然，作为启迪社会、唤醒良知的新闻媒介，一般也不会降低自身的群体道德追求，并严格约束和规范属下新闻从业人员，承担着自身不可回避的社会责任。“大河有水小河满，大河无水小河干”，这样的道理非常明显。

第二节　新闻职业道德追求

一个没有道德或者道德缺损的社会无论如何都不是一个和谐美满的社会，构建和谐社会，有必要探求和谐社会的新闻职业道德的完善。所谓和谐社会，是指在一个社会中人与人、人与自然高度和谐。和谐社会的构建是一个复杂的系统工程，不仅需要法律制度理顺人与人之间的利益关系，需要公平正义理念的强化，更需要道德的保障与深化。从新闻事业的角度出发，新闻职业道德也有着特定的追求。

一、全心全意为人民服务

中国共产党的宗旨是全心全意为人民服务，这是党的一切工作的根本出发点和落脚点，也是社会主义新闻职业道德的根本宗旨和根本追求。在社会主义国家里，新闻事业是全体人民的公共财产，人民群众是新闻事业的主人。因此，新闻从业人员理所当然地要服从广大人民的意志，一切对人民负责，当好人民的公仆。

全心全意为人民服务，不能只挂在嘴上、贴在墙上、写在文件里。每一个新闻从业人员都必须始终坚持党的群众路线，牢固树立群众观点，从解决群众最关心、最迫切的问题入手，诚心诚意为群众办事，把党的宗旨真正落到实处。2012 年 11 月 15 日，刚刚当选为党的总书记的习近平同志明确宣示：“人民对美好生活的向往就是我们的奋斗目标。”新闻媒介作为党和政府与人民群众之间的桥梁和纽带，是倾听群众呼声、反映群众意愿、密切联系群众的窗口。及时了解民情、准确反映民意是新闻媒介义不容辞的责任。了解群众在想什么，盼什么，欢迎什么，反对什么，了解群众迫切需要解决的问题是什么，急群众之所急，想群众之所想，高度重视和维护人民群众最现实、最直接的利益，都是新闻媒介最重要的工作内容。

二、实现正确的舆论导向

牢牢把握舆论导向，正确引导社会舆论，是党在长期的革命、建设实践中形成的一条基本经验和基本方针，是社会主义新闻事业的生命和灵魂。习近平总书记在 2016 年 2 月 19 日召开的党的新闻舆论工作座谈会上指出，做好党的新闻舆论工作，事关旗帜和道路，事关贯彻落实党的理论和路线方针政策，事关顺利推进党和国家各项事业，事关全党全国各族人民凝聚力和向心力，事关党和国家前途命运。对于新闻舆论工作的职责和使命，习近平总书记指出，在新的时代条件下，党的新闻舆论工作要高举旗帜、引领导向，围绕中心、服务大局，团结人民、鼓舞士气，成风化人、凝心聚力，澄清谬误、明辨是非，联接中外、沟通世界。这48个字的职责和使命涵盖全面，将舆论宣传方方面面的任务全部排列了出来。他同时表示，新闻舆论工作各个方面、各个环节都要坚持正确的舆论导向。各级党报党刊、电台电视台要讲导向，都市类报刊、新媒体也要讲导向；新闻报道要讲导向，副刊、专题节目、广告宣传也要讲导向；时政新闻要讲导向，娱乐类、社会类新闻也要讲导向；国内新闻报道要讲导向，国际新闻报道也要讲导向。新闻媒体的舆论导向，能影响人们的思想和行为，特别是当今社会已进入信息时代，大众传媒的技术日益先进，而且渗透到社会生活的方方面面，渗透到每一个角落，无时无刻不在影响着人们的思想和行为。因此，新闻媒介及从业人员不能对舆论导向问题掉以轻心，因为舆论导向问题天天有、处处有，这就需要我们新闻从业人员有如临深渊、如履薄冰之感，时刻保持清醒的头脑，增强政治意识、大局意识、责任意识，在新闻工作中增强党性观念，坚持社会主义方向。

坚持正确的舆论导向，要在新闻工作中坚持团结稳定鼓劲、正面宣传为主的方针，注意新闻宣传报道的社会效益，充分发挥引导社会舆论的作用。宣传人民群众积极进取的精神和社会主义改革开放的伟大成就，鼓舞人民群众的士气。与此同时，还要正确处理经济效益和社会效益之间的关系。在强调社会效益第一的前提下，也应该重视经济效益，只不过是把经济效益放在第二位。经济效益好，媒体的生存与发展也有了保障，才能更好地发展事业，发挥社会效益。实现经济效益与社会效益的统一，关键在于提高新闻报道的质量，提供更多更好的精神文化产品，注重深度性和针对性、指导性，赢得人民群众的欢迎，实现经济效益与社会效益双丰收。

三、自觉遵守法律和纪律

遵守法律和纪律，是新闻职业道德的一项行为规范，直接关系到新闻职业活动的正常运作，还关系到国家、社会和人民的切身利益。新闻出版工作者必须在法律的范围内活动，自觉遵守法律和宣传纪律。

坚定地宣传、贯彻党的理论、路线、方针、政策。不得利用自己掌握的舆论工具，宣传同中央决定相违背的内容。遵守法律和纪律，贵在自觉，也就是要有深刻的理解与认识。不仅要求在新闻实践活动中自觉自愿地遵守与服从，还要认识到这些相关规定是必需的、完全必要的。新闻宣传要自觉地同党中央保持一致，不能同党中央唱反调，这是一条极其重要的政治纪律和宣传纪律。

维护宪法规定的公民权利，不揭人隐私，不诽谤他人，要通过合法和正当的手段获取新闻，尊重被采访者的声明和正当要求。维护司法尊严，对于司法部门审理的案件不得在法庭判决之前做定性、定罪和案情细节的报道；公开审理案件的报道，应符合司法程序。在新闻实践活动中，只报道与社会公共生活有关的个人私事，尊重公民的隐私权。与此同时，增强遵纪守法的新闻职业道德观念，还可以减少不必要的新闻诉讼与新闻纠纷。

严格遵守和正确宣传国家的民族政策和宗教政策，坚决维护各民族的团结，维护安定团结的政治局面。任何新闻媒介的报道都不能含有煽动民族分裂、侵害少数民族风俗习惯、破坏民族团结的内容，维护各民族平等、团结、互助的关系。

严格保守党和国家的秘密，自觉维护国家的利益和安全。新闻从业人员要增强保密意识，自觉遵守国家有关保密的法律规定，自觉保守涉及政治、军事、商业、科技等各个方面的机密，不要急于抢新闻，多向有关部门求教，严格执行稿件送审制度。

四、促进经济建设和社会发展

新闻传播业是一个比较特殊的行业，说它特殊，一方面是因为它对社会的影响范围大，快速又意义深远；另一方面是其本身的双重属性。新闻工作者是否具有良好的职业道德，直接影响到能否履行所肩负的神圣使命。对任何媒介来说，它对社会所产生的作用都应该是积极的、有益的，应该有助于促进社会进步和经济发展。

改革开放以来，我国新闻职业道德建设取得了显著成绩，新闻伦理道德领域的主流是积极向上的。但是，随着社会主义市场经济体制的逐步建立，人们的道德观念和行为方式发生了深刻变化，在新闻行业内部，虚假新闻、恶意炒作、有偿新闻、以权谋私等现象时有发生。这些现象严重地腐蚀着新闻媒介从业人员的灵魂，污染了行业风气，阻碍了新闻事业的健康发展。因此，积极建立社会主义新闻职业道德体系，确立全体从业人员共同遵循的价值取向和行为准则，已成为当前加强社会主义新闻职业道德建设的一项紧迫任务。

要保证社会主义市场经济的健康发展，就必须建立与社会主义市场经济相适应的思想道德体系，在坚持集体主义原则，坚持以为人民服务为核心的基础上，用与市场机制相适应的新闻职业道德规范引导新闻从业人员的传播活动和行为。职业道德在社会形态上属于文化范畴，而文化的发展是有其历史继承性的。中华民族素有“文明古国”和“礼仪之邦”之称，悠久深厚的道德传统深刻地影响着我们的民族性格、民族心理和民族精神，深刻地影响着广大人民群众的生活方式和精神追求，同样也影响着新闻从业人员的职业行为，这是我们宝贵的精神财富。因此，我们应该加大新闻职业道德建设的力度和深度，让良好的职业道德观念深入人心，从而促进社会和谐发展。

第三节　新闻职业道德境界

冯友兰先生曾在《人生四境界》一书中提出了著名的“人生境界说”。他说：“人所可能有底境界，可以分为四种：自然境界，功利境界，道德境界，天地境界。”这四种境界实质是指人与周围各方面可能有的四种关系，而不同关系体现出不同的境界。“自然境界”是指人对其行为只有生物直觉，是最低层次的精神境界；“功利境界”是指其行为指向他们所确切了解的目的；“道德境界”是指自我行为的出发点与动机是利他的，自然也是有益于社会的；“天地境界”就是人和宇宙自然的关系。此时人的境界，不但超越了个人、家庭，而且超越了社会，一切都以自然为最高价值标准，可以说是一种最高、最完善的理想境界。作为有理想、有抱负的新闻工作者，应该努力摆脱自然境界，超脱功利境界，超越道德境界，直指天地境界。但是就其现实性而言，当下最为重要的是涵养道德境界。

如此说来，涵养境界，尤其是道德境界，是所有青年特别是青年新闻工作者成才的当务之急。而要修养道德境界，首先需要正确、深刻、全面地认识它。要认识“道德境界”，我们必须从博大精深的传统文化中去获取智慧的启迪。

一、新闻职业道德境界的含义

境界，本意为疆界。王国维把“境界”一词用于品词，写了《人间词话》，提出了词的三种境界。[1]冯友兰写《人生四境界》一书，“境界”被引入思想意识领域，向文学、艺术、音乐、哲学、宗教、人生各个领域拓展。道德境界是指道德水准达到的层次或高度，指在社会主流价值观影响下形成的针对全体社会成员而言的道德水平层次或道德修养程度，是人们在进行道德评价和道德教育时参照的高低不同的道德品质状况的综合反映。道德境界从低到高是有层次区分的，往往受到特定历史条件与个人主观条件的影响和制约。在社会主义社会，自私自利是最低的道德境界，大公无私、公而忘私是最高的道德境界，也是社会提倡和追求的最理想的道德境界。

职业道德境界是指特定职业的从业人员，通过接受相关职业道德教育和感化后达到的有关职业的觉悟程度和道德水准，也就是所形成的职业道德品质状况和道德水平。职业道德境界体现在特定的职业范围之内，由于各种职业的性质和特点互不相同，因而也就形成了各种不同的职业道德境界。职业道德境界的形成，既取决于社会整体道德境界的高低，也与特定的职业道德行为有关，同时还蕴含着从业人员的个人态度和道德信念。因此可以说，职业道德境界的形成是社会整体道德境界与行业道德认知和期待的体现。

职业道德境界也可以划分为不同的层次和等级。就像人们日常生活中所谈到的，“道德境界”有高低之分，同样，职业道德境界也会有初级的、低层次的阶段。从业人员在接受职业道德教育、完善职业道德修养的过程中，就会有道德境界的提升。

根据以上对职业道德境界的理解，新闻职业道德境界就应该是新闻从业人员接受新闻职业道德教育、完善新闻职业道德修养后达到的新闻职业道德的觉悟程度，或者形成的新闻职业道德状况与道德水平。新闻职业有着它的特殊性，是带有一定特殊权利和地位的行业。在我国，新闻媒介有时甚至可以发挥超越行业的特殊作用。比如“曝光”“舆论引导”等。另外，新闻媒介又拥有信息的传递与沟通的桥梁和纽带作用，在信息的收集、整理、选择、发布上，比其他行业具有明显的优势。由此也奠定了新闻媒介和新闻从业人员较高的社会地位，因此其道德修养、言论观点、行为规范，必然会对社会其他阶层产生极大的影响。与此同时，社会对新闻媒介及其从业人员的道德境界也会提出更高的要求。

二、新闻职业道德境界的养成

我们知道，新闻工作是一个崇高的职业，担负着为人民提供精神文化食粮、弘扬社会

[1] 第一种境界，昨夜西风凋碧树，独上高楼，望尽天涯路；第二种境界，衣带渐宽终不悔，为伊消得人憔悴；第三种境界，众里寻他千百度，蓦然回首，那人却在，灯火阑珊处。

正气、促进社会和谐发展的神圣使命。新闻工作者是否具有良好的职业道德，直接影响到能否履行其所肩负的神圣使命。新闻媒体是党和政府的“喉舌”和“耳目”，新闻工作者是“人类灵魂的工程师”。新闻工作的重要职责和神圣使命，决定了新闻从业人员必须具有良好的素质，必须具有强烈的事业心和责任感。

世界很多国家的新闻职业道德准则或规范往往都会要求：保证新闻报道的真实、准确、客观、公正；尊重个人隐私；遵守法律；对社会和公众利益负责等，这是最基本的职业道德要求，也是新闻从业人员最终应该达到的职业道德要求。为了达到这一基本目标，几乎所有国家或地区的新闻职业道德规范中都会要求新闻记者不得从事商业活动、不得接受任何形式的礼物和贿赂、不得利用职务之便以权谋私、新闻与广告要严格分开等。在我国，与社会主义道德相适应，新闻工作者的职业道德准则包括：全心全意为人民服务、坚持正确的舆论导向、坚持新闻真实性原则、发扬优良作风、坚持改进创新、遵守法律法纪、对外展示良好形象。

新闻从业人员应当通过新闻职业道德的培养与教育，不断提高与完善自己的新闻职业道德，逐步从较低的新闻职业道德境界迈向高层次的新闻职业道德境界。

三、影响新闻职业道德境界提升的主要因素

新闻职业道德境界的提升不是一朝一夕就能达到的，会受到诸多因素的干扰和影响，具体来说，主要的影响因素包括以下 3 个方面。

1. 社会整体道德发展水平的制约

任何道德都是特定社会意识形态的产物，新闻职业本身的特殊性、前沿性直接体现着社会不同时代的主流价值观。在西方国家，由于个人主义、利己主义、实用主义和功利主义道德的盛行，西方新闻界过分追求经济效益和轰动效应，尊重个人言论表达自由，提倡个人自我价值的实现。而在我国，这些年在社会道德领域出现了一系列的问题。2013 年 10 月 15 日至 12 月 15 日，人民网强国论坛调查专栏“态度”联合北京一家调查公司在全国范围内发起“中国公民道德调查”。五成民众认为当下中国社会整体道德水平“一般”，七成民众认为“社会不公”对道德水平负面影响巨大。民众对“拜金”风气比较忧虑，对“当前社会金钱至上的风气较重”观点持赞同态度者占 76.3%。而人与人之间的信任度也逐渐下降。2013 年 2 月，中国社会科学院社会学研究所的社会心态蓝皮书《中国社会心态研究报告 2012~2013》发布，报告认为，目前，中国社会的总体信任度进一步下降．已经跌破 60 分的信任底线。人与人之间不信任进一步增加，只有不到一半的调查者认为社会上大多数人可信。社会整体的道德发展水平直接影响着新闻从业者的职业道德境界，因此，新闻职业道德提升还需要更多人的努力。

2. 本行业自身发展水平的影响

任何职业的形成和发展，都会经历一个起步、发展到成熟的过程，新闻行业也不例外。在我国，真正意义的现代报纸 19 世纪初才开始出现，而且最早的报业还是外国人首先在中国创办的。中国人自己独立创办报纸一直到 19 世纪 70 年代才开始，与此对应的新闻职

业道德也就更晚出现。新闻行业在不断发展、走向成熟的过程中，必然会对新闻从业人员提出阶段性的各种要求。

3. 新闻从业人员自身道德修养的影响

作为新闻媒介的从业人员，其职业道德境界水平的提升，一方面依赖于新闻职业道德教育；另一方面来自自身道德修养的状况。也就是说，个人的道德修为，是否自觉自愿地追求更高的道德境界，与新闻从业人员自身的努力直接相关。当然，对任何新闻从业人员来说，职业道德境界的提升都不是短时间内能够实现的，必须经过自身艰苦的努力，经过不断地培养与锻炼，在学习与实践中不断提高。我国新闻战线承担的责任和使命，决定了广大新闻工作者必须努力学习、不断学习、终身学习，养成良好的理论素质，这是做好新闻工作的前提。新闻工作的政治性、政策性很强，只有勤奋学习，才能深刻理解党的路线、方针、政策，不断提高自己的“德、识、才、学”，以适应不断变化的形势和任务，完成自己所肩负的使命。因此，新闻从业人员个人业务水平的不断提高，也是实现职业道德境界升华的有力保障。

第四节　新闻职业道德评价

道德评价是指人们在社会生活中有意或无意地依照一定的道德原则、善恶标准，通过社会舆论、传统习俗和人们的内心信条等形式去评价他人的作为、衡量自己的行为。新闻职业道德评价是新闻传播实践活动的一种重要形式，是新闻职业道德发挥其社会作用、产生社会影响的重要手段。从某种意义上说，没有道德评价就没有道德；没有新闻道德评价也就没有新闻道德。引导人们正确地开展道德评价，是开展社会主义道德建设的一项重要内容。道德评价分为自我的道德评价和社会的道德评价两种基本方式。自我评价是个体或群体依据自身的价值取向，对自身行为所作的善恶认识和道德判断，主要通过良心内省的形式来进行。这种评价可以深入到行为者的灵魂深处。社会评价是客观上对个体或群体的行为所作的善恶褒贬活动，主要通过社会舆论的形式来实现。它反映社会的人心向背，对人的行为具有强大的约束、规劝和指导作用。

一、道德评价的内容和标准

道德是一定社会意识形态的产物，道德评价是社会伦理原则规范发生作用的“杠杆”，是裁判人们行为与品质的“道德法庭”，也是培养人们道德品质、倡导良好社会氛围的有力手段。由于道德评价主体的不同，道德评价的标准也会有所区别。正确把握道德评价的标准、依据和形式，才能对个体道德作出恰当评价。道德作为人类的一种精神活动，它把人的现实行为放到可能的、应该的、理想的世界中加以审视，用应当的、理想的标准作出善恶的评价，以此来引导人的行为，使每个个体不断地自我完善。这种应该的、理想的标准一般是内化于各种伦理道德规范之中的，因而在对个体行为进行道德评价时，主要看其是否合乎一定的社会伦理道德规范，道德评价的标准也就体现为规范标准。伦理规范的具体形式是复杂多样的，但所依托的道德价值则是共同的，即对他人的尊重、关怀，以及对他人、对社会的或多或少的自我牺牲。

从历史发展的眼光来看，道德评价不是简单地以一定的道德观念和行为准则对一时一事的社会效果来判断其进步与否，而是瞩目于更广泛、更深远的人类社会历史发展总体趋势。历史评价强调，一定的道德观念和行为准则是否具有真理性和正义性，要把它们放到历史发展进程中去，是否既反映着现实的要求，同时又代表着未来的趋势，看其在历史中能够长久的限度。或者说，历史评价要看一定的道德观念和行为准则与社会历史的发展趋势是否相统一，同人类文明的进步是否相联系。

道德评价标准可以划分为三个层次，就要看人类的行为符合哪个层次的标准，据此作出是非或善恶的判断。“不允许”是道德评价标准的第一个层次，是伦理道德规范的基本要求，它用否定式规范告诫人们哪些行为不能做。比如：不允许言而无信、不允许说谎、不允许以权谋私等。“不允许”的基本目标是防止个人和社会的利益受到侵害。“应该”是道德标准的第二个层次，也是伦理道德规范的主要内容，它界定了人们在规范内可活动的范围。“应该”的基本目标是通过个人与社会的互利互惠，实现崇高的道德目标。比如应该立场坚定、应该实事求是、应该清正廉洁等。“提倡”是道德评价标准的第三个层次，也是伦理道德规范的最高层次。它引导人们向更高的道德理想靠近。“提倡”这一类道德要求的社会目标是通过对特殊情况下个人行为的赞扬，实现人类和社会的美好理想。比如艰苦奋斗、公而忘私、互敬互助等。在当下的道德实践中，个人作出某种“自我牺牲”，会使他人或社会受益。任何社会都需要有这种道德境界，但往往只有少数有远大理想、有崇高人格的先进典型、英雄模范才能做到。

二、道德评价的形式和特点

道德评价能够影响社会风尚，协调人际关系，达到“扬善惩恶”“扶正祛邪”的目的。一般来说，道德评价主要是通过传统习俗、社会舆论、内心信念等形式进行的。

1. 传统习俗评价

传统习俗不同于一般的习惯、习俗，是道德评价形式中威力较弱的一种。所谓传统习俗是指人们在长期的道德实践中形成和积累起来的、已被普遍公认的、习以为常的道德观念和道德倾向，具有稳定性和长期性的特点，是评价人们行为善恶的最起码的标准。尤其当面对一些无法以确定的道德原则和规范加以衡量的行为时，人们往往用是否“符合习俗”、是否“符合传统”、是否“反常”来进行判断，以确定该行为的道德性质。

传统习俗往往会成为一种巨大的社会力量，这种社会力量具有两重性，既是一种推动现有道德沿着既定方向前进的力量，又有可能是阻碍新道德观念产生和发展的“习惯势力”。因此，当许多传统习俗在一定程度上滞后于时代发展时，面对一些习惯性的道德标准，也要具体问题具体分析，摒弃那些落后、消极、保守的传统习俗。

2. 社会舆论评价

社会舆论是指人们按照一定的道德标准和价值观念，对关于社会道德现象和道德行为的评价性看法和倾向性态度。社会舆论对人们的行为具有价值导向的功能。社会舆论可以分为口头舆论和媒介传播舆论两种。俗语里的“人言可畏”“唾沫星子淹死人”等就是口头舆论威力的表现。而媒介传播舆论往往是有组织、有目的、有导向的，常常成为统治阶层引导社会的宣传工具。任何舆论都具有一种外在的强制力量，都可以通过赞誉或谴责，迫使当事人接受社会的善恶裁决或准则性命令，从而规范人们行为的具体选择。

社会舆论是道德评价形式中威力最强大的一种，它往往不会在意评价对象是否自愿，但是产生的强制性压力不得不让当事人改变自己的不当行为，从而去恶从善，改过自新。由于舆论的可塑性特点，一些自发的社会舆论也会发展成社会的主流舆论，从而发挥更强的社会功能。我们应该在社会主流舆论的引导下，增强对他人、对社会、对自己的道德责任感，在道德实践中自觉地选择善行，抵制恶行，树立社会之正气，抵制社会之邪气。

3. 内心信念评价

内心信念是指人们发自内心地对某种道德原则或道德理想的笃信，是一种内在的、自觉的道德评价形式。内心信念是人们进行道德评价的内在直接标准。从形式上看，它主要通过道德良心发挥作用；从内容上说，它与道德品质相关。内心信念体现了评价者和被评价者的主体意识和精神。人们常常用到“问心无愧”“良心受到谴责”“羞愧难当”等说法，无非就是内心信念透过个人良心的自我谴责、自我安慰等形式来进行。人们总是在一定的内心信念的支配下，衡量和评价自己的行为，判断自己的行为哪些是道德的，或应该做的；哪些是不道德的，或不应该做的。内心信念的获取主要通过培养和教育，它是个人道德修养水平的综合体现。

在道德实践中，每个行为者并非每时每刻都生活在别人的注意之中；在某些时候，个人的行为动机和内心世界是别人无法知道的，没有人去告诉他应该如何思考、如何行动，而且也不可能根据当时的情况判定其行为的善恶，一切取决于他自己。在这种情况下，唯有内心信念能够促使当事人进行正确的自我评价。换句话说，这种道德自觉性促使自己经常性地自我评价和自我检讨，“吾日三省吾身”，提醒自己避免不道德行为的发生，成为弃恶从善的推动力。

三、道德评价的作用和意义

在社会生活中，人们总是会依照一定社会或阶级的道德标准对自己和他人的行为进行善恶判断和评论，表明褒贬态度。道德评价对道德行为进行全面考察并作出裁决，分析判断哪些行为是善的，哪些行为是恶的；对善的行为给以赞扬和褒奖，对恶的行为加以批评和谴责，进而帮助人们明确自己承担的道德责任。它可以揭示一个人行为的善恶价值，判明这些行为是否符合一定的道德原则和规范，是否符合道德理想，从而通过社会舆论和内心信念，形成一种巨大的精神力量，弃恶扬善，以调整人与人之间以及个人与社会之间的关系。

道德评价的作用主要体现在三个方面：认识作用、调节作用和管理作用。道德评价的认识作用是指道德评价以具有善恶标准的准则、信念、理想等，提供社会关系状况的真实信息，表达对现实社会的正确认识。道德评价的调节作用是指道德评价可以指导和纠正人们的行为，区分善恶，衡量人们的行为尺度。道德评价对引导人们尊重道德规范和法律规范，防范可能发生的违法行为和不道德行为，具有不可替代的积极作用。道德评价的管理作用是间接而温和的，与法律规范的强制性和直接性不同，容易被人们普遍接受，可以弥补硬性管理的不足，有效地调动个人遵守规范的积极性，树立本行业的正面形象。

道德评价是社会道德活动的重要方式之一，它通过对道德行为的善恶性质的判定和道德责任的划分，通过对善行的赞扬、褒奖和对恶行的谴责、贬斥，激起人们的荣辱感和道德责任心，从而使人自觉地向善避恶、扬善抑恶。在社会生活中，道德评价是一定社会或阶级的道德原则和规范发挥作用的重要杠杆，对于发挥道德的功能和作用、调节人与人之间的关系，对于个人道德品质的形成、社会道德风尚的改善等都具有重要意义。

第五节　新闻职业道德教育

对每个行业来说，都需要遵守本行业的职业道德规范，奉公守法，有意识地提高从业人员的道德认识，确立明确的道德观念，形成良好的道德习惯。除了外在的职业道德规范约束和限制，还有必要对从业人员进行相应的职业道德教育，促进整个社会道德的提升。对于新闻这个行业来说，新闻职业道德教育就是针对新闻媒介及其新闻从业人员的道德需求，为培养职业道德理想、道德原则、道德规范而进行的教育实践过程。

对新闻媒介和新闻从业人员来说，开展职业道德教育是弘扬新闻事业优良传统的需要，是加强新闻队伍职业道德建设的需要，是加强新闻队伍思想作风建设的根本措施，也是新闻界学习贯彻习近平新时代中国特色社会主义思想的具体体现。开展职业道德教育有助于广大新闻工作者增强政治意识、大局意识、责任意识，增强遵纪守法的自觉性。对于继承和发扬新闻工作的优良传统，树立良好的职业道德，建设一支政治强、业务精、纪律严、作风正的新闻队伍，保证社会主义新闻事业的健康发展，具有十分重要的意义。对于禁止有偿新闻、虚假新闻和不良、虚假广告，维护新闻队伍的良好形象，努力形成敬业奉献、清正廉洁的行业作风，切实提高新闻宣传报道水平，具有很强的现实针对性。

由于新闻行业担负着传播信息、宣传教育、舆论引导、普及知识、服务大众的社会功能，其从业人员的价值观念、道德风尚对国家的前途命运和民族整体素质的提高会产生极其深远的影响。加之目前新闻行业存在各种职业道德失范现象，因此对新闻媒介和从业人员开展新闻职业道德教育既是非常必要的，也是迫在眉睫的。

一、新闻职业道德教育的内容

新闻职业道德教育的内容是多方面的，但归结起来，可以分为以下两个方面：马列主义新闻伦理道德、新闻职业态度与职业精神。

1. 马列主义新闻伦理道德

马列主义新闻伦理道德是我国新闻职业道德的指导思想。我国的新闻事业是中国共产党领导下的社会主义新闻事业，要求体现社会主流意识形态，坚持团结、稳定、正面宣传为主的方针，为人民服务，为社会主义建设服务，为全党和全国工作大局服务。因此，新闻从业人员必须进行马列主义新闻伦理道德观念的培养。具体体现为：坚持正确的舆论导向、坚持党性原则和“政治家办报”的方针、坚决维护新闻的真实性、坚定不移地全心全意为人民服务、正确理解与国情相适应的概念。

我国社会主义新闻事业是在马列主义理论指导和中国革命与建设的具体实践中产生和发展起来的。马列主义新闻伦理道德思想是社会主义新闻职业道德直接的理论源泉。因此，要开展新闻职业道德教育，研究社会主义新闻道德理论，促进我国的新闻职业道德建设，新闻从业人员就必须提高对马列主义新闻伦理道德重要性的认识，加强对马列主义新闻伦理思想道德的学习。尤其需要注意的是，马列主义新闻伦理道德会随着时代的发展和进步而不断充实新的内容，使得马列主义新闻伦理道德更加深刻和全面，新闻从业人员应该重点了解和掌握。

2. 新闻职业态度与职业精神

新闻职业精神是指新闻从业人员在工作中必须具有的理想、信念、精神境界和职业品格。它包括对新闻传媒职业责任和职业使命的认识与理解，也包括对新闻工作者职业观念、职业态度、职业情感、职业作风的认识与理解，而这些方面就构成新闻职业精神的基本内涵。

一是要忠诚党的新闻事业，具有强烈的职业认同和社会责任意识。这是新闻从业人员弘扬新闻职业精神的核心问题。作为一名党的新闻工作者，必须无条件地忠诚党的新闻事业，坚定不移地遵循马列主义新闻观，在新闻实践中自觉运用辩证唯物主义和历史唯物主义的立场、观点和方法去认识新事物、发现新情况、写出好新闻；在思想上、政治上和行动上始终与党中央保持一致，积极宣传好党的路线、方针、政策、指示，及时反映人民群众正当的意见、要求和呼声；把握正确的舆论导向，充分发挥党和人民的喉舌作用以及桥梁、纽带作用。新闻从业人员强烈的责任意识包括职业的敏感性、良好的判断能力以及全局观念。引导什么、批判什么，要站在党和人民的立场上反复平衡、协调，引导社会健康、和谐地向前发展。

二是要不图名不图利，爱岗敬业，有崇高的奉献精神。“甘为他人作嫁衣”，这反映的是新闻人的服务意识和奉献精神。新闻从业人员，奉行的是全心全意为人民服务的宗旨。新闻职业，本来就是服务性的行业；新闻工作，本来就是为社会公众提供服务的工作。因此，我们的新闻从业人员，尤其是媒体的采编人员，必须要有“甘为他人作嫁衣”的奉献精神，在工作中任劳任怨，不畏艰险，兢兢业业地埋头于事业，甚至在必要的时候将生死置之度外，从工作中获取乐趣。新闻媒介面临的竞争越来越激烈，承受的社会压力越来越大。新闻从业人员为了完成高质量的新闻作品，要恪守新闻职业道德，不以稿谋私，不贪图回报，需要作出更多的个人奉献。

2016 年 11 月 7 日，习近平总书记会见了中国记协理事会代表及中国新闻奖、长江韬奋奖获奖者代表，语重心长地为广大新闻从业人员勾绘了一个清晰的立志、立德、立业的奋斗目标：坚持正确政治方向，做政治坚定的新闻工作者；坚持正确舆论导向，做引领时代的新闻工作者；坚持正确新闻志向，做业务精湛的新闻工作者；坚持正确工作取向，做作风优良的新闻工作者。这“四向四做”关系新闻工作者举什么旗、走什么路、保持什么样的精神状态、奔向什么目标，应当成为我们的座右铭。

二、新闻职业道德教育的特点

新闻职业道德教育的特点跟新闻职业自身的特点密切相关，我们可以从以下四个方面进行分析。

1. 专门性

专门性是指新闻职业道德教育机构的专业性和教育方法的独有性。

在我国近现代的新闻事业发展过程中，早期的新闻从业人员来源五花八门、千差万别。既有文人学者，也有政客官员，还有商人、外国传教士等，大多没有经过专业化的新闻业务培训和新闻理论知识的学习，更多是在从事新闻实践活动中逐渐熟悉和掌握新闻技能。虽然早年的新闻从业人员也对新闻职业素养和报人品性做了一些相关的探讨和研究，但是缺乏系统的、全面的新闻职业道德教育。因此在新闻传播史上出现了很多令人啼笑皆非、耸人听闻的荒唐事情。报人报格品质低下、互相攻击、夸大渲染、恶性竞争等，给新闻从业人员的形象带来了严重的伤害。

我国社会主义新闻事业的新闻职业道德教育，伴随着专业化的新闻培训学校和新闻院系的诞生，逐渐形成专业化的教育和培养。无论是学校开设相关的新闻职业道德教育课程，还是新闻媒介进行的专门的新闻职业道德上岗培训，都毫无例外地发挥着积极有效的作用。特别是新闻职业道德规范的逐步完善，以及对新闻职业道德失范案例的评析，对新闻从业人员职业道德水准的提高产生了良好的作用和影响。这里需要注意的是，新闻职业道德教育大多是由新闻媒介和相关主管部门完成的。由于新闻媒介的大多数从业人员并未接受过新闻传播学专业的学习，有的是学习其他专业的，有的是"半路出家"，因此有关新闻职业道德的观念和规范大多来自从业以后的相关培训，这也是目前一些新闻媒介的从业人员屡屡出现新闻职业道德失范现象的原因之一。

2. 渐进性

渐进性是指新闻职业道德教育内容的累积性与教育模式的阶段性。

由于职业道德的形成源于长期工作实践和历史的积累，新闻职业道德教育自然也呈现出明显的历史继承性和延续性。最早的时候没有专门的新闻职业道德教育，更多的是新闻专业技能的培养和提高，因此新闻职业道德教育往往涵化于相应的新闻职业技能培训当中。新闻职业道德教育的内容往往与特定的历史时代相符合，顺应特定的生产关系，在继承与发展中不断加以调整，从而规范新闻从业人员的行为，提升新闻职业的整体行业形象。换句话说，不同时代新闻职业道德教育的内容并非是一成不变的，封建社会、资本主义社会与社会主义社会的新闻职业道德教育有所不同，而且是呈递进式积累的形态。

与此同时，新闻职业道德教育也不是一蹴而就的，而是通过反复教育、培养、提升，阶段性地向前发展。在新闻行业产生之初，早期的新闻从业人员主要是满足受众当时的需求，快速准确地提供真实有用的信息，因此这一普遍性的要求也就成了新闻职业道德教育最基本的内容。随着时代的进步和社会不断地向前发展，新闻职业道德教育的模式也开始转变，从一般的“行业自律”逐渐发展成新闻政策和有关命令，由此产生了一系列新的新闻职业道德教育的内容。从另外一个角度来说，新闻职业道德教育首先是从业人员自我认知和自我调整的过程，然后在外在的教育观念和教育方式的作用下，逐步提高和培养职业道德情感，确立并坚定职业道德信念，从而形成良好的职业道德习惯。在理论与实践的结合与碰撞中，不断发现新闻实践中出现的新闻职业道德问题，并提出具体的解决办法。反复作用之下，不断提高新闻媒介及从业人员的道德水准和情操。

3. 目的性

目的性是指新闻职业道德教育最终的努力方向和目标，是为什么要进行新闻职业道德教育的原因或理由。

新闻媒介不管是作为舆论监督的锐利武器，还是作为统治阶级引导、控制舆论的实用工具，新闻职业道德教育都是必需的。当前在新闻传播实践活动中，存在着各种各样的道德缺失问题，新闻传播业的权威性、公正性、纯洁性正受到严重的威胁。这种威胁不是来自他方，而是来自新闻传播界自身新闻职业道德水准的普遍下降。加强新闻职业道德教育的建设，势在必行。这一任务具有全球性、迫切性，尤其是道德行为失范及新闻腐败现象令人担忧。市场经济条件下发展的新闻传播业，商业化日趋严重，媒介行业垄断日渐加速。新闻垄断和商营新闻业造成新闻界新闻职业道德水准的堕落，直接威胁新闻传播业的声誉。因此，提高新闻从业人员的职业道德观念和规范意识，更多是通过新闻职业道德教育来完成的。

在我国，党对新闻职业道德教育提出过政治上的要求，诸如“坚持党性原则”“政治家办报”等，但是在具体的新闻实践活动中，仍然显得略有不足。党和政府直接关注和组织职业道德教育，更多体现在对新闻实践业务和报道方向的管理上，目的在于从整体社会利益出发，概括出新闻职业道德的规范，比如新闻政策、宣传纪律的发布等。由于新闻事业有着明确的职业活动目标和任务，因此新闻职业道德教育也要与之相适应。社会主义新闻职业活动的目标和任务是“以科学的理论武装人，以正确的舆论引导人，以高尚的精神塑造人，以优秀的作品鼓舞人”。新闻职业道德教育也要立足于这一基础，以提高和培养新闻从业人员的道德水准为根本出发点。

4. 多元性

多元性是指新闻职业道德教育内容的丰富性与教育模式的多样性。

就内容来说，新闻职业道德教育在理论上包括：新闻职业道德的基本理论，如新闻职业道德与新闻法规的关系、新闻职业道德与新闻受众之间的关系、新闻职业道德内部的各种关系等；新闻职业道德的形成与发展规律，如各个时期的主要新闻职业道德思想，以及与其他社会道德的关系；新闻职业道德的原则规范，如不同时期各个国家的新闻职业道德规范，以及这些规范在发展变化过程中的影响条件等；新闻职业道德评价与教育的方法、标准如何产生、如何调整与提升新闻职业道德的境界、水平等。由于新闻行业涉及社会生活的方方面面，因此对相关知识也必须加强了解和把握，如社会学、法学、历史学、哲学等。

新闻职业道德教育的模式也是多种多样的，单靠有关书籍与课堂教学是远远无法完成的。不同层次、不同起点的新闻从业人员以及在校学生，可以根据不同的情况，站在不同的角度，结合自身的需要采取不同模式的新闻职业道德教育进行学习和再学习。当然，对新闻职业道德教育来说，最好的模式就是理论联系实际，在具体的新闻传播实践中反复摸索，身体力行，勇于实践。同时借助社会教育、行业规范和自我认知，逐渐提高和培养新闻职业道德素养和水准。

三、新闻职业道德教育的形式

1. 对在校学生抓紧进行新闻职业道德教育

高校学生是新闻从业人员的摇篮，尤其是新闻与传播院系的学生，是新闻媒介的未来主力和后备军。如果他们在校期间就能接受良好的新闻职业道德教育，那么在大学毕业后走上新闻工作岗位，就会自觉地运用新闻职业道德规范来指导和约束自己的职业行为，在遵守职业道德准则方面严格要求自己。因此新闻职业道德教育首先要从学校、从学生抓起。

目前，我国新闻教育的发展速度很快，规模不断扩大。统计资料显示，截止到2016年，国内共有681所大学开设新闻传播类专业，其中“985”“211”高校中有55.9%开设了新闻传播类专业。全国共设有1,244个新闻传播类教学点，在校本科生约23万人，占高校在校本科生总人数的1.4%。这么多的新闻院系当中，大多数已经开设了新闻职业道德和新闻法规的相关课程，有的是在新闻理论或其他专业课程中列为一个专题来讲。虽然各个学校对新闻职业道德教育的重视程度有高有低，但已经是一个令人可喜的现象。目前需要进一步解决的是，学校开展的新闻职业道德教育整体认识程度还不够，课程虽然开设了，但是在课时、师资、教材、教学方法上还有很多不足。个别学校里，从老师到学生对新闻职业道德教育缺乏正确的态度和清醒的认识，重新闻业务的提高，轻道德观念的培养；重政治理论的学习，轻道德意志的锻炼。

对所有在校学生来说，认真学习新闻职业道德课程是非常必要的，也是对自己将来工作的一种前期培养和提高。因此，学校应认真对待新闻职业道德教育课程，总结经验，让学生在踏上社会之前就能接受良好的、系统的新闻职业道德教育，避免在以后的新闻实践工作中出现违反新闻职业道德的事情。

2. 在新闻行业内部进行职业道德教育

新闻行业内部进行的职业道德教育，主要是指新闻行业进行的有组织、有目的的定期或不定期的职业道德培训。这种培训一般由各级主管机关，包括新闻工作者协会和各级党委宣传部来组织协调，当然也有由新闻媒介自己内部组织的。

具体的培训方法也是多种多样的。可以组织短训班形式的集中学习，指定相关的学习材料。比如组织全体采编播人员认真学习习近平新时代中国特色社会主义思想；学习《中国新闻工作者职业道德准则》《关于禁止有偿新闻的若干规定》及其他相关制度等。也可以邀请资深专家、学者、教授进行专题讲座，或者在广泛征求各单位意见的基础上，选择社会有关行业，设立新闻职业道德建设联系点，聘请一批政治强、作风正、关心新闻事业、有社会责任感的同志担任新闻职业道德监督员，下发新闻职业道德建设意见征询表，交流情况，听取意见。设立新闻职业道德监督电话，接受有关投诉。还可以组织不同形式的交流、研究、讨论活动，进一步学习和掌握新闻职业道德规范，将相关的各项准则、制度、规定汇编成册，做到全体采编播人员人手一册，广为宣传，使新闻从业人员有章可循。突出重点，进行规范采访、舆论监督、廉洁从业等方面的教育。组织召开采编播人员座谈会，就有关教育问题进行专题讨论。对照各项制度和规定，认真组织自查自纠本单位、本部门新闻职业道德建设方面存在的问题及产生的原因，提出改进意见和整改措施。

3. 勉励新闻从业人员的自我职业道德教育

勉励新闻从业人员加强自我职业道德教育，就是要提高个人的职业道德修养。新闻从业人员根据相关的道德理论、原则、规范的要求，自觉地进行自我锻炼、自我监督、自我控制，逐步形成内在的职业道德品质。具体的方法就是新闻从业人员要学会自我反省、自主学习、自己体会，也就是平常所说的“吾日三省吾身”，勇于作“自我批评”，并且严于律己，时刻检讨自己的行为是否符合新闻职业道德规范的要求，不断地对自己的行为进行反思、审视，从而在新闻实践中避免出现道德失范现象，不断完善自己，提高自己。另外要注意培养和发现先进典型，对在新闻职业道德建设中确实作出突出成绩的同志进行大力宣传和表扬，向先进典型、模范人物学习。通过弘扬正气，积极引导新闻工作人员自觉遵守各项制度。

4. 通过社会监督的日益完善进行新闻职业道德教育

新闻媒介担负着舆论监督的职责，新闻媒介及从业人员的行为也受到社会大众的监督和影响。“群众的眼睛是雪亮的”，一旦新闻从业人员出现有违新闻职业道德规范的行为，群众的监督和举报就成了最好的教育方式。同时，纪检监察部门要相信群众，依靠群众，加大监督检查力度，定期召开会议，分析研究新闻队伍职业道德建设的状况，检查各项制度的执行情况。对群众举报的问题，一经查实，要严肃执纪，追究责任。

思考题

1. 新闻伦理与新闻职业道德是什么关系？
2. 新闻职业道德有哪些本质特征？
3. 新闻职业道德追求的是什么？
4. 什么是新闻职业道德境界？如何提升这种境界？
5. 什么是新闻职业道德评价？新闻职业道德评价有什么作用和意义？
6. 什么是新闻职业道德教育？它包括哪些内容？
7. 如何抓好新闻职业道德教育？

阅读书目

1. 克里斯蒂安 . 媒体伦理学 [M].5 版 . 张晓辉，译 . 北京：华夏出版社，2000.
2. 贝特朗 . 媒体职业道德规范与责任体系 [M]. 宋建新，译 . 北京：商务印书馆，2006.

3. 史密斯 . 新闻道德评价 [M]. 李青藜，译 . 北京：新华出版社，2001.
4. 蓝鸿文，郑保卫 . 新闻伦理学简明教程 [M]. 北京：中国人民大学出版社，2001.
5. 黄瑚 . 新闻法规与新闻职业道德教程 [M]. 上海：复旦大学出版社，2003.
6. 陈桂兰 . 新闻职业道德案例评析 [M]. 北京：高等教育出版社，2001.

第十二章
新闻法制与新闻伦理的关系

本章要点

人类的新闻传播活动中存在着各种复杂的利益关系，需要用各种规范去调节才能保证权利与义务、自由与限制的平衡。新闻伦理与新闻法制是其中两种最重要的规范形式。新闻伦理是自律，新闻法制是他律，二者互不相同却又密切相关。

第一节　新闻法制与新闻伦理的共同点

对于法律和道德之间的关系，英国学者哈特有过精辟的论述：法律和道德不仅分享同一套词汇，以至于既有法律上的也有道德上的义务、责任与权利；而且，所有国内法律制度都体现着特定的和基本的道德要求之宗旨。不得杀人和不得滥用暴力是法律禁令和道德禁令相一致的最明显的例证。还有一种观念，即正义的观念，它似乎要把这两个领域统一起来：正义既是适合于法律的善，又是诸善中最具法律性质的善。[1] 新闻法制和新闻伦理与一般意义上的法律和道德一样，体现着相同的宗旨。概括起来，可以包括以下几个方面。

一、都由一定的经济基础所决定，并为一定的经济基础服务

用历史唯物主义观点分析，新闻法制与新闻伦理都是由一定的经济基础决定的上层建筑，并且是为一定的经济基础服务的。新闻事业是社会上层建筑的重要组成部分，新闻具有意识形态属性，是属于上层建筑的领域。新闻法制、新闻伦理是新闻这种意识形态的附属物，虽然不能等同于国家机器，但也是社会上层建筑中的重要组成部分。

在社会上层建筑中，政治思想和与之相适应的政治制度居于核心地位，影响和制约着上层建筑的其他组成部分，包括新闻和新闻事业。任何社会的新闻活动都受到该社会占统治地位的政治思想及国家政治制度的指导和制约。政治体制决定着新闻体制，新闻体制是政治体制的重要方面。经济基础决定上层建筑，上层建筑又能动地反作用于经济基础。今天的新闻事业，规模庞大，每日每时都在迅速、全面地反映着社会经济生活，反映着作为经济集中体现的社会政治生活，比哲学、艺术、道德、宗教等意识形态更直接、更强烈地反作用于经济基础，对社会生活施加着巨大的影响和强有力的干预。

资本主义社会的新闻法制与新闻伦理反映着资本主义社会的经济基础，在西方，法律规定私人可以创办各种类型的媒体。西方新闻机构绝大多数为私人所有，所有者把媒体当作企业来经营。在美国，四分之三左右的电台、电视台是私人所有的。而这正是资本主义国家生产关系私有制的反映。资本主义制度存在和发展的几百年间，其生产关系也发生过一些重大变革，其中最主要的是由自由主义的经济体制向集中垄断的经济体制转变。随着生产关系的调整，作为思想上层建筑组成部分的新闻事业也在一定程度上发生了演变。比如，美国《1996年电信法》的颁布就反映了垄断经济的发展。在此之前，美国执行的电信法是1934年通过的。该法对媒体兼并管理严格，规定一家广播公司不能拥有两个以上的广播网。它还规定，个人和团体拥有电视台不得超过7家，调频电台不得超过7家，电

[1] 哈特．法律的概念[M]. 张文显，译．北京：中国大百科全书出版社，2003：8.

台、电视台的所有者不得在同一地区再办有线电视系统。而1996年初美国国会通过的新电信法则大大放宽了对广播电视的限制。新法取消了对一家公司拥有电视台数量的限制；把一家电视公司对全国的观众覆盖率的上限由原来的25%提高到35%；撤销在同一地区不能同时拥有电视台和有线电视系统的规定；撤销一家公司不能拥有两个无线电视网的规定，即允许在已拥有一个电视网的情况下新建一个电视网，但不允许购买现成的电视网；电视台营业执照从5年延长到8年；撤销有线电视收费限额的规定。此外，新法还准许电话公司经营有线电视，有线电视网可以提供电话服务等。

在我国，无论是新闻法制还是新闻伦理都是建立在社会主义公有制经济基础之上的，它们都具有鲜明的阶级属性，是为社会主义事业、为人民服务的。社会主义新闻事业是在社会主义经济基础之上建立和发展起来的。以公有制为主体的社会主义经济基础，决定了新闻事业归全民所有，亦即归全体人民利益的代表者国家所有。《中华人民共和国报纸管理暂行规定》第十条规定："创办正式报纸应当具备下列条件……有确定的、能切实担负领导责任的主办单位和主管部门。"新闻媒体归国家所有，这正是社会主义公有制经济的体现。

二、具有相同的目的性

人是天生的社会动物，无论是生活还是工作都要经常和周围的人、社会发生联系。离开了社会、离开了他人，任何人都无法生存下去。所以人与人之间、人与社会之间必然存在着相互关系。在相互交往的过程中，人们之间常常会发生矛盾、冲突，为了解决这些问题，就要求有一系列规则规范人们的行为，以达到正常有序交往的目的。恩格斯曾经从生产、分配和交换的角度，对这个问题做了论述，他说："在社会发展某个很早的阶段，产生了这样一种需要：把每天重复着的生产、分配和交换产品的行为用一个共同的规则概括起来，设法使个人服从生产和交换的一般条件。这个规则首先表现为习惯，后来便成了法律。"[1]新闻法治正是为了调整新闻生产、流通、消费的关系，调整新闻工作者之间以及新闻工作者与社会之间的关系而制定的行为规范。新闻伦理是人们在长期的新闻传播活动中逐渐形成的规范自己传播行为的各种观念、习惯、信念的总称，通常以道德准则或道德信条的形式表现出来。它也是为了调整新闻工作者之间以及新闻工作者与社会之间的关系而进行的自我约束，是新闻工作者必须遵守的行为规范。

无论是新闻伦理还是新闻法制，它们都起源于人类的新闻传播实践，并在此基础上发展起来，是维持新闻传播活动正常进行的基本手段，二者的目标是一致的。新闻伦理也是以自律求自由，要求新闻业主动担负起道德责任的作用，自觉维护社会和国家的利益。这正是新闻伦理的价值所在。

三、具有相互的包含性

所有的道德与法律都是从人类生活和社会习惯规则中演化而来的，新闻伦理与新闻法制

---

[1] 中共中央马克思恩格斯列宁斯大林著作编译局．马克思恩格斯选集（第2卷）[M]. 北京：人民出版社，1972：538–539.

也是如此。所以，出现互相渗透的现象是理所当然的。而且，既然二者都是对相同的领域进行规范的产物，必然在内容上会存在着重合的地方，会体现出相互渗透的特点。比如，关于保守国家机密，《中华人民共和国刑法》和《中华人民共和国保守国家秘密法》规定，“禁止泄露国家的政治、经济、军事机密”“一切国家机关、武装力量、政党、社会团体、企业事业单位和公民都有保守国家秘密的义务”。再比如，关于民族地区的新闻报道，《中华人民共和国宪法》第一章第四条规定：“禁止公开传播一切破坏民族团结、煽动民族分裂的文字和图像。”还有如维护新闻真实性，不得侵害他人肖像权、名誉权、隐私权等，新闻媒介之间要开展正当竞争等既是新闻法治的要求，也是新闻伦理的明文规定。

第二节　新闻法制与新闻伦理的区别

与道德和法律的关系一样，新闻道德是新闻法制的最高境界，新闻法制是新闻道德的最基本要求，两者之间有相通之处，但是也有本质区别。

一、形成的方式不同

法是由国家创制的行为规范，新闻法制也要由国家制定和认可。总的来讲，新闻法制都是由具有立法权的国家机关在其权限范围内按照既定程序制定或认可并颁布实施的，是国家意志的体现，具有国家意志的属性。

新闻伦理是在新闻事业发展过程中为了避免外部过紧的约束而选择的自律手段，一般由行业性组织主持制定。比如，1874 年瑞典发行人俱乐部制定的职业守则，1916 年第一届世界报业大会通过的美国密苏里大学新闻学院制定的记者守则，1923 年美国报纸主编人协会通过的新闻法规，日本 1946 年制定的《日本新闻伦理纲要》，都属于这一类。

在我国，全国性的新闻伦理准则在 20 世纪 40 年代已经出现。1991 年中华全国新闻工作者协会通过的《中国新闻工作者职业道德准则》是新中国较完备的新闻自律文件。

二、表现形式不同

新闻法制是针对新闻领域内的相关行为进行约束、规制，并对违反者进行处罚的法律，是对新闻工作者的传播行为进行有效约束和指导的规范性文件。而新闻法治要想起到上述作用，必须有明确具体的法律条文规定禁止新闻传播过程中的某些行为，同时明确规定如果违反新闻法制，新闻传播机构或新闻工作者将承担哪些责任，受到哪些惩罚。《中华人民共和国刑法》第二百五十条规定：“在出版物中刊载歧视、侮辱少数民族的内容，情节恶劣，造成严重后果的，对直接责任人员，处三年以下有期徒刑、拘役或者管制。”《中华人民共和国治安管理处罚条例》第二十二条规定：“有下列侵犯他人人身权利行为之一，尚不够刑事处罚的，处 15 日以下拘留、200 元以下罚款或者警告。”处罚标准清晰，执行方便。

新闻伦理是在新闻领域内，新闻从业人员的善与恶、美与丑、正义与非正义、荣与辱的行为指导观念和规范。新闻伦理主要存在于从业人员的观念之中，表现于新闻从业人员的言行上。当然，随着新闻界自律意识的兴盛，新闻伦理也越来越多的以文字的形式出现。但是，如果将新闻法制和新闻伦理准则相比较会发现，新闻伦理准则的条文比较抽象、概括，多是一些原则性的规定。而且，新闻伦理准则中尽管也包括了一些新闻传播活动中的禁止性行为，但是它并没有规定一旦违反这些规定将承担什么样的后果。

三、实现的方式不同

道德是内在的，它的基础是人的主体的自律。道德通过社会意识、风尚、习惯、舆论等影响个人的意识、理念、信仰、情感，从而起到规范的作用。道德主要依赖于人的自我追求、自我修养、自我完善。也就是说道德的约束力必须诉诸行为主体的自主自律，即如马克思所说“道德的基础是人类精神的自律”[1]。新闻伦理正是通过新闻工作者自觉自愿地接受来发挥其效力的。尽管新闻伦理准则的条文也有一定的强制力，但是这种强制力是很有限的。而且这种条文还具有契约的性质，以人们自愿为前提。新闻伦理准则如果得不到媒体及其新闻工作者的共识和自觉实行，它就成为苍白无力、毫无用处的教条。虽然在强制性方面新闻伦理有一定的局限性，但如果职业道德内化为新闻工作者的信仰，它就能时时刻刻指导新闻工作者的行为，而且还能上升为一种自觉的追求，能达到理想的状态。

法律是外在的，它的基础是以国家强制力为保证的他律。所谓国家强制力，是指军队、警察、法庭等。法律一旦生效，人们不管同意还是不同意，理解还是不理解，知道还是不知道，都必须遵守。法律不需要征得一切人同意，任何人可以不同意某条法律，但是行为上还是不得违反。在通常情况下，这种强制力是不显现的；对少数违法犯罪分子来说，这种强制力就显现出来。如果没有这种强制力，在法律的施行过程中遇到障碍，或者有人破坏法律构成犯罪时，就不能排除障碍，就不能使犯罪分子得到应有的制裁。新闻法制就是新闻媒体及其工作人员必须遵守的社会规范，它明确地告诉媒体及其工作人员应该怎样做，必须怎样做，禁止怎样做。必须做的没有做，禁止做的做了，媒体及其工作人员就要被追究法律责任，所以新闻法制是刚性的，新闻伦理则是弹性的。

四、对违背其规范的制裁方式和制裁机构不同

违背新闻法制的后果有明确规定，靠国家强制力量来制裁，是一种权力强制。违背新闻伦理的后果，是自我谴责和舆论压力。这种制裁要有约束力，也只有通过行为者的荣辱心、功利心和良心方能起到实际的作用。虽然新闻伦理在调节从业人员的行为方面发挥了重要的作用，但是媒体或者新闻工作者不遵守它，也不能用国家权力来制裁。比如，对于违背新闻伦理中真实性原则、刊登假新闻的报道，通常是媒体进行自我检讨，对相关责任人作出相应的处罚。2005 年 2 月 5 日《新京报》刊登《越洋电话采访郎平》，记者以“越洋电话采访郎平”的对话形式，报道郎平应邀执教美国女子排球队之事。其实，写这篇报道的记者未能与郎平取得电话直接联系，只是通过我国驻意大利使馆人员获得一些当时郎

[1] 中共中央马克思恩格斯列宁斯大林著作编译局 . 马克思恩格斯全集 (第 1 卷)[M]. 北京：人民出版社，1995：119.

平在意大利的新闻素材，报道中多数内容是从其他媒体上搜集来的。新京报社委会发现这篇假新闻后，给记者的处分先是留社察看，后改为开除；给责任编辑严重警告和罚款处分；给签发稿子的负责人全社通报批评和罚款处分。而如果违背了新闻法制，则会由国家暴力机关运用强制力实施惩罚。2007 年 7 月 8 日，北京电视台“透明度”栏目以“纸做的包子馅”为题，播出了记者暗访朝阳区一无照饭馆出售“纸箱馅包子”的新闻。节目播出后，北京市人民政府高度重视，要求属地工商局立即派人检查并了解情况。7 月 11 日至 14 日，北京市工商局等单位迅速部署，在朝阳区范围内组织开展了拉网式的专项检查行动，并没有发现包子馅中含有纸纤维及其他违禁成分。随后调查人员发现，“纸箱馅包子”的新闻存在虚假举报、未对包子和肉馅进行法定检测等疑点。7 月 15 日，北京市公安局刑侦总队成立专案组对此新闻造假立案侦查。侦查发现，此节目内容是由北京电视台 2007 年新聘用人员訾北佳一手策划、编造的。8 月 12 日，北京市中级人民法院开庭，根据《中华人民共和国刑法》第二百二十一条之规定，判訾北佳犯损害商品声誉罪，一审被判处有期徒刑一年，并处罚金人民币 1,000 元。

由于新闻伦理和新闻法制的制定组织不同，所以也决定了它们的制裁机构不同。新闻法制作为国家法律体系的一部分，是由国家立法机关遵循一定立法程序制定的，其制裁机构是国家行政机关和暴力机关，可以用罚款、判刑等方式对违反法规的行为进行处罚。而对违反新闻伦理的制裁机构是新闻自律机构，在多数国家是新闻评议组织，是对违反新闻道德的案件作出不具有法律效力的裁决即所谓道德法庭裁决。它的权限决定了对违反职业道德的行为通常只有意见裁决的权利，只能通过意见的裁决来施加舆论压力，它没有实际的行政处罚权力。开除会籍、罚款的权利只有少数国家的新闻评议组织具备。

第三节　新闻法制与新闻伦理相互作用

新闻伦理和新闻法制都是行为规范，既有区别，又有着密切的联系。它们有共同的目标：维护良好的新闻传播秩序，促进和保证社会主义新闻事业的健康发展。但人类传播行为中复杂的利益关系决定单单依靠它们中的任何一个都不可能实现这个目标。新闻伦理和新闻法制大量的共同点和显著的差异性决定了它们之间完全有可能相互配合、相互补充、相互影响、相互协调。而且也只有把新闻伦理与新闻法治这两种手段结合起来，才能使它们各自的作用发挥得更充分、更有效，才能最终建立良好的新闻传播秩序。

一、新闻伦理对新闻法制的作用

1. 新闻法制的制定受到新闻伦理的影响

每一个现代国家的法律工作处处表明它会受公认的社会道德和广泛的道德理想的影响。这些影响或者是通过立法直接进入法律的，或者是通过司法程序悄悄进入法律的。在有些制度中，如美国，法律效力的最后准则中明确地包括了正义原则或重要的道德价值，在其他制度中，如英国，对最高立法机关的权限没有形式上的限制，可是它的立法还是毫不含糊地符合正义或道德。[1] 道德在整个规则体系中居指导地位，它提供的关于权利与义务的基本原则是人类建构一切社会组织，制定各种文化规范所依据的公理。因此，法律及行政命令等不过是从道德中派生出来的规范。同样的，新闻法制的制定也应该体现新闻伦理的基本原则和要求，应该以强化媒介社会责任为立法宗旨。也就是说，新闻道德确立的价值取向和行为准则应该是新闻立法活动的目标。

2. 新闻法制的实施有赖于新闻伦理的内化

法制的最高境界是法治。法律的实施主要依靠国家强制力，但是，正如古人所说“徒善不足以为政，徒法不足以自行”，一味强调依靠强制力执法的结果则有可能造成一个生硬的、僵死的、靠暴力维系的社会，法律需要道德促使整个社会对于法律规定的行为规范的底线达成普遍的共识和信仰。没有这种共识和信仰，法条就是空文。新闻伦理是客体的外部的东西，是党和人民对新闻从业人员的政治要求、思想规范、道德标准、行为准则等的综合要求，新闻行业的每一个成员都必须认真恪守。但这不是新闻从业人员生来就具有的，也不是我们有了某种认识之后就能“据为已有”的，只有把这种外部的客体的职业道德，通过心理活动转化为个人品德之后，才会使之成为内部的主体的东西，成为主导人的一种职业精神。新闻伦理通过内化，变成新闻从业人员的一种自觉行动，上升为一种职业精神，从而使新闻工作者能够自觉地遵守新闻伦理，提高维护新闻法治、执行新闻法制的自觉性。一个新闻工作者因为害怕迟早会受到法律制裁，而不敢受贿搞有偿新闻，这当然是好的；但如果他出于对职业精神的追求而不愿受贿，拒绝搞有偿新闻，那就更值得赞扬。

二、新闻伦理对新闻法制的补充

道德调整的范围远远大于法律，道德可以在法律达不到的地方发挥作用，调整人们的思想和行为。道德中有些领域是位于法律管辖之外的。法律法规是通过立法程序，以国家暴力机构作为其后盾而制定的，具备无条件的遵守性。这种刚性特点决定了它只能对一些有重大社会效用的行为进行调节。现代社会普遍遵循“罪刑法定”，也就是说，一种行为是否违法要看法律是否有规定，有规定的就是法律调节的范围，没有规定的就不在其评判之列。新闻法制只干涉那些危及统治阶级根本利益的行为，只对新闻工作者的职业行为是否违法、是否构成犯罪以及违法犯罪所达到的程度作出相应的评判，所以新闻法制的调节范围显然有限，大量的没有违法却仍然对社会和他人不利的行为，法律都无能为力。并且新闻法制对违法行为的制裁是一种事后追惩，它只能在一种行为发生后依据条款进行制裁。这样，法律的刚性决定了它只能被用于调节重大行为，即它的调节范围相当有限。新闻伦理所调整的对象与范围总的说来比新闻法制所调整的对象与范围要广泛得多。它所适用的范围几乎涉及新闻传播活动中的一切道德关系与道德行为。既包括新闻法制所调整的，也包括新闻法制调整不到的。不仅触犯新闻法治的行为在其评判之列，许多新闻法制不加干

[1] 哈特．法律的概念 [M]. 张文显，译．北京：中国大百科全书出版社，2003：199.

涉的行为也要由其评判。

如果整个媒体行业的自律组织软弱无力，新闻单位及新闻工作者的自律意识差，为了保证新闻传播业的正常秩序，就需要外力作用于媒体业。以自律求自由，可以为传媒赢得较多有弹性的活动空间。2000年香港“陈健康事件”[1]发生后，引起香港公众的愤怒，特区政府一度准备制定约束传媒的行政规章。这时，相互存在较大矛盾的香港四个传媒行业组织团结了起来，制定了被多数香港传媒认可的传媒自律条例，使得政府放弃了出面约束传媒的想法。

三、新闻法制对新闻伦理的保证

道德体现的是人类精神的自律，主要靠个人的道德责任感和社会舆论来保障实施。然而，在利益多元化和价值标准多元化的条件下，个人的道德责任感和社会舆论的强制力不足以防止违反道德行为的发生，一些重大的社会关系不仅需要有道德调整，更需要有较大强制力的行为规则和原则予以调整，这个具有较大强制力的行为规则和原则就是法律。因此，利用法律手段使部分道德义务上升为法律义务，并以国家强制力为后盾予以强制执行，是维护社会基本秩序的必需手段。美国学者博登海默认为，在道德价值这个等级体系中，可以区分出两类要求和原则。第一类包括社会有序化的基本要求，它们对于有效地履行一个有组织的社会必须承担的任务来讲，被认为是必不可少的，或极为可取的。比如不得以暴力伤害他人，不得用欺诈手段谋取权益，不得危害公共安全等。第二类道德规范包括那些极为有助于提高生活质量和增进人与人之间的紧密联系的原则。这些原则对人们提出的要求远远超过了那种被认为是维持社会生活的必要条件的必需要求。慷慨、仁慈、博爱、无私等价值都属于第二类道德规范。在这两类道德中前者通常上升为法律，通过制裁或奖励的方法得以推行。新闻伦理中的某些要求也是如此，被上升为国家意志，用法规的形式加以确认，使这部分道德要求不仅仅是新闻工作者道德上的义务，同时成为法律上的义务。由于有了双重保证，这些道德要求在新闻实践中也就能更好地被遵守和执行。

对制裁机构而言，新闻伦理的维护也需要法规的保障。职业道德准则的制定一般由新闻事业的行业性组织主持制定。行业性组织显然不是国家权力机关，制定的规范也不同于法律规范，它没有法规那样的权威性和不可抗拒性。新闻道德规范的实现主要依靠社会舆论和教育的力量，依靠新闻工作者的内在信念，依靠各种新闻职业团体和组织的提倡与维护。对于违反新闻伦理行为的制裁通常是通过自律机构新闻评议组织进行的。但实际上，新闻评议组织通常只有意见裁决权利，只能通过意见的裁决来施加舆论压力，它没有实际的行政处罚权力。这正是道德自律的瓶颈，它是一种软性约束，如行为主体不遵守，也不能强制其服从。一部分道德要求转化为新闻法治后，由国家强制力作后盾，国家暴力机关保证实施，制裁机构的不同，决定了它能够比职业道德准则被更好地遵守和执行。

---

[1] 陈健康事件源于1998年10月19日发生在香港上水天平邨的一宗伦常命案，事件主角陈健康因在深圳另结新欢，令妻子不悦，妻子将两名儿子从上水天平邨住所抛落地下，然后跳楼自杀身亡。香港传媒争相报道该事件，追访陈健康的下落及包二奶的细节。其中《苹果日报(香港)》记者向陈健康提供5,000港元召妓，拍下独家照片，事件引起公众哗然，该案件亦成为探讨香港传媒专业操守的案例及教材。

四、新闻法制对新闻伦理的传播

法律的实施本身就是一个惩恶扬善的过程，不但有助于人们法律意识的形成，还有助于人们道德的培养。“当法律规定权利与义务并以强制性力量相威胁以维护其规定时，法律便变成了一种强有力的传播媒介。每一个执法行动都表达了它对社会的价值观念的态度以及它对这些价值观的承诺。”[1] 因此，新闻法制不仅是维护新闻伦理的重要力量，还是传播新闻伦理的良好途径和手段。

新闻法制在实施中对新闻伦理的传播，主要表现在以下两个方面。

首先，法律主要表现为否定，主要是禁止那些具有危害性的行为，若有发生即予制裁。新闻法制和新闻伦理中有部分重合的内容，凡是新闻法制禁止的东西，毫无疑问，也是新闻伦理不提倡或者违背新闻伦理的行为。新闻法制通过强制力处理和制裁违法事件，也就是在处理违背新闻伦理的行为，其他的媒体或新闻工作者会从中吸取教训，从而自觉地遵守新闻伦理准则。

案例：2005 年 2 月 4 日，清华大学管理学院在读博士生董秀海因老家建房问题与邻居马开亮发生了纠纷并恶化为群殴事件，纠缠中马开亮重伤致死。当日，董家兄弟四人被缙云县公安局刑事拘留。当地记者毛某、金某在证实了董某已被刑事拘留后，发了一篇报道《谁挡我建房我叫谁死，清华博士卷入缙云山村命案》，基本客观地反映了当时案件所处特定阶段的进展情况，但文中使用了“博士杀人缘于邻里纠纷”等小标题。经过两年多的诉讼程序，2007 年 2 月 6 日，浙江省高级人民法院作出裁定，由于董秀海未被公诉方作为被告提起公诉，因此不涉及刑事责任，但须承担连带的民事赔偿责任，法院最终排除了“博士杀人”的嫌疑。于是 2007 年 4 月 4 日，董秀海诉某报案在北京海淀区法院立案——在这份报纸上最早出现“博士杀人”的说法。董的代理律师表示：这样的报道对当事人的正常学习、工作和生活影响很大，构成了名誉侵害。董秀海还特别提出：该报道对清华大学声誉造成了不良影响。法院审理后认为，报社报道的主要内容基本属实，报社主观上没有恶意诋毁、侮辱原告的故意，客观上使用“博士杀人”一词不妥，给原告造成了一定的负面影响。法院判决报社停止侵权、刊登致歉声明，但驳回了原告要求赔偿经济损失的诉讼请求。[2]

此案以及类似的新闻侵权案件的发生和判决给了新闻界以警示，使新闻界认识到在新闻侵权案件多发的今天，为了避免不必要的新闻官司，进行客观公正报道、维护新闻真实性的重要性。此后，许多媒体制定规则，提醒记者在进行新闻报道时要“正确使用形容词，只有在为了准确表达而必须使用形容词的时候才使用形容词。切记不可滥用形容词，否则很容易偏离客观性原则，在无意中招致非议”[3]。其目的正是维护新闻报道客观公正的原则，维护新闻真实性，避免新闻侵权。媒体在法庭上败诉客观上促进了客观、公正、真实等基本新闻伦理准则的传播。可以说，广大新闻工作者从这些反面教训中学到的法律知识、增进的法治观念和道德意识，应该是和从各类正面教育活动中得到的一样深刻的。

---

[1] 布鲁姆 . 社会学 [M]. 张杰，等译 . 成都：四川人民出版社，1991：648.
[2] 郭磊 . 浅析真实性在新闻侵权抗辩中的作用 [J]. 新闻世界，2011(6).
[3] 佚名 . 报纸防范新闻侵权的若干建议 [N]. 佛山日报，2002-12-06.

其次，新闻法制除了能够对新闻传播中的某些不良行为进行制裁，还可以维护新闻媒介及新闻工作者的合法权益，同时赋予新闻工作者一些职业特权，以便更好地进行新闻报道。比如，美国许多州制定有新闻保障法，通常称为《盾牌法》（Shield Law）。在有这一法律的州里发生的有关案件中，记者有权拒绝出庭作证说出采访来源。在2002年12月11日，海牙国际法庭5名法官一致作出一项裁决，宣布记者享有"作证特权"，这一原则得到了国际法的确认，即记者有权拒绝出庭作证。因为如果记者出庭作证，将使记者的采访对象、记者本人的安全保障、记者采访权和公众的知情权受到侵害。在我国，随着社会主义新闻法治的日益完善，我国法律对新闻工作者合法权益的保护力度明显增强，近年来珠海、乌鲁木齐、武汉、深圳等地方相继出台了一些地方性的法规来维护记者在正常采访中的合法权益。2007年4月5日由国务院总理温家宝签发的《中华人民共和国政府信息公开条例》具有全国性法律效力，该条例2008年5月1日生效后，如果行政单位在没有正当理由的情况下拒绝向媒体和大众提供政务信息，则要承担违法责任。这样，媒体的采访权就得到了保证。而在司法实践中，许多履行正当舆论监督职责的新闻媒体及新闻工作者在诉讼中都得到了法律的支持和保护。新闻法制尊重和维护新闻单位及新闻工作者正当权益，是对新闻工作的一种积极肯定，它激励广大新闻工作者捍卫真理、揭露危害党和人民利益的不良行为、反映群众呼声的道德热情，对于在整个新闻传播界弘扬正气、形成良好的职业道德风尚有着重要的意义。

道德与法律是两种最基本的社会规范，同属上层建筑范畴。法律是道德的底线，是人人必须遵守的基本准则。法律源于道德又规范道德，道德合于法律又高于法律。二者的关系可以概括为：德可固法，法可厚德。在对社会行为进行调整、规范时，道德与法律具有极大的互补性。同样的，在调整新闻传播过程中新闻媒体及其新闻工作者与社会的关系时，也要充分发挥二者的作用，新闻伦理与新闻法制相辅相成、相互促进，才能共同构建良好的新闻传播秩序。二者就如鸟之两翼、车之双轮，缺一不可。

思考题

1. 新闻法制与新闻伦理的共同点有哪些？
2. 新闻法制与新闻伦理的区别是什么？
3. 新闻法制与新闻伦理形成的方式分别是什么？
4. 新闻伦理与新闻法制的表现形式有何不同？
5. 新闻伦理与新闻法制实现的方式有何不同？
6. 新闻伦理对新闻法制的作用是什么？
7. 新闻伦理对新闻法制的作用表现在哪些方面？

阅读书目

1. 哈特. 法律的概念 [M]. 张文显，译. 北京：中国大百科全书出版社，2003.
2. 布鲁姆. 社会学 [M]. 张杰，等译. 成都：四川人民出版社，1991.
3. 郭镇之，展江. 守望社会 [M]. 北京：中国广播电视出版社，2006.
4. 盖恩斯. 调查性报道 [M]. 刘波，翁昌寿，译. 北京：中国人民大学出版社，2005.
5. 支庭荣. 大众传播生态学 [M]. 杭州：浙江大学出版社，2004.

6. 陈绚 . 新闻法治与道德 [M]. 北京：中国大百科全书出版社，2005.
7. 蓝鸿文 . 新闻伦理学简明教程 [M]. 北京：中国人民大学出版社，2001.
8. 魏永征 . 新闻传播法教程 [M]. 北京：中国人民大学出版社，2002.

后记

本教材第一版、第二版先后于2007年9月、2013年1月由郑州大学出版社出版，并列入该出版社普通高等学校新闻传播学类“十二五”规划教材。应中国传媒大学之邀，从2018年4月起，开始对该教材进行修订，作为第三版出版。

本教材第一版由江苏师范大学传媒与影视学院刘行芳教授任主编，郑州大学新闻与传播学院李惊雷博士任副主编，刘行芳负责制定写作提纲和统一写作范式，并负责第一章、第二章写作。其他老师分工如下：刘娜（河南工业大学新闻与传播学院）第三章、第十三章，王平（江苏师范大学传媒与影视学院）第四章，周振华（江苏城市职业学院新闻系）第五章、第六章，石蓬勃（河北大学新闻传播学院）第七章、第八章，李惊雷（郑州大学新闻与传播学院）第九章、第十章，李进（广州大学新闻与传播学院）第十一章、第十二章，刘行芳负责统稿和终审。

第二版由刘行芳教授任主编，郑州大学新闻与传播学院张淑华教授、中原工学院人文与社会科学学院蔡振亚教授、周口师范学院左雪梅副教授任副主编，河南工业大学新闻传播学院史亚娟老师参加了第三章、第十三章的修订工作。刘行芳负责统稿和终审。

第三版由刘行芳教授任主编，郑州大学新闻与传播学院张淑华教授、河南财经政法大学文化传播学院方雪琴教授、广州大学新闻与传播学院张爱凤教授、三明学院文化传播学院赵平喜教授任副主编，同时负责若干章节的修改加工，具体分工为：张爱凤第一至三章，张淑华第四至七章，赵平喜第八至九章，方雪琴第十至十二章。郑州大学新闻与传播学院的研究生何秋瑶、贺子宸、李田玉、王琼瑶分别参加了第四章、第五章、第六章和第七章的修订工作，刘行芳负责统稿和终审。

本书在写作和修订过程中，先后得到江苏师范大学图书馆、郑州大学图书馆、河南财经政法大学图书馆、河南工业大学图书馆、河北大学图书馆、广州大学图书馆、江苏城市职业学院图书馆、周口师范学院图书馆的大力支持；郑州大学出版社、中国传媒大学出版社为本书的出版提供了多方面的帮助，在此谨表谢意。

由于水平所限，疏漏之处在所难免，恳请读者批评指正。

刘行芳

2022年6月于江苏徐州云龙湖畔